JN255684

MINERVA
はじめて学ぶ教科教育
1

吉田武男
監修

初等国語科教育

塚田泰彦/甲斐雄一郎/長田友紀
編著

ミネルヴァ書房

監修者のことば

　本書を手に取られた多くのみなさんは，おそらく学校の教師，とくに小学校の教師になること
を考えて，教職課程を履修している方ではないでしょうか。それ以外にも，中等教育の教師の免
許状とともに，小学校教師の免許状も取っておこうとする方，あるいは教育学の一つの教養とし
て本書を読もうとしている方も，わずかながらおられるかもしれません。

　どのようなきっかけであれ，本シリーズ「MINERVA はじめて学ぶ教科教育」は，小学校段階を
中心にした各教科教育について，はじめて学問として学ぶ方に向けて，教科教育の初歩的で基礎
的・基本的な内容を学んでもらおうとして編まれた，教職課程の教科教育向けのテキスト選集です。

　教職課程において，「教職に関する科目と教科に関する専門科目があればよいのであって，教
科教育は必要ない」という声も，教育学者や教育関係者から時々聞かれることがあります。しか
し，その見解は間違いです。教科の基礎としての学問だけを研究した者が，あるいは教育の目的
論や内容論や方法論だけを学んだ者が，小学校の教科を1年間にわたって授業を通して学力の向
上と人格の形成を図れるのか，と少し考えれば，それが容易でないことはおのずとわかるでしょ
う。学校において学問と教科と子どもとをつなぐ学問領域は必要不可欠なのです。

　本シリーズの全巻によって，小学校教師に必要なすべての教科教育に関する知識内容を包含し
ています。その意味では，少し大げさにいうなら，本シリーズは，「教職の視点から教科教育学
全体を体系的にわかりやすく整理した選集」となり，このシリーズの各巻は，「教職の視点から
各教科教育学の専門分野を体系的にわかりやすく整理したテキスト」となっています。もちろ
ん，各巻は，各教科教育学の専門分野の特徴と編者・執筆者の意図によって，それぞれ個性的で
特徴的なものになっています。しかし，各巻に共通する本シリーズの特徴は，多面的・多角的な
視点から教職に必要な知識や知見を，従来のテキストより大きい版で見やすく，「用語解説」「法
令」「人物」「出典」などの豊富な側注によってわかりやすさを重視しながら解説されていること
です。また教科教育学を「はじめて学ぶ」人が，「見方・考え方」の資質・能力を養うために，
各章の最後に「Exercise」と「次への一冊」を設けています。なお，別巻は，教科教育学全体と
その関連領域から現代の学力論の検討を通して，現在の学校教育の特徴と今後の改革の方向性を
探ります。

　この難しい時代に子どもとかかわる仕事を志すみなさんにとって，本シリーズのテキストが各
教科教育の大きな一つの道標になることを，先輩の教育関係者のわれわれは心から願っています。

2018年

吉 田 武 男

はじめに

　初等教育は，明治期から今日まで一貫して日本の学校教育の中心にあり，公教育の基礎的で実質的な部分を形成してきた。またこの教育が「言語」という人間にとってかけがえのない媒体によって実施され実現されてきたことも事実である。このため，とくに学習活動全般に深くかかわる「言語力」をどう育成するかは，重要な教育課題としてこれまで繰り返し論じられてきた。21世紀になった現在も，生きる力の根幹にあり，個人と社会の生活を根底で支える学力として「言語力」は重視されている。

　この「言語力」は，目下のところは，母語としての日本語の能力を指しており，この意味で「国語教育」は学校教育の中心に位置づいているといっていい。しかし，このことを「教科」の枠組みで見ると，1900（明治33）年の「国語科」の成立以降，「国語科」は多くの他の教科と同列に並ぶカリキュラム上の一教科に過ぎないと見られる場合がある。その場合は，期待される豊かな「言語力」の多くが，教科として「国語科」に集約されて指導されるように見える。しかし，実際にはどの教科の学習指導にあっても，時には教科を越えて，さまざまな機会に「言語力」は指導されてきた。この事実は，学級担任制に基づいて多くの教科を一人で担当する初等教育の教師には，日常の教育活動を通して実感されており，その必要性も日々理解されてきた。また，児童一人ひとりの日常の言語生活が「国語科」での学びと深くかかわっていることも忘れられてはならない。「国語科」は，この学校の内外に広がる「国語教育」の豊かさのなかに適切に位置づけられることで，教育の目的である人間形成（人格の完成）に貢献できる「教科」となる。

　本書「初等国語科教育」は，この点に十分配慮して，「MINERVA はじめて学ぶ教科教育」シリーズの一冊として刊行される。本書を手にとられる方の多くは，大学等の教員養成課程で授業のテキストとしてあるいは参考図書としてこれを学ばれることであろう。教職への強い動機に支えられ，希望をもって日々学ばれている方を本書が後押しできることを願っている。本書は，またすでに教職に就かれている方や広く教育関係者の方が「初等国語科」の基本的な情報や実践の原理と方法をよりよく理解するためにも活用されることを企図して編集されている。

　「言語」教育の歴史は「国語科」に限っても古くかつ絶えることなく継続し，その教育遺産は計り知れない。本書ではまずこの貴重な遺産のエッセンスをわかりやすく解説している。人間のあらゆる活動や文化に浸透している言語の実際の姿を理解することも，またその教育的作用に目を向けることも容易なことではないが，本書の各章はその手引きとして適切で簡明な内容になっていると自負している。本書は教育史の一部として書かれたものではなく，近い将来あるいは現在，教育実践の最前線で実りある教育に貢献しようとしておられる方の実際に役立つことが目的である。このため，国語科の授業実践力の育成を優先するとともに，現在の教育動向や教育政策との関係で国語科の教育課題を明示することも心がけた。新学習指導要領に示された「主体的・対話的で深い学び」の実現のためにも，本書が活用されることを願っている。

2018年1月　　　　　　　　　　　　　　　　　　編著者を代表して　塚田泰彦

目　次

監修者のことば
はじめに

第Ⅰ部　初等国語科の基本的視点

第1章　初等国語科教育の意義と目標……………………3
1　初等国語科教育の位置づけ……………………3
2　国語科教育の意義と特質……………………7

第2章　初等国語科教育の構造と変遷……………………13
1　初等国語科教育の構造……………………13
2　初等国語科教育の変遷……………………15

第3章　初等国語科教育の学習指導と評価……………………21
1　学習指導上の基本理念……………………21
2　年間指導計画の作成……………………22
3　単元の構想……………………24
4　「主体的・対話的で深い学び」の実現……………………28
5　学習評価の観点と方法……………………29

第Ⅱ部　初等国語科の学習指導

第4章　国語の特質に関する事項の指導……………………35
1　国語の特質に関する教育目標と内容……………………35
2　文字・表記に関する学習指導……………………37
3　語彙に関する学習指導……………………39
4　文法に関する学習指導……………………41
5　言葉遣いに関する学習指導……………………44
コラム①　国語施策……………………47

第5章　情報の扱い方……………………49
1　新学習指導要領に新設された「情報の扱い方に関する事項」……………………49

iii

2 初等国語科の授業に見られる思考の様相 ………………………………… 50

3 「情報の扱い方」の実践例 ……………………………………………………… 52

コラム② 他教科との連携・言語活動 …………………………………………… 55

第6章 伝統的な言語文化の指導 ……………………………………………… 57

1 「伝統的な言語文化」の目的 …………………………………………………… 57

2 「伝統的な言語文化」の特徴 …………………………………………………… 58

3 「伝統的な言語文化」の教材 …………………………………………………… 61

4 「伝統的な言語文化」の授業および言語活動 …………………………… 63

コラム③ 「ことわざ」──「生きる力」は「言霊」から ………………… 67

第7章 書写の指導 ………………………………………………………………… 69

1 書写に関する教育目標と内容 ………………………………………………… 69

2 筆記具の基本知識と態勢づくり ……………………………………………… 71

3 字形と筆順 ………………………………………………………………………… 74

4 書写に関する学習指導 ………………………………………………………… 77

コラム④ 板書 ………………………………………………………………………… 82

第8章 読書指導 …………………………………………………………………… 83

1 読書指導の目標と内容 ………………………………………………………… 83

2 読書のメディアとジャンル …………………………………………………… 84

3 読書に関する学習指導法 ……………………………………………………… 86

コラム⑤ ライトノベル …………………………………………………………… 95

第9章 話すこと・聞くことの指導 …………………………………………… 97

1 話すこと・聞くことの教育目標と内容 …………………………………… 97

2 話すこと・聞くことの形態とそのポイント …………………………… 99

3 話すこと・聞くことに関する学習指導 ………………………………… 101

コラム⑥ 音読・朗読 ……………………………………………………………… 110

第10章 書くことの指導 ………………………………………………………… 111

1 書くことの教育目標と内容 ………………………………………………… 111

2 書くことのジャンルとそのポイント …………………………………… 113

3 書くことに関する学習指導 ………………………………………………… 117

コラム⑦ 生活綴方 ………………………………………………………………… 122

第11章 読むことの指導①──説明的文章 ……………………………… 123

1 説明的文章の教育目標と内容 ……………………………………………… 123

2　説明的文章の特質と教材研究 ……………………………………… 125

　　3　説明的文章に関する学習指導 …………………………………… 131

　　コラム⑧　論理（トゥルミン・モデル）……………………………… 136

第12章　読むことの指導②──文学的文章 ………………………… 137

　　1　文学的文章の教育目標と内容 …………………………………… 137

　　2　文学的文章の特質と教材研究 …………………………………… 140

　　3　文学的文章に関する学習指導 …………………………………… 143

第Ⅲ部　初等国語科を取り巻く問題（領域）

第13章　入門期の指導 ………………………………………………… 153

　　1　入門期をどう捉えるか …………………………………………… 153

　　2　入門期のカリキュラムと指導上の注意点 …………………… 157

　　3　一人ひとりに寄り添って ………………………………………… 160

　　コラム⑨　小中連携 …………………………………………………… 162

第14章　メディアリテラシー・ICT の指導 ……………………… 163

　　1　21世紀の社会に求められる「リテラシーズ」……………… 163

　　2　メディアリテラシー ……………………………………………… 165

　　3　情報リテラシー …………………………………………………… 167

　　4　ICT リテラシー …………………………………………………… 170

　　コラム⑩　インクルーシブ教育 …………………………………… 175

第15章　初等国語科教育の課題と展望 …………………………… 177

　　1　これから予想される社会や教室の変化 ……………………… 177

　　2　学び続ける国語教師になるために …………………………… 179

　　コラム⑪　教師の成長 ……………………………………………… 183

　付録①　学習指導案がもつ意義と指導案作成の実際

　付録②　学習指導要領

　索　　引

第 I 部

初等国語科の基本的視点

第1章
初等国語科教育の意義と目標

〈この章のポイント〉

　国語科の本質とは何か，またそれが初等教育というより大きな枠組みのなかでどのような意味をもつのか，この点について学ぶ。まず人間にとって「言語を習得し，言語によって学習すること」が社会的・文化的な形成力を根幹で支えていること，次にこの言語による学習が習慣化し基礎的な学力として定着するのは「初等教育段階」であること，さらにこの学習の過程がさまざまなかたちで最終的に「人格の完成」という教育の目的に向けて行われること，これらについて学ぶ。

1　初等国語科教育の位置づけ

1　国語科教育の目標

　学校教育の一環として行われる「国語科」の教育は，日本という国家の教育の目標や制度と明確なつながりをもっている。このため，「国語科」が成立した1900（明治33）年以降も今日まで，時代状況や国の政策の変化に応じて，その目標も変化してきた。しかし一方で，「国語科」が広く言語の教育としてもっている意義には時代を超えた普遍的なものがある。国語科の目標は，基本的にこの普遍的な意義に応じた目標と，時代や国の政策に応じて変化する目標との組み合わせから成っている。このため，実際に「国語科」でどのような内容が指導されるかという点でも，時代ごとの目標設定に応じて力点の置き方や取り上げられる内容に違いが生じてきている（この変遷については本書第2章を参照）。そこで，はじめに「初等国語科教育」の定義を述べて，順次，その目標と意義について解説する。

　ここにいう「初等国語科教育」は，日本の学校教育で義務教育として制度化されている小学校での「日本語」の教育を指す。言語教育上の位置づけとしては「母語教育」であり，一方に「外国語教育」としての「外国語（英語）科教育」もある。初等国語科では，個別言語としての日本語についての知識・技能と日本語によって形成された文化や社会規範について学習することが中心となる。しかし，教育基本法（2006年12月22日改正）には，教育の目的として，第一条に「教育は，人格の完成を目指し，平和で民主的な国家及び社会の形成者と

▷1　なお，言語による教育と学びはこうした制度化された学校での生活以外にも，多くのところで行われる。このため，学校の教科である国語科で行われる教育（国語科教育）とともに，それ以外の文脈で行われる教育も含めた全体としての「国語教育」を区別し，とくに学校で教師が国語科で行う日本語の教育は限られたものであることを常に念頭に置くべきである。このことは，また一方で単に学校と学校以外という区別だけでなく，学校教育のなかにあってもさまざまなかたちで言語の教育が行われていることも忘れてはならない。単なる学校での「国語科」の授業時間を越えて，「国語教育」の観点に立って，家庭や地域での日常の言語生活の向上が求められている。とくに，日本語が母語である場合は，生涯にわたって生成変化する学力の基礎を養うという点で，初等教育の前段階である幼児期の実態にも配慮しつつ，幼小の連携の視点から，小学校入門期に

第Ⅰ部　初等国語科の基本的視点

ついて丁寧な対応が求められるところである（本書の第13章を参照）。

して必要な資質を備えた心身ともに健康な国民の育成を期して行われなければならない。」とあり，教育の最終的な到達点として「人格の完成」が掲げられている。法令上のこの内容は，義務教育段階にある初等国語科の意義と目標を確認する場合にも理念的な目標として常に念頭に置く必要がある。そのうえで，初等教育段階以降をも見据えて，生涯にわたる視野で，「生きる力」の中核となる言語の力を育成する教科として位置づけなければならない。

② 学習指導要領（国語）の目標

国語科教育の目標は，言語による人間形成を目的に，日本語の知識・技能を習得することによって社会生活や文化生活に生きて働く知識・技能を学ぶことである。言語を習得し活用することが社会的・文化的生活の中核として機能し，個人や集団の成長と発展に貢献することになる。そのため，初等国語科の目標は，とくに就学以前の幼児期や幼稚園での生活を念頭に置いて，発達段階を考慮して，具体的に授業実践のレベルで目標を設定しなければならない。

新学習指導要領の小学校（第1節　国語）の目標はこう記されている。

第1　目　標
　言葉による見方・考え方を働かせ，言語活動を通して，国語で正確に理解し適切に表現する資質・能力を次のとおり育成することを目指す。
(1)　日常生活に必要な国語について，その特質を理解し適切に使うことができるようにする。
(2)　日常生活における人との関わりの中で伝え合う力を高め，思考力や想像力を養う。
(3)　言葉がもつよさを認識するとともに，言語感覚を養い，国語の大切さを自覚し，国語を尊重してその能力の向上を図る態度を養う。

ここに集約された初等国語科の目標をよりよく理解するために，国語科の特質にかかわる専門用語を用いて，国語科の本質と意義を説明する。言語の特性と機能がいかに人間の成長と生活に大きな作用を及ぼすかを理解することがポイントである。

③ 言語の本質と国語科教育の意義

言語を習得することが人間を人間として成立させるといっても過言ではない。それほど，言語と人間の関係は本質的であり，深くまた複雑である。国語科教育の意義も言語が人間にとって如何に本質的に重要であるかという点と重なっている。この重要さは，言語が人間にとってどのように機能するかという観点から理解することができる。

言語の本質と機能を理解するために，まず言語の機能についての基本的な分

類を取り上げる。

① 言語の認識機能と伝達機能

　人間の思考活動は，外部の世界を認識してこれを個人の精神的過程で制御し，再構成して一定の「考え」にまとめる活動と，これらの「考え」を他者に伝える活動（コミュニケーション活動）とに分けることができる。言語はこの2つの過程（活動）の成立に決定的な役割を果たし，実際の人間の活動の大半はこの言語による活動に支配されているといっても過言ではない。ただ，この2つの活動を考えるときに大切な点は，順序として，まず認識して考えをまとめ，その後で，一定の意図と方法でこの考えを他者に伝達するという一方向の活動が行われるわけではないということである。この2つの活動が複雑に関係し，相互にその成立の根拠にもなっていることが言語の本質であり，同時に言語の活力でもある。この言語の本質と機能に支えられて，人間の社会生活は成り立っている。

　この観点に立てば，国語科で育てるべき学力も，単なる認識の手段としての言語の知識ではなく，まさに認識活動と一体となった認識能力でもある「言語認識能力」ということになる。国語科ではしばしばこれを「認識能力」と「言語能力」に分けて考えることがあるが，重要な点はこの2つの力が相互依存的に一体化して機能することである。一方，伝達（コミュニケーション）機能については，国語科で行われる言語による活動が，人と人をつなぎ，社会生活を維持し発展させていく社会的能力と深く結びついている点が重要である。伝え合うという言語活動を通して，言語のこのコミュニケーション機能も獲得されるため，コミュニケーションを重視した言語活動が国語科の学習活動として重視されることになる。具体的には相手や目的，場面や内容に応じた言語活動が国語科の学習活動として構想され，学習者の学びを支えていく。その結果として，国語科は「コミュニケーション能力」の中核である「言語コミュニケーション能力」を育てることができる。ここに国語科の意義も集約される。

　例えば，日常生活での基本語彙の習得を見れば明らかなように，「きのう・きょう・あした」の習得は生活の基本となる時間認識を支え，また「おはよう・さようなら」の習得は人間関係の成立に重くかかわるかたちで，他者への思いを伝えるコミュニケーション能力の基礎となる。

② 言語の心理的過程と社会的過程あるいは人格形成機能と人間関係形成機能

　言語は人間にとって，個人的なレベルで作用する側面と社会的なレベルで作用する側面とをもっている。個人の成長にかかわる側面と社会生活の成立と発展にかかわる側面であり，それぞれ「人格形成機能」と「人間関係形成機能」と呼ぶことができる。言い換えれば，これは言語の心理的過程と社会的過程ということができる。個人か社会かという観点で人間にとっての言語の本質を捉

えることも，国語科での言語活動の特質を理解するうえで欠かせない。

　例えば，読書活動は，個人の秘めた楽しみとして習慣化し，一人ひとりの読書生活の結果がその人の人格形成に深くかかわる面がある。これに対して，読書活動はそうした個人の心理的過程に留まらず，さまざまな社会的交流や環境との関係で成立する行為でもある。ネット社会になった現在，読書環境も大きく変化したことを念頭に置けば，読書活動にかかわって個人が置かれている社会的環境の複雑な広がりと変化を理解できる。

　国語科はまた，言語のこの2つの側面に深くかかわるところにもその意義を見出すことができる。

③　言語の規範的機能と創造的機能

　国語科が学校教育として制度化されているという点からみると，地域や家庭で言わば自然に習得される言語の知識と，国語科の授業で意図的に指導すべき言語の知識とを区別してみることも重要である。学校教育は国民すべてに一定の学力を平等に保障するという前提に立っており，国語科で指導すべき言語の知識もその一環として想定されている。

　例えば，よく知られているものに「教育漢字」の学年別配当がある。言語というものはそれを使用する言語共同体の成員に理解され，その有用性が維持される必要があり，この点で一定の「規範性」が求められる。文字の使用も，手紙の書き方も，一定の規範に則って行われることがその通用性を保証し，引いては，その言語の存続につながるからである。五十音図に沿って，正しい発音を身につけると同時に，正しい文字の書き方も身につけなければならない。国語科が言語の知識を教育することの意義もこの点にある。

　しかし，言語は単なる規範的な役割だけで，人間を支えているわけではない。言語は一方で，非常に個性的・独創的な使用を通して個人の生活を満たし，社会にも貢献する。この言語の「創造的機能」は国語科が「文学教育」に深くかかわることからも，重要な機能として理解されなければならない。

　例えば，新学習指導要領には詩や物語の「創作」活動が指示されているが，少なくとも，ここでは陳腐な規範的な文学作品の創作が期待されているわけではない。言語の創造的機能が個人にとっても社会にとっても新たな価値の創造に大いに貢献するという点が，とくに教育活動において重視される必要がある。

　以上の①〜③は主な機能を併記したものであり，言語の作用の実際的局面ではこれらが重なるところもある。重要な点は，なぜ，言語（日本語）はこのように人間や社会に大きく作用し，これを制御し，発展させる力があるのかということである。この点について，学習者とともにその理解を深めることが国語科教育の要点であり，また同時に国語科の教師としての成長にも不可欠とな

る。

2　国語科教育の意義と特質

1　言語の特質からみる国語科教育の意義と特質

　国語科教育の意義は，以上に確認したように，言語（国語・日本語）が人間の成長と発達を根幹で支えているという事実に基づいている。このため，国語科教育は，一人ひとりの生きた言語生活の向上を目指して行われることになる。とくに初等国語科は学習者の能力の発達が著しい大切な段階にあたる。そこで，この児童一人ひとりの言語生活の向上を目指すためには，初等国語科で学習指導の対象となる能力，すなわち初等教育段階での国語（日本語）の資質・能力（＝国語学力）は何かを明確にしておく必要がある。▷2

　湊吉正（1987）は，国語教育の全体を構成する主要な分野として，言語体系・言語文化・言語生活をあげて，国語学力の広がりを展望している（19ページ）。そこで，この枠組みに沿って概説する。

　言語体系とは，「言語共同体（母語共同体）によって支えられた，習慣的，形式的特質をもつ音声・文字・文法・語彙・言語表現形態（談話文章）・慣用文体などの諸言語形式の総体，およびそれをめぐる使用・歴史・位相などの知識の総体」である。

　例えば，初等国語科では，第1学年の段階ですでに日本語の知識としては多くのことが習得され，習慣化している状況にある。しかし，その大半は，話し言葉として日常の談話の世界で習得され活用されていることから，とくに国語科の授業では，書き言葉（書記言語）として学ばれる知識・技能に焦点が当てられることになる。もちろん，話し・聞く活動を通して，話し言葉（口話言語）の知識・技能も，より高度な段階へと学ばれることになる。ただ，日本語の使い手として身につけなければならない日本語の知識は多い。このため，初等段階で学ぶ知識については，とくに基礎的基本的なものが選定されて指導されることになる。漢字を例に考えるとわかりやすい。初等段階では，教育漢字として6学年にそれぞれ配当されたものを学年順に学ぶことが一般的である。

　言語文化とは，「文化価値をになった，伝承されてきたものとしての性格と新たに発見されたものとしての性格とを二つながらにそなえた言語作品・言語活動様式」である。

　例えば，万葉集や宮沢賢治の童話といった文学作品は，日本語によって創造された言語文化の典型例である。手紙の書き方や電子メールの作成方法なども，言語活動様式の典型例として日本の言語文化を支えている。国語科ではこ

▷2　新学習指導要領の枠組みが「生きる力」の育成を前提にして，第1章総則の第1の2(1)で「基礎的・基本的な知識及び技能を確実に習得させ，これらを活用して課題を解決するために必要な思考力，判断力，表現力等を育むとともに，主体的に学習に取り組む態度を養い，個性を生かし多様な人々との協働を促す教育の充実に努めること」と記された。ここには「知識及び技能」「思考力，判断力，表現力」「学びに向かう力，人間性等」という3つの学力の広がりが視野に納められている。言語に関する学力（国語学力）の広がりもこの3つに対応していることに注意しなければならない。

第Ⅰ部　初等国語科の基本的視点

れらが教材として一般的に取り上げられる。

　言語生活とは，「話す，聞く，書く，読むの一般的言語活動，内的言語活動など言語活動の諸形態が，具体的，現実的な場をともなって自己展開した相」である。

　例えば，話し聞く活動であれば，スピーチやインタビューなどが，読み書く活動であれば，物語を理解したり創作して発表会を開いたりする活動が展開される。こうした日常の言語活動によって営まれる生活は，活動としては捉えにくい内面的な思考活動も含めて，社会的・文化的生活のあらゆる面に及んでいる。この生きた言語活動の姿を「言語生活」の用語で視野に置いて，国語科がこれらの活動にかかわる言語能力を育成するとともに，この言語生活が向上することを目標としていることを忘れてはならない。こうした言語生活全般の向上にともなって，より高い目標である「人格の完成」も期待されることになる。

　以上に展望した国語の資質・能力（＝国語学力）は，これらの相互関係に十分に配慮したかたちで国語科で有機的に学習者に学ばれていく。具体的には，新学習指導要領の領域区分ごとに記された指導内容に反映されて，実際の国語科の授業でその習得と活用が図られている。

２ 　国語科で育てる学力と新学習指導要領の領域区分

　以下では，「言語の知識・技能」と「言語によって表現された内容」という観点から，「国語学力」の内容構成について注意すべき点を記す。

　まず，言語の知識・技能は，言語体系を中核とした国語学力の基本的な位相として位置づけられるものである。具体的には，日本語の体系を記述する言語研究の枠組みに沿って列記すると，単位として小さなものから順に，〈音声・音韻／文字・表記／語句・語彙／文法／文・文章／文体／敬語・方言〉となる。この一つひとつの知識の習得が国語学力の中核となり，一方，言語の技術は，これらの知識の使い方についての知識（スキルや方略などということもある）ということになる。話し方ではスピーチの仕方やインタビューの方法，読み方では音読や読み聞かせの技術などである。

　一方，言語によって表現された内容としては，言語の知識・技能の選択の結果として生み出された表現された世界（詩や戯曲といったジャンルに応じた特徴的な内容や，記録によって構成されたドキュメントや新聞記事の内容など）が対象になる。この場合，国語科では，単に「表現された意味内容」（道徳的価値や生活信条，人物の性格や典型など）だけを議論の対象にするのではなく，それらが，「言語によっていかに表現されているか」という事実（言語表現の仕方）に注目するところに特徴がある。しばしば，国語科の教材は，伝記や物語によって人間の

成長や社会的行為の適否が描かれるため，道徳の教材と区別しにくいような授業も行われる場合がある。

以上のような国語科での具体的な指導内容を視野に置いたとき，国語科の特徴として，さらにこの2つの関係についても十分に注意しなければならない。

① 教材を学ぶのか，教材で学ぶのか

国語科では，しばしば「形式」か「内容」かという観点で指導内容について議論することがある。この場合は，一般的に，表現された文章・談話の言語的側面（言語形態面）を形式といい，表現されている意味内容の側面を内容として区別する。国語科の特質はこの2つの側面が「言語」によって一体となって表現されているという事実にある。言い換えれば，国語科はこの形式と内容を統一的に取り扱う教科である。しかし，実際にはこの2つの側面を別々に取り扱ったり，そのいずれかを重視したりする偏りが生じることがある。この点に注目するときに，「教材を学ぶのか，教材で学ぶのか」という表現が使われることがある。前者は当該の教材に特徴的な言語表現やその「内容」自体を学ぶことを強調し，後者は当該の教材の個別性よりもその教材を例に一般的な言語知識としての「形式」を学ぶことを強調したものである。

② 言語を言語で学ぶ

また国語科では，「言語を言語で学ぶ」という特質にも注意しなければならない。言語を通して「表現された意味内容」を学ぶという面もあるが，言語（日本語）の知識・技能それ自体を同じ言語（日本語）で学ぶという特質がある。この事実は指導内容が言語（日本語）それ自体であるという教科の特質に由来する。

この点は，どの教科もまた言語によってその教科固有の「表現された意味内容」を学ぶということから，改めて国語科と他教科との関係として考えなければならないポイントとなる。とくに日本の初等国語科の教師は，一方で，通常は自分の担任する学級があり，その学級の他の教科の授業も大半は自ら担当するという事情があるからである。

最後に，初等国語科の内容構成を新学習指導要領（小学校・国語）に即して示す。

先に掲げた「目標」に続けて，次の事項と活動領域別に，それぞれ第1学年～第2学年・第3学年～第4学年・第5学年～第6学年の順に指導すべき内容の指針が示されている（詳細は本書巻末を参照）。

枠組みとしては，〔知識及び技能〕として(1)言葉の特徴や使い方に関する事項，(2)話や文章に含まれている情報の扱い方に関する事項，(3)我が国の言語文化に関する事項の3つの事項が掲げられている。また〔思考力，判断力，表現力等〕として，「A 話すこと・聞くこと」に関する事項，「B 書くこと」に

▷3 他教科との関連
学習指導要領〔平成20年改訂・29年改訂〕は，中央教育審議会答申（平成20年1月17日）の5(2)の次のような文言を踏まえて，各教科での言語活動を重視したものになっている。
「特に，教科担任制の中・高等学校の教師には，レポートの作成・推敲や論述といった学習活動を行うのはすべてが国語科の役割だと考えるのではなく，必要に応じ国語科の教師と連携して，これらの学習活動を自らが担当する教科において行うことを求めたい」
この中等教育段階の教師が教科担任制の下で，教科固有の内容に指導内容を制限する傾向がある点も，教育の目標となっている全体としての「生きる力」の育成に向けた改善点であり，その突破口として，すべての学習活動を支える「言語」の活力に期待しているところがある。翻って，初等段階では学級担任制のメリットを生かして，このすべての学習活動に「言語」の活力を発揮できる工夫をするとともに，中心的な役割を果たす「国語科」の学習指導を他教科の指導との連続性に配慮して，児童一人ひとりの「生きる力」の育成の方途を探る必要がある。

関する事項，「C　読むこと」に関する事項の（4つの活動領域について）3つの指導事項が掲げられている。なお，取扱いに当たっては，第3の1(1)に「児童の主体的・対話的で深い学びの実現を図るようにすること。その際，言葉による見方・考え方を働かせ，言語活動を通して，言語の特徴や使い方などを理解し自分の思いや考えを深める学習の充実を図ること」と記されている。

　ここに示された指針からもわかるように，初等国語科で育てる学力（国語学力）は，言語の知識及び技能に依拠しながら，4つの活動領域においてそれぞれの指導事項を有機的に取り扱うことで，一体化した「生きた」能力として習得される。この「生きた」能力を育てることが国語科教育の具体的な目標である。授業を構想し実践する場合には，これらの目標と学力が深い関係にあることに十分配慮して成果が上がる工夫が求められる。今日，とくに授業については，目標を掲げて実施した結果（習得状況）に基づいて，授業それ自体を「評価」することが重視されている。この授業評価は教師自身が行うだけでなく，学習者によっても行われる。目標と学力との関係がさらに「評価」との関係で国語科の実際を規定することになる。この関係を自覚することで，国語科の意義と目標に即した学習指導を構想し，実践することも可能になる（本書の第3章を参照）。

Exercise

① 国語科教育の目標について，歴史的な変遷や考え方の違いについて調べてみよう。
② 言語体系・言語生活・言語文化の関係について，例えば，「物語を読む」や「手紙を書く」など，具体的に言語活動例を取り上げて考えてみよう。

📖次への一冊

倉澤栄吉・野地潤家監修『朝倉国語教育講座1　国語教育入門』朝倉書店，2005年。
　「初等国語科教育」に限らず，広く「国語教育」についての入門的な解説が主要な領域やテーマに沿って，「なぜ国語の勉強をするのですか？」といった問いに答えるかたちで記されている。
浜本純逸『国語科教育総論』溪水社，2011年。
　国語科教育の全体像を理解しやすい著作である。目標論から始まって，国語科の問題や方法について歴史的な視野を開いた後，具体的な学習指導の実際を研究の知見を踏まえて解説している。
日本教科教育学会編『今なぜ，教科教育なのか』文溪堂，2015年。

日本の初等教育は学級担任制を基本としているため，一人の教師が多くの教科の授業を担当する。この点からも，カリキュラム全体を視野に入れて，言語中心の視点で見通しをもつために本書は有用である。

引用・参考文献

田近洵一・井上尚美編『国語教育指導用語辞典（第四版）』教育出版，2009年。
日本国語教育学会編『国語教育総合事典』朝倉書店，2011年。
増淵恒吉責任編集『国語教育史資料　第五巻　教育課程史』東京法令出版，1979年。
湊吉正『国語教育新論』明治書院，1987年。

第2章
初等国語科教育の構造と変遷

〈この章のポイント〉
　本章ではまず国語科における教科内容決定の根拠について学ぶ。教科としての国語科の構造を決定する視点として，ここでは2つの視点を取り上げる。一つは子どもの実態（言語生活）とそれと密接に結びつく教科としての専門的内容との関連であり，もう一つが他の教科等における教科内容との関連である。国語科に関わる言語活動は学校教育を貫くものだからである。これらを踏まえて学習指導要領における国語科の構成を理解するとともに，それらを成り立たせ，変動させる要因を戦後の歴史的な視点から学ぶ。

1　初等国語科教育の構造

1　教科の構造を検討するための2つの観点

　教科についてはさまざまな定義がありうるが，ここでは石山脩平（1933, 132ページ）による教科の構造図に基づき説明する。

　各教科は本来は，日常生活を向上させるために教育的見地から洗練し統制し体系づけたものであつて，それは日常生活の地盤の上に，各教科の特質を目ざして盛上げ浮出させた生活である。即ち日常生活の上に教科生活が成立してゐるわけである。
　各教科はその頂点に於て本質的面目を発揮するのであるが，その地盤に近づくに従つて，他の諸教科と交錯し結合する領域が多く，更に地盤そのものに来れば，何れも日常生活の渾然たる姿に融合してしまふ。

　石山はこのように，教科生活を地盤としての日常生活の上に置き，諸教科の関連交錯する領域，そして頂点としての教科固有の本質的領域から成るものとしている。
　教科成立の要件として，日常生活との連続性と，教科としての本質的領域を有することがあげられて

▷1　石山脩平（1899～1960年）
西洋教育史をはじめとする広範囲の研究に取り組んだ教育学者。戦後の新教育発足に際しての文部官僚，東京教育大学初代教育学部長などを歴任した。国語教育の分野においては，『教育的解釈学』（1935年），国語学習の動機について論じた章を含む『国語教育論』（1937年）などが理論と実践の結合を目指した国語教育研究の古典として読まれている。

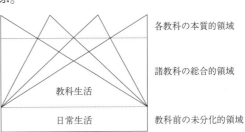

図2-1　教科の構造
出所：石山（1933）。

第Ⅰ部　初等国語科の基本的視点

いるのである。

　この指摘に従うならば，教科の構造は次の2つの観点によって規定されることになる。

　一つはいずれも日常生活を共通の基盤とする各教科間の関係である。教育課程は国語科を含む各教科，特別の教科道徳，外国語活動，総合的な学習の時間，そして特別活動から成っており，言語活動はこれらの時間を通して行われている。それは国語科における教育の成果であると同時に国語科としての課題の源泉である。そして時に国語科の教育内容との差異が不鮮明になることもある。国語科固有の教科内容の定位はこうした問題状況を踏まえて検討することが必要になる。

　国語科としての教科の構造を規定するもう一つの要因は，日常生活と教科としての本質的領域との関係である。国語科と深く関係する子どもの日常生活は，話すこと・聞くこと，書くこと，読むことなど言語活動によって営まれる言語生活である。そこで国語科の教科内容は子どもたちの言語生活の実際や発達の様相に基づき，その向上を図って構想される。その一方で，言語にかかわる知識，言語活動のための技能，言語による認識方法，そして言語文化などのうち，現在，そしてこれからの社会に生きる子どもたちにとって重要であると考えられる事項を検討し，選択，配列することによって国語科の教科内容を構想される向きもある。

　国語科の教科内容は子どもの言語生活，国語科の本質的側面の双方からの働きかけによって決定するのである。

2　新学習指導要領の構成

　新学習指導要領には国語科としての目標や大まかな教育内容が「目標」「各学年の目標及び内容」「指導計画の作成と内容の取扱い」，そして別表として学年別漢字配当表が掲げられている。このうち「各学年の目標及び内容」は二学年ごとに3つの段階にまとめられ，各段階はそれぞれ「目標」と「内容」から構成されている。石山（1933）の図式に従うならば，「内容」を構成する〔知識及び技能〕と〔思考力，判断力，表現力等〕とが国語科における教科生活の実質ということになる。

　このうち〔知識及び技能〕は各学年段階とも以下の3項目で構成されている。

　(1)　言葉の特徴や使い方に関する事項

　(2)　話や文章に含まれている情報の扱い方に関する事項

　(3)　我が国の言語文化に関する事項

これらが国語科の教科としての本質的領域に位置づくものといえる。

▷2　新学習指導要領
総則においては教育課程における国語科の位置づけを記している。すなわち国語科と他の教科等の関係について「言語能力の育成を図るため，各学校において言語環境を整えるとともに，国語科を要としつつ各教科等の特質に応じて，児童の言語活動を充実すること」と規定している。

それに対し〔思考力，判断力，表現力等〕としては「話すこと・聞くこと」「書くこと」「読むこと」の3つの言語活動があげられており，それぞれについて(1)各活動において身につけるべき事項，(2)言語活動の例が示されている。言語活動の例としてあげられたものは，いずれも他の諸教科，活動等でも重要な役割を果たす活動であることは明らかである。[3]

ただし両者は学習指導の過程においては峻別されるものではない。新学習指導要領においては「各学年の内容の〔知識及び技能〕に示す事項については，〔思考力，判断力，表現力等〕に示す事項の指導を通して指導することを基本と」するとしているのである（第3の1(3)）。それは石山（1933，133ページ）があげる「学習過程の公式」と通い合う。石山は学習の出発地点を「日常生活，もしくは他教科との総合的領域」とし，次第に「教科の本質的領域」に集中し進入し，十分に学習した後に「さきに出発した生活よりも高められた生活」に帰着するものとしているのである。

3 国語科と他の教科等

国語科と他の教科等との関連について，「第3 指導計画の作成と内容の取扱い」では外国語活動及び外国語科，また特別の教科道徳などとの関連について言及している。さらに話題・題材に関わっても認めることができる。「第3 指導計画の作成と内容の取扱い」では3の(2)において教材を取り上げる観点としてアからコまでの10項目をあげている。

それらは「ア 国語に対する関心を高め，国語を尊重する態度を育てるのに役立つこと」「イ 伝え合う力，思考力や想像力及び言語感覚を養うのに役立つこと」など，国語科としての目標実現に資することが比較的明瞭な観点に加え，例えば「エ 科学的，論理的に物事を捉え考察し，視野を広げるのに役立つこと」「コ 世界の風土や文化などを理解し，国際協調の精神を養うのに役立つこと」などは，それぞれ理科や社会の教科内容との関連が想定されるだろう。これは国語科が日本語の知識や技能のみを教育内容とするものではなく，言語によって表される内容に関する理解も，かならずしもそれが教科としての主たる目標ではないにしても，自ずと深めていく教科でもあるからである。

2 初等国語科教育の変遷

1 国語科の成立

日本の初等教育に国語科が位置づけられたのは1900年のことであった。この時の国語科は次のように規定されている。[4]

▷3 言語活動例
付録参照。第3学年及び第4学年の例をあげるならば，「説明や報告など調べたことを話したり，それらを聞いたりする活動」「調べたことをまとめて報告するなど，事実やそれを基に考えたことを書く活動」「学校図書館などを利用し，事典や図鑑などから情報を得て，分かったことなどをまとめて説明する活動」などがある。

▷4 国語科の成立
国語科は1900年の小学校令において，それまでの読書，作文，習字科を統合して成立した。教科内容についての規定は同年の小学校令施行規則による。

国語ハ普通ノ言語，日常須知ノ文字及文章ヲ知ラシメ正確ニ思想ヲ表彰スル
ノ能ヲ養ヒ兼テ智徳ヲ啓発スルヲ以テ要旨トス

ここからは国語科の教科内容として「普通ノ言語，日常須知ノ文字及文章」に
関する理解・表現のための知識や技能と，「啓発」すべき「智徳」との２つを
指摘できる。このうち「智徳」の実質については，教科書の題材選択に関する
「修身，歴史，地理，理科其ノ他生活ニ必須ナル事項ニ取リ趣味ニ富ムモノタ
ルヘシ」という規定によって想定される。

　すなわち国語科は，言語形式に相当する「国語ノ模範」に関する知識の習得
や表現・理解の技能の養成とともに，言語表現が担う内容，すなわち話題・題
材にあたる修身，歴史，地理，理科などに関連した材料が担う「智徳」を啓発
する教科として成立したのである。

2 　国語科の推移

　第二次世界大戦後，学校教育に教育課程を規定してきているのは「学習指導
要領」である。1947年における第一次から数えて，2017年に公示された学習指
導要領は第九次に相当する。この間，以下のように学習指導要領は改訂されて
きている。

1947年　第一次（試案）	1977年　第五次
1951年　第二次（試案）	1989年　第六次
1958年　第三次	1998年　第七次
1968年　第四次	2008年　第八次

上記のうち，第一次と第二次学習指導要領は「試案」とされており，実際に学
校教育を規定するようになるのは第三次以降である。この間，国語科の成立時
における教科内容の枠組みは継続して今日に至っている。ただし詳細に検討す
るならば，戦前と戦後においてはもとより，第三次学習指導要領以降において
も国語科の教科構造にはゆれ，あるいは変化が認められる。それは国語教育を
実現するための国語観などの多様性によるものであるが，それらが時代ごとの
課題によって選択され，あるいは併存しつつ国語科を構成してきているのであ
る。それらのうち，ここでは「言語／言語生活」「PISA 型読解力／伝統的な
言語文化」「主体的・対話的な学び／深い学び」の３つを取り上げ，そうした
推移の背景に言及する。

3 　選択の視点

① 　言語／言語生活

　言語生活という概念は西尾実によって展開されてきたものである。桑原隆
(2010，28ページ) は西尾実の議論に依拠しつつ，言語生活を次の三者の関係と

▷5 　西尾実（1889～1979
年）
国立国語研究所初代所長。
中世の文学を専門とする国
文学者であるとともに言語
生活を基盤とする国語教育
論に関する業績を数多く残
した。それらは『西尾実国
語教育全集』別巻とも全12
巻（教育出版，1974～1978
年）として刊行されている。

して説明している。

言語：日本語の文法体系，音韻体系，書記体系，語彙体系，意味体系である。

言語活動：話す・聞く・書く・読むという活動で，その主要な機能は主体的に意味を創造していくところにある。

言語生活：具体的な場や状況（コンテクスト）において主体的に営まれる，目的をもった個人的及び社会的言語活動である。

桑原はこの三者について「言語は言語活動に包まれ，言語活動は言語生活に包まれているという有機的な構造をなしている」と述べている。このため，石山が主張する学習過程と同じく，学習は言語生活から出発すべきであると述べている。

一方，これとは異なる立場からの国語科の教育内容論を展開するのが文部科学大臣の諮問「これからの時代に求められる国語力について」に対する2004年の文化審議会の答申である。

同審議会は「これからの時代に求められる国語力」を次の二層構造から成るものとしている。すなわち国語力の中核として「考える力，感じる力，想像する力，表す力から成る，言語を中心とした情報を処理・操作する領域」をあげ，それらを支え，基盤となるものを「国語の知識」や「教養・価値観・感性等」の領域であるとしたのである。

桑原は言語生活を(1)言語文化的機能，(2)実用的機能，(3)人間関係的機能の3つの機能で捉えようとしていた。この答申は(1)(2)においては共通性を認められるものの，(3)を捨象しているのが特徴的である。そしてその差は国語科の内容における話すこと・聞くことの扱いの差となって表れる。すなわち言語生活論においては話すこと・聞くことを重視するのに対し，文化審議会の答申においては，とくに小学校段階においては「指導の重点は「読む・書く」にある」としているのである。

こうした対立はとくに第四次学習指導要領以降に認められる。多様な言語活動例を国語科内に位置づけるか否かを一つの目安とするならば，第五次・第六次はどちらかといえば「言語」それ自体を重視する側にあり，他の時期はどちらかといえば「言語生活」重視の側にあったということができる。

② PISA 型読解力／伝統的な言語文化

OECD は2000年より3年ごとに，加盟国を中心とした国際的な規模で，15歳の生徒を対象とした PISA（Programme for International Student Assessment：生徒の学習到達度調査）を実施してきた。その結果は日本の教育施策にも大きな影響を与えている。次に示すのが PISA における，読解力の定義である（国立教育政策研究所，2002）。

▷6 「これからの時代に求められる国語力について」
今後予想される急激な社会の変化を前提として，「これからの時代に求められる国語力とは何か，また，そのような国語力を身に付けるための方策など」について検討する必要があるとの認識に基づく，2002年の文部科学大臣から文化審議会への諮問。

▷7 PISA
OECD が進めている国際的な学習到達に関する調査。15歳の生徒を対象に読解力，数学的リテラシー，科学的リテラシーなどについて，2000年より3年ごとに調査を実施している。2015年調査には世界72か国・地域の約54万人が参加した。

第 I 部　初等国語科の基本的視点

　　自らの目標を達成し，自らの知識と可能性を発達させ，効果的に社会に参加
　　するために，書かれたテキストを理解し，利用し，熟考する能力。

　ここに見られる「自らの目標」の達成を目指すこと，「社会に参加する」こと
も含みこむ読解力は PISA 型読解力と呼ばれた。こうした読解力の捉え方，ま
た日本の子どもたちの位置づけの変化は文部科学行政にも大きな影響を与え，
2005年には『読解力向上プログラム』を公表し，「各学校で求められる改善の
具体的な方向」として以下の 3 項目を重点目標として掲げている。

　(1)　テキストを理解・評価しながら読む力を高める取組の充実

　(2)　テキストに基づいて自分の考えを書く力を高める取組の充実

　(3)　様々な文章や資料を読む機会や，自分の意見を述べたり書いたりする機
　　　会の充実

こうした動向は最初の PISA 実施後初の改訂である第八次学習指導要領におい
て示された，目的に即した言語活動の重視との関連が示唆される。

　PISA は国境をこえた規模での調査であるために，個別の国や地域固有の言
語教育の内容については調査の対象とはならない。日本についていうならば漢
字，文法，古典などである。このうち漢字，文法の扱いについては PISA の前
後において顕著な違いは認められないが，古典については第八次学習指導要領
においてはじめて「伝統的な言語文化」として指導内容に位置づけられている。

　これは直接的にはわが国の伝統と文化の尊重を織り込んだ改正教育基本法
（2006年）の反映である。その一方で PISA に代表されるグローバルな標準の重
視にともなうローカルな文化の重要性の確認という面も指摘できるだろう。

③　主体的・対話的な学び／深い学び

　第九次学習指導要領の策定に向けた文部科学大臣諮問「初等中等教育におけ
る教育課程の基準等の在り方について」（2014年11月）において強調されたこと
のうちの一つが「課題の発見と解決に向けて主体的・協働的に学ぶ学習（いわ
ゆる「アクティブ・ラーニング[8]」）や，そのための指導の方法等を充実させていく
必要」であった。この時以降，学校教育に関する課題として，アクティブ・
ラーニングをめぐる議論が活発に交わされ，それが新学習指導要領においては
総則および各教科において「主体的・対話的で深い学び」という表現として示
されることになった。

　こうした学習指導法は，戦後についていうならば，第二次学習指導要領にお
いて，「既成の教科書を採用し，それに準拠しながら学習を進めていく方法」
と対比するかたちで「教科書から離れて，話題なり，問題なり，言語経験なり
を別に設定して，それを中心にして，ひとまとまりの学習を次々に進めていく

▷8　アクティブ・ラーニ
ング
日本におけるこの呼称は大
学教育に関する2012年の中
央教育審議会の答申「新た
な未来を築くための　大学
教育の質的転換に向けて」
が初出とみなされるが，
「学生が主体的に問題を発
見し解を見いだしていく能
動的学修」（同答申）に類
する学習法は，第二次学習
指導要領に先立って，奈良
女子高等師範学校の実践を
踏まえた木下竹次『学習原
論』明治図書出版，1972年
（初版1923年）などにも見
出すことができる。

第2章 初等国語科教育の構造と変遷

方法」として取り上げられている（第四章第一節　国語科の指導法をどう考えたら
よいか）。そして第二次学習指導要領は後者について，「児童の興味や必要に応
じた題材を設定するのであるから，その点では困難はない」としつつ，「教師
の力を要求する面がきわめて多いという難点がある」と指摘している。それは
学びの質保証の困難さを示すことでもある。

　これまでに同様の観点からの指摘は繰り返されてきている。それが新学習指
導要領において「深い学び」という観点が導入された直接的な契機であると考
えられる。そしてそのための方策として国語科についてはとくに「言葉による
見方・考え方を働かせ」ることが強調されている。それが具体的にはどうする
ことなのか。これからの国語教育における実践的な課題となる。

Exercise

①　新学習指導要領において，各学年での〔知識及び技能〕が具体的にはどの
　ような事項を取り上げているか整理してみよう。

②　他の教科等では，それぞれどのような言語活動が想定されているのか。そ
　れを当該の教科書などによって調べ，国語科における言語活動とのかかわり
　について考えてみよう。

③　第五次学習指導要領は，本文にあげた例以外にも他との間に大きな違いが
　認められる。その違いを指摘するとともに，違いを生み出した理由を考えて
　みよう。

📖次への一冊

倉澤栄吉『倉澤栄吉国語教育全集　第9巻』角川書店，1989年。
　　　長きにわたって日本国語教育学会会長を務めた著者による全12巻に及ぶ全集のう
　　　ち，1955年から1974年までの国語科の教育課程論，学習指導論，教師論等の論考を
　　　まとめた巻。
桑原隆「リテラシー観の変容と意味の創造」桑原隆編『新しい時代のリテラシー教育』
　　東洋館出版社，2008年（初出2001年）。
　　　リテラシーをどう捉えるか，という問いはとりもなおさず国語科の内容を問う営み
　　　である。本論文はリテラシー観の変容を明らかにしつつ国語教育を捉え返す新たな
　　　視点を明示している。
望月善次編『国語科教育学はどうあるべきか』明治図書，2010年。
　　　編者，望月善次氏の呼びかけにこたえた57名に及ぶ内外の国語教育関係者が，さま
　　　ざまな立場から国語教育の目標，内容，方法に関して，要望・希望を記載してお
　　　り，自らの国語科観をかたちづくり，あるいは問い直す契機となる。

引用・参考文献

石山脩平『新学習指導要論』目黒書房，1933年。

甲斐雄一郎『国語科の成立』東洋館出版社，2008年。

倉澤栄吉「国語科教育の構造」『倉澤栄吉国語教育全集 9』角川書店，1989年（初出1968年）。

桑原隆「単元学習の思想」日本国語教育学会編『豊かな言語活動が拓く国語単元学習の創造 I 理論編』東洋館出版社，2010年。

国立教育政策研究所『生きるための知識と技能——OECD 生徒の学習到達度調査（PISA）2000年調査国際結果報告書』ぎょうせい，2002年。

国立教育政策研究所『生きるための知識と技能 6——OECD 生徒の学習到達度調査（PISA）2015年調査国際結果報告書』明石書店，2016年。

西尾実「国語教育学の構想」『西尾実国語教育全集 4』教育出版，1975年（初出1951年）。

第3章
初等国語科教育の学習指導と評価

〈この章のポイント〉

　初等国語科教育では，語彙の量や質に個人差のある子どもたちに実生活や各教科等の学習に生きて働く言葉の力を付けることを基本理念とする。そのため，年間指導計画の作成にあたっては，各教科等や総合的な学習，特別活動，学校図書館利用指導との関連を図りながら教材開発を行い，教科横断的な視点で作成することが重要である。本章では，初等国語科教育における学習指導上の基本理念，年間指導計画の作成，単元の構想，主体的・対話的で深い学びの実現，学習評価の観点と方法に関する基礎的・基本的な事柄について学ぶ。

1　学習指導上の基本理念

1　実生活に生きる言語力の育成

　人間は１歳前後にして言葉を覚え，家族とのコミュニケーションを中心として生活に必要な語彙を獲得していく。したがって，語彙の量や質，言葉を使う力は，生育する言語環境▷1に大きく左右される。例えば，乳幼児期に絵本の読み聞かせをしてもらった経験が豊富な子どもは，生活語彙だけでなく心情語彙も獲得する。一方，そのような経験をもたずに成長した子どもの語彙の質や量は基本的な生活語彙に限られる。

　このように，入学までに個々の子どもの語彙の量と質には相当の格差が生じており，学習理解度は個人によって大きく異なる。初等国語科教育で重要なのは，この一人ひとりの語彙の実態に沿いながら，質の高い語彙を増やし，各教科等の学習や実生活に生きて働く言語力を付けることである。そのためには，子どもたちの学習や家庭・学校・地域社会での生活に関連した話題や問題を取り上げ，実生活とのかかわりを重視した学習課題を設定することが重要である。

▷1　言語環境とは「個人の言語発達，言語生活全般に影響を与える自然的・社会的・文化的環境」のこと（高木他編，2015）。

2　言葉への興味・関心の喚起

　言葉の獲得の源は，表現しようとする対象や表現された対象への興味・関心である。表現活動であれば，「自分の思いや考えを相手に伝わるように表現したい」という欲求が，内容を厳選し，構成を工夫し，語彙を選択しようとする

第Ⅰ部　初等国語科の基本的視点

▷2　人間や動物の行動を始発させ，方向づけ，持続させ，強化する過程をさす（『新教育の事典』）。

▷3　外発的動機づけ（extrinsic motivation）の場合，学習者は賞罰のような正・負の外的要因に導かれて学習に動機づけられるのに対し，内発的動機づけ（intrinsic motivation）の場合は，その活動自体が学習者にとって目標であると同時に報酬にもなっている。このような内発的動機づけについてブルーナー（J. S. Bruner）は，「それがひき起こす活動以外の賞に依存しない」と述べ，ハント（J. McV. Hunt）は「情報処理や活動に内在する動機づけ」と説明している。要するに，内発的に動機づけられた活動は，その活動以外になんらの明瞭な報酬がないような活動である（『新教育の事典』）。

▷4　各学校が設定する学校教育目標を実現するために，各学校が学習指導要領に基づき，子どもたちの姿や地域の実情を踏まえて教育課程を編成し，それを実施・評価し改善していくこと。

言語行動を生む。読む活動であれば，内容や論述を正確に理解したい，描写を読み味わいたいという思いや願いが，一語一語に着目する態度を生む。すなわち，語彙の量を増大させ，質を高めるには，学習者の動機づけが極めて重要となる。

動機づけには内発的動機づけ[2]と外発的動機づけとがあるが，とくに，学習者が自己の目的や目標に沿って主体的に読んだり書いたりする活動を誘発する内発的動機づけは重要で，学習効果も高いとされている。

以上，初等国語科教育の指導にあたっては，児童の生活に根差した内発的動機づけに基づく適切な課題設定を行い，一人ひとりの興味・関心が言葉に向かうような活動を促すことが肝要である。

2　年間指導計画の作成

［1］　年間指導計画作成の意義

中央教育審議会答申（2016）で強調されていることの一つに，カリキュラム・マネジメント[4]がある。各教科等の基盤ともなる言語力の育成が求められる初等国語科教育にあっては，このカリキュラム・マネジメントの視点から年間指導計画を作成することが重要である。年間指導計画は，第1学年から第6学年まで，各学年4月から3月までの国語科単元の配列を示したもので，学習指導要領の目標と内容に準拠して作成される。項目として，①配当月　②単元名・教材名　③育成する資質・能力　④配当時間数　⑤評価の観点と方法，があげられる。

単元の年間指導計画を作成する意義は，育成すべき資質・能力が全学年を通して系統的に網羅できる点にある。国語の能力は，学年の発達段階に応じて，学習内容の範囲を広げ，程度を高めながら，反復的・螺旋的に高まっていくものであることから，各学校において，第1学年から第6学年までの6年間を見通した単元の年間指導計画を作成することは必要不可欠である。

［2］　年間指導計画作成上の留意点

言葉を用いる機会は学校生活のあらゆる場面に存在することから，単元の年間指導計画を作成するにあたっては，各教科等や総合的な学習の内容および学校行事や児童会活動等特別活動の内容との関連，学校図書館の利活用の指導との関連，地域の人材や資源の活用を図ることが重要となる。

例えば，第1学年〜第2学年の生活科におけるあさがおなどの身近な自然を観察する活動と，第1学年および第2学年の国語科の〔知識及び技能〕(1)「ア

言葉には，事物の内容を表す働きや，経験したことを伝える働きがあることに気付くこと」，〔思考力，判断力，表現力等〕「B　書くこと」の(1)「ウ　語と語や文と文との続き方に注意しながら，内容のまとまりが分かるように書き表し方を工夫すること」，(2)「ア　身近なことや経験したことを報告したり，<u>観察したことを記録したり</u>するなど，見聞きしたことを書く活動」との関連，第5学年の社会科の工業生産にかかわる単元での工場見学の活動と，第5学年および第6学年の国語科の〔知識及び技能〕(2)「イ　情報と情報の関係付けの仕方，図などによる語句と語句との関係の表し方を理解し使うこと」，〔思考力，判断力，表現力等〕「A　話すこと・聞くこと」の(1)「エ　話し手の目的や自分が聞こうとする意図に応じて，話の内容を捉え，話し手の考えと比較しながら，自分の考えをまとめること」，(2)「イ　インタビューなどをして必要な情報を集めたり，それらを発表したりする活動」との関連である。

　また，第5学年〜第6学年における社会科や理科の調べ学習と第5学年および第6学年の国語科の〔知識及び技能〕(2)「ア　原因と結果などの情報と情報の関係について理解すること」や「イ　情報と情報との関係付けの仕方，図などによる語句と語句との関係の表し方を理解し使うこと」，〔思考力，判断力，表現力等〕の「C　読むこと」(1)「ウ　目的に応じて，文章と図表などを結び付けるなどして必要な情報を見付けたり，論の進め方について考えたりすること」，(2)「ウ　学校図書館などを利用し，複数の本や新聞などを活用して，調べたり考えたりしたことを報告する活動」との関連，さらに，読書週間などの学校行事と第5学年および第6学年の「C　読むこと」(1)「カ　文章を読んでまとめた意見や感想を共有し，自分の考えを広げること」，(2)「イ　詩や物語，伝記などを読み，内容を説明したり，自分の生き方などについて考えたことを伝え合ったりする活動」との関連などである。

　地域の人材や資源の活用については，キャリア教育と関連させて，地域の人的・物的資源を調べて，そのよさや価値を報告し合うなどの単元を組織することもできよう。内容としては，第3学年および第4学年の〔知識及び技能〕(1)「キ　丁寧な言葉を使うとともに，敬体と常体との違いに注意しながら書くこと」，〔思考力，判断力，表現力等〕「A　話すこと・聞くこと」(1)「ウ　話の中心や話す場面を意識して，言葉の抑揚や強弱，間の取り方などを工夫すること」，(2)「ア　説明や報告など調べたことを話したり，それらを聞いたりする活動」が考えられる。

　また，カリキュラム・マネジメントの視点からいえば，学校の実情に沿ったカリキュラムの編成，実施が子どもの国語の資質・能力をどのように育成し得たのかを評価し，改善を図る「PDCAサイクル」の確立が重要となる。この点からも，後述する評価の観点と方法とを記載しておくことは必須である。

▷5　PDCAサイクルとは，Plan-Do-Check-Actionのサイクルのことであるが，ここでは，Plan（指導計画の作成）-Do（指導計画を踏まえた教育の実施）-Check（児童生徒の学習状況，指導計画等の評価）-Action（授業や指導計画等の改善）のサイクルとなる（『中教審答申』補足資料（1）学習指導要領の基本的な方向性）。

3 単元の構想

1 単元の類型

「単元」は，学習活動の区分，まとまりを意味する言葉として用いられる。国語科では，以下のような類型が考えられる。

> (1)練習単元…聞く・話す，読む，書く活動に必要な技能の習得を直接的に目指した単元。
> 　〈具体例〉「かたかなで遊ぼう」（第1学年～第2学年）
> 　　　　　「○○国語辞典を作ろう」（第3学年～第4学年）※○○にはテーマが入る。
> 　　　　　「言葉の由来を調べよう」（第5学年～第6学年）
> (2)教材単元…教材の価値に中心をおいた単元。
> 　〈具体例〉「おおきなかぶ―げきあそびをしよう―」（第1学年～第2学年・物語文）
> 　　　　　「ごんぎつね―テーマを見つけよう―」（第3学年～第4学年・物語文）
> 　　　　　「新聞記事を読み比べよう」（第5学年～第6学年・説明文）
> (3)生活単元…児童生徒の興味・関心を中心とし，テーマに関連する教材や資料を用意し，課題の解決を目指す単元。
> 　〈具体例〉「新見南吉の作品を読んで，心に残るお話を見つけよう」（第3学年～第4学年）
> 　　　　　「ごみ問題を考える」（第5学年～第6学年）
> 　　　　　「"命"について考えよう」（第5学年～第6学年）
> 　　　　　「自どう車図かんを作ろう」（第1学年～第2学年）

実際に教室で組織されている単元は(2)と(3)の要素を併せもったものが多い。すなわち，教科書教材を中核教材として知識や技能の習得を図り，課題を解決するために関連する本や資料から，習得した知識や技能を活用しながら，思考力や判断力を働かせてわかったことや考えたことをまとめるという単元である。

2 単元構想のプロセス

① 教材を開発する

国語科教育の目標は教科書教材の内容を教えることではない。教科書教材を中核教材として，よりよい話し手・聞き手，書き手，読み手を育てることである。したがって，教材は，教科書教材に止まらず，一人ひとりの興味・関心，言語能力の実態に合った本や文章，資料までが対象となる。単元を構想するにあたって，第一になすべきは，児童の学習材となり得る本や文章，資料を収集

第**3**章 初等国語科教育の学習指導と評価

することである。学校図書館司書はもちろん地域の図書館司書との連携，他教
科や総合的な学習，特別活動等との関連を図りながら，さらに地域の人的・物
的資源を探索しながら，多方面にわたり教材の開発に努めることが望まれる。

② 付けたい資質・能力を明確化し，教材を精選する

次に，発掘・収集した教材群を通して育成する国語の資質・能力をより一層
明確にし，それらの資質・能力に応じて教材化を図ることである。ここでは，
児童の興味・関心，言語能力の実態に合うよう教材を取捨選択したり，書き換
えたり，場合によっては自作教材を用意することも必要になろう。

伝統的な言語文化で俳句を取り上げる場合を例に考えてみよう。芭蕉ゆかり
の地であれば，観光パンフレットやリーフレット，俳句集，句碑，解説書等々
さまざまな資料が収集できるだろう。ただし，発達段階によっては，それらの
資料がそのまま学習材として使えるとは限らない。子どもの実態に応じて手を
加える場合もある。一方，芭蕉とゆかりがなく資料収集が難しい地にあって
は，子どもが読むことのできる俳句集を用意することになろう。教科書検定制
度を布いているわが国では，教科用図書以外の教材（補助教材）の使用に関し，
学校教育法で定められており，適切な教材選択は教師の責務の一つである。

③ 育成する資質・能力を働かすことのできる言語活動を選定する

ここでいう言語活動とは，単元を通して行う課題解決的な方向性を有する一
まとまりの活動のことである。以下，上述の俳句に関する二種の教材開発を基
にした第3学年〜第4学年の単元を例に，働かせる資質・能力と言語活動の選
定について述べよう。

---

①芭蕉ゆかりの教材開発に基づく単元の場合

〈働かせる資質・能力〉

1）幅広く読書に親しみ，読書が，必要な知識や情報を得ることに役立つことに気
付くこと。〔知識及び技能(3)オ〕

2）相手に伝わるように，理由や事例などを挙げながら，話の中心が明確になるよ
う話の構成を考えること。〔思考力，判断力，表現力等〕（A　話すこと・聞く
こと）(1)イ

〈言語活動：調べて報告する活動〉

1）「芭蕉と私たちの町」「芭蕉が歩いた道」「芭蕉が見た風景」「芭蕉に由来する文
化活動」などのテーマをグループで分担し，調べ活動を行う。

2）グループで調べたことを，写真や資料を用いて報告し合う。

②俳句集を教材とした単元の場合

〈働かせる資質・能力〉

1）言葉の響きやリズムに親しむこと。〔知識及び技能(3)ア〕

2）文章を読んで感じたことや考えたことを共有し，一人一人の感じ方などに違い
があることに気付くこと。〔思考力，判断力，表現力等〕（C　読むこと）(1)カ

〈言語活動1：アンソロジーを編む〉

▷6　学校で使用する教科
書に対して，一定の基準を
設けて審査し，その使用を
認定する制度。日本では，
小，中，高等学校の教科書
に対して国の検討制度が設
けられている。日本の教科
書は古くは自由採択であっ
たが，その後開申制度
（1881），認可制度（86）を
経て，1903年には国定制度
となり，昭和22（1947）年
から再び検定制となった
（『ブリタニカ国際大百科事
典，デジタル大辞泉』）。

▷7　学校においては，文
部科学大臣の検定を経た教
科用図書又は文部科学省が
著作の名義を有する教科用
図書を使用しなければなら
ないが，教科用図書以外の
図書その他の教材（補助教
材）で，有益適切なもの
は，これを使用することが
できる（学校教育法第34条
2項，第49条，第62条，第
70条，第82条）。なお，補
助教材には，一般に，市
販，自作等を問わず，例え
ば，副読本，解説書，資料
集，学習帳，問題集のほ
か，プリント類，視聴覚教
材，掛図，新聞なども含ま
れる。

第Ⅰ部　初等国語科の基本的視点

　　1）俳句集から，自分のお気に入りの俳句を選ぶ。
　　2）選んだ俳句について，一句につき一枚のカードに，句の意味，好きなところと
　　　　その理由，句から連想するイメージのイラストをかく。
　　3）カードを綴じて，「私の好きな俳句集」を作る。
　〈言語活動2：好きな俳句を音読したり暗唱したりする〉
　　1）俳句集から，自分のお気に入りの俳句を選ぶ。
　　2）選んだ俳句について，句の好きなところとその理由を考える。
　　3）友達の前で，好きな句を音読したり暗唱したりする。

　次に，同一教材を扱う場合でも，子どもの実態によって選択する言語活動が
異なってくるケースについて，第1学年〜第2学年の定番教材「お手紙」を例
に考えてみよう。本教材では，「音読劇」「ペープサート劇」「好きなお話の紹
介」などの実践が見られる。では，実際に単元を構想するにあたって，いずれ
の言語活動を選択すればよいのか。決め手になるのは子どもの実態である。以
下に，児童の実態→育成する資質・能力→言語活動の順で，言語活動の選定プ
ロセスを示す。

表3-1　児童の実態と育成する資質・能力および言語活動との関係

	児童の実態		育成する資質・能力		言語活動
ケース1	人前で声を出したり発表したりするのが苦手な児童が多い。	→	語のまとまりや響きなどに気を付けて音読すること。	→	場面の様子が聞いている人に伝わるように音読劇をする。
ケース2	読みが表面的にとどまっていると感じられる児童が多い。	→	場面の様子に着目して，登場人物の行動を具体的に想像すること。	→	ペープサートで好きな場面を演じる。
ケース3	読書習慣がついていない。	→	読書に親しみ，いろいろな本があることを知ること。	→	シリーズ読書を行い，好きなお話を紹介する。

　　出所：『単元づくりに役立つ「言語活動」アイデア集』参照。筆者作成。

　以上のように，言語活動を選定するにあたっては，日頃から一人ひとりの子
どもの様子やクラスの傾向を把握するよう努め，同系列の前単元における評価
結果を生かして，育成する資質・能力を明確にしたうえで選定することが肝要
である。

④　単元の展開を考える

　単元の展開は通常，導入，展開，終末の三段階から成る。展開を考えるにあ
たってまず重要となるのは，単元を通して行う一まとまりの言語活動に，どの
ように誘うかという導入段階のあり方である。学習指導要領の総則第3「教育
課程の実施と学習評価」の1「主体的・対話的で深い学びの実現に向けた授業
改善」に，「(4)児童が学習の見通しを立てたり学習したことを振り返ったりす

る活動を，計画的に取り入れるように工夫すること」とある。導入段階で，言語活動の見通しをもたせ，どのような資質・能力を働かせて言語活動を行えばよいかについて明確に方向づけることは，単元の実質化とかかわり，重要な教授行為である。具体的な教授行為として，言語活動のモデリングがある。例えば，「新美南吉の作品を読んで，心に残るお話を見つけよう」という学習課題の場合，最終的に交流する「心に残る紹介カード」のモデルを示し，どこに気をつけて読めばよいのか，読んだことをどのように表現すればよいのかなど言語活動の質と量に対するイメージをもたせるのである。「活動あって学びなし」の活動にならないよう，言葉に着目させるための丁寧な導入を心がけたい。

　次に必要となる教授行為は，言語活動を遂行する展開段階の手順とそれに要する時間の見当をつけることである。ここでは，子どもが思考したり判断したりするための手引きやワークシートを用意することが求められる。スピーチであれば，取材の仕方や話の内容の絞り方，構成の工夫の仕方などに関する知識や技能を示すプリント，それらの知識や技能を活用して実際に作業するワークシートの類が必要になろう。作文単元も同様である。読むことであれば，何をどう読んでいくのか，読んでいる時に留意すべきことは何か，読んで感じたことや考えたことをどのようにまとめるのかといった手順を示すことが必要になる。

⑤　単元の終末のあり方を考える

　終末のあり方は言語活動の質を左右するため，ゴールイメージをもたせることは極めて重要である。具体的なゴールには，次のようなものが考えられる。

---

①学級内の友だちと共有する。
②学年コーナーなどに展示することを通して，同学年の友だちと共有する。
③図書室などに展示したり，校内放送等を利用したりすることを通して，他学年の友だちと共有する。
④他の先生方や校長先生，教頭先生などに聞いてもらったり読んでもらったりする。
⑤地域の人を学校に招いて発表したり，地域の高齢者施設で演じたり，コミュニティセンターなどに展示したりする。

　以上のように，相手を誰に，どの範囲にするかによって，子どものアウトプットの質と量は異なってくる。実際に相手を誰にするかは，育成する資質・能力，そして，学級・学校および保護者・地域との関係によろう。

4 「主体的・対話的で深い学び」の実現

1 「主体的・対話的で深い学び」の必要性

「主体的・対話的で深い学び」は，元々「アクティブ・ラーニング」の語で言われていたものであり，「知識・技能」の定着および「学習意欲」の向上に効果的であるとされる。「アクティブ・ラーニング」の学習法とは，「発見学習，問題解決学習，体験学習，調査学習等の他，グループ・ディスカッション，ディベート，グループ・ワーク等」（文部科学省用語集）の方法のことである。これらは格別新しい学習方法とは言えないが，今強調されている背景には，日本の子どもたちの「自己肯定感，社会参画に関する意識の低さ[8]」がある。価値不透明で将来の予測がつかない現代社会を生き抜いていくには，課題を見出し，解決に向けて，主体的に考え，判断・行動し，他者と協働する資質・能力の育成が必要不可欠である。

2 「主体的・対話的で深い学び」の内実

「主体的な学び」「対話的な学び」「深い学び」は，子どもの学びとしては一体として実現され，相互に影響し合うものである。これら3つの視点は毎時間必ず入れなくてはならないというものではなく，単元全体を通して，学習活動に応じバランスよく盛り込むことが大切である。3つの視点をあえて順序づけるとすれば，「主体的な学び」がスタートで，主体的に学んでいるからこそ他者の考えを聞きたくなって「対話的な学び」が生じ，結果として，自己の考えの広がりや深まりのある「深い学び」がもたらされるということになろう。このように考えるならば，アクティブ・ラーニングの成否は，単元の導入段階で，国語科教育の本質を踏まえた学習課題および育成する資質・能力を働かせながら課題解決に向かうことのできる言語活動をいかに設定して子どもの学習意欲を喚起するかにかかっていると言えよう。

また，「対話的な学び」における「対話」には，子ども同士の対話の他，子どもと教員，子どもと地域の人，そして本を通して本の作者などがある。実際の授業展開にあたっては，各自が自分の考えを発表して終わりというのではなく，相手の考えを聞いてわからないところを質問したり，納得した場合は頷いたりといったように，「必ず相手の話に反応する」といった習慣づけを行うことが重要である。

> [8] 自分を「価値ある人間だ」と思っている日本の高校生は39.7％しかおらず，米中韓の半分以下である。また「自らの参加により社会現象が変えられるかもしれない」という項目に対し「全くそう思わない」と回答した高校生は18.6％に上る（『初等中等教育における教育課程基準等の在り方について』（諮問）参考資料 平成27年1月29日教育課程企画特別部会資料1-3）。

第**3**章 初等国語科教育の学習指導と評価

5 学習評価の観点と方法

　学習評価は,「児童のよい点や進歩の状況」を積極的に評価するという絶対評価の考えに基づくもので,「目標に準拠した評価」「指導と評価の一体化」の文言が示すように,評価は単元の目標を実現するために行うものであること,評価の結果を指導の改善に役立てることを大前提とする。評価を実施していくうえで重要なのは,「単元や題材など内容や時間のまとまりを見通しながら評価の場面や方法を工夫」することである(学習指導要領総則第3の2(1))。すなわち,学習評価とは,内容や時間のまとまりを大事にしながら,一人ひとりの学習の確実な定着を図るため,学習指導要領に示す目標に照らして,一人ひとりの子どもの学習過程や成果の実現状況を見とっていく活動であることに留意したい。

1 学習評価の観点

　新学習指導要領においては,教科・校種を超えた共通理解に基づく組織的な取り組みを促す観点から,いずれの教科・校種とも,「知識及び技能」「思考力,判断力,表現力等」「学びに向かう力,人間性等」の3観点に基づく目標が示された。一方,評価の観点としては,「学びに向かう力,人間性等」に示された資質・能力には,感性や思いやりなど評価になじまないものもあるとして,観点としては独立させずに,学校教育法に示された「主体的に学習に取り組む態度」に含め,感性や思いやりについては評価の対象外とするとしている。

　以上の経緯に鑑みるならば,国語科における観点の示し方は,以下のように変更されることになろう。

　具体的な観点について,単元「俳句に親しもう」を例に,「目標に準拠した評価」の考え方に基づき,以下に示してみよう。

【単元の目標】

(1) 易しい俳句を音読したり暗唱したりするなどして,言葉の響きやリズムに親しむことができる。

▷9　何らかの目標や基準を評価基準とし,目標到達度あるいは基準満足度を評価する方法である。各評価段階にあらかじめ人数枠を設けることなく,個々の目標実現状況を評価することから,絶対評価とも言われる(『教育用語集』)。

▷10　この文言の初出は教育課程審議会答申(平成12年12月)で,そこには,「指導と評価は別物ではなく,評価の結果によって後の指導を改善し,さらに新しい指導の成果を充実させることが重要である(いわゆる指導と評価の一体化)。」と述べられている。

(2) 俳句を読んで感じたことや考えたことを伝え合い，一人ひとりの感じ方に違いのあることに気づくことができる。

(3) 俳句の言葉の響きやリズムのよさに気づき，自分の好きな俳句を選んで紹介しようとしている。

【単元の評価規準】

知識及び技能	思考力，判断力，表現力等	主体的に学習に取り組む態度
・言葉の響きやリズムのよさが伝わるように，音読したり暗唱したりしている。((3)ア)	・友達の選んだ俳句のおもしろいと感じたり良いと思ったりしたところを聞き，自分の感じ方との違いを伝えている。(C 読むこと(1)カ)	・俳句集のなかから自分のお気に入りの俳句を進んで選び，好きなところを見つけようとしている。

2 学習評価の方法

学習評価を実施するにあたっては，学びの過程と評価の場面との関係性を意識した評価を行うことが大切である。評価は，主体的な学びの姿と単元の目標の実現状況を見とるものであることから，単元の流れや毎時間の授業が，子どもが目標をもって最後まで粘り強く進めることのできるものとなっている必要がある。そのためには，単元の課題や活動を見通したり，まとまりのある活動ごとに自己の学びを振り返ったりする場面を設定することが重要である。

児童の学びの深まりを把握するための多様な評価方法としては，ノートやワークシート，作品やレポート，スピーチやプレゼンテーションなど，児童の表現したあらゆるものを対象に，評価規準ごとに「概ね満足」「十分満足」「努力を要する」状況の判断基準を設けて行うことになる。

Exercise

① 子どもの語彙の量と質に開きが出てくる要因とそれらを踏まえたうえで初等国語科教育の学習指導を進めるのに大切なことをまとめてみよう。

② 単元の年間指導計画を作成する際の留意事項について，カリキュラム・マネジメントの視点から考えてみよう。

③ 単元構想のプロセスをまとめてみよう。

④ 学習評価の基本的考え方および観点と方法についてまとめてみよう。

📖 次への一冊

高垣マユミ編『授業デザインの最前線Ⅱ』北大路書房，2010年。
　　授業における動機づけ，概念理解，協同学習，評価などの多様な側面を体系的にま
　　とめ，「授業の理論と実践」を結び付ける有用な手がかりを提示。
田中耕治編『パフォーマンス評価』ぎょうせい，2011年。
　　「思考力・判断力・表現力」という「パフォーマンス」をはかる評価方法について，
　　理論と実践事例を用いてわかりやすく解説。付録に用語解説もあり。
全国大学国語教育学会編『新たな時代を拓く小学校国語科教育研究』学芸図書，2009年。
　　国語科教育の意義・構造，国語科授業の計画と実際，近代国語科教育の歴史，今日
　　的課題と展望まで幅広く解説。
塚田泰彦『読む技術——成熟した読書人を目指して』創元社，2014年。
　　「不読者」の問題に光を当て，ネット社会という新しい環境を肯定的に受け止める
　　ことによって自らを意欲的な読者へと変えていく道筋と技術を提示。

引用・参考文献

国語教育研究所編『国語研究大辞典』明治図書，1988年。

下中邦彦編『新教育の事典』平凡社，1979年。

全国大学国語教育学会編『新たな時代を拓く小学校国語科教育研究』学芸図書，2009年。

高木まさき他編『国語科重要用語事典』明治図書，2015年。

田近洵一他編『国語教育指導用語事典』教育出版，1984年。

中央教育審議会『幼稚園，小学校，中学校，高等学校及び特別支援学校の学習指導要領
　　の改善及び必要な方策等について』（答申）（平成28年12月21日）。

光村図書編『小学校国語　単元づくりに役立つ「言語活動」アイデア集』光村図書，
　　2015年。

『教育用語集』光文書院，2014年。http://www.kobun.co.jp/vocabulary/tabid/284/Default.
　　aspx

Adcock, R. A., Thangavel, A., Whitefield-Gabrieli, S., Knutson, B., & Gabrieli, J. D. E.,
　　Reward-motivated learning: Mesolimnic activation presedes memory formation,
　　Neuron, 50(3), 2006, pp. 507–517, doi: 10. 1016/j. meuron. 2006. 03. 036.

Guthrie, J. T., & Wigfield, A., Engagement and motivation in reading. In L. Kamil, P. B.
　　Meosenthal, P. D. Pearson, & R. Barr (Eds.), *Handbook of reading research* (Vol. 3,
　　pp. 403–424), NJ: Erlbaum, 2000.

Hart, B., & Risley, T. R., *Meaningful differences in the everyday experience of young
　　American children*, Baltimore: Paul H. Brookes, 1995.

第 II 部

初等国語科の学習指導

第4章
国語の特質に関する事項の指導

〈この章のポイント〉
　初等国語科教育のなかで扱われる国語の特質に関する主な事項としては，「文字・表記」「語彙」「文法」「言葉遣い」をあげることができる。これらの指導にあたっては，単に知識を教え込むというのではなく，日常生活に必要なものを実際の言語運用を通して身につけさせるよう指導することが求められる。本章では，初等国語科教育において，国語の特質に関する事項をどのようなものとして押さえながら指導すべきかについて，具体的な手立てなどとともに学ぶ。

1　国語の特質に関する教育目標と内容

1　日常生活における「国語の特質」の理解の重要性

　私たちが他者と円滑なコミュニケーションを図っていくにあたって，言葉は重要な役割を果たしている。自分の考えていることや思っていることを整理・内省するためにも大切な存在として位置づけられる。

　ただし，私たちがふだん何気なく使用している言葉は，基本的には後天的に獲得されるものである。ヒトは生得的に言葉を習得する力をもっているとも考えられているが，習得される言葉というものは，どこで生まれどのような環境で育つのかによって自ずと異なってくる。

　これは，言葉が社会や集団のなかでの慣習によって形作られるところが多いことを意味している。例えば仮に自分の考えなどを表明するために，自分の意のままに新たな言葉を作って表現してみたとしても，ほとんど誰にも理解されることなく終わってしまうであろう。それでは言葉としての用を為さないのである。言葉とは，極めて個人的なものであると同時に極めて社会的なものであるということができよう。

　私たちが用いる言葉というものは，その使用にあたっては一定のきまりやルール（規範）に従わなければならないという性質をもっている。そこで，それぞれの表現欲求を穏やかに認めつつ，そうしたきまりに子どもたちをなじませていく必要が生じる。文字や言葉のきまりに関する知識が，教育によって意図的に指導されなければならない理由はここにある。

第Ⅱ部　初等国語科の学習指導

2　新学習指導要領における国語の特質に関する事項の位置づけ

新学習指導要領では，国語科の全体目標が次のように示されている。

第1　目　標
　言葉による見方・考え方を働かせ，言語活動を通して，国語で正確に理解し適切に表現する資質・能力を次のとおり育成することを目指す。
　(1)　日常生活に必要な国語について，その特質を理解し適切に使うことができるようにする。
　(2)　日常生活における人との関わりの中で伝え合う力を高め，思考力や想像力を養う。
　(3)　言葉がもつよさを認識するとともに，言語感覚を養い，国語の大切さを自覚し，国語を尊重してその能力の向上を図る態度を養う。

　国語科で育成を目指す資質・能力の一つに，上記(1)が述べられているが，ここにまず「国語の特質」を指導することの意義が認められている。注目しておきたいのは，ここで理解が目指される「国語の特質」が「日常生活に必要な」ものであると規定されている点である。小学校で指導される「国語の特質」はあくまでも日常生活に資するためのものであるという立場が取られているのである。そして，その理解は「適切に使うこと」とセットで示されている点も注目に値する。国語の特質に関する事項の指導は，ともすれば言葉に関する知識をただひたすらに「教え込む」といったスタンスが取られがちであったが，言葉そのものに対する理解を深めることと実際の言語活動のなかで言葉を豊かに使用することとの連携が強調されるようになっているのである。

　なお，新学習指導要領では，これまで「話すこと・聞くこと」「書くこと」「読むこと」の3領域と「伝統的な言語文化と国語の特質に関する事項」の1事項によって構成されていた内容領域が，大きく〔知識及び技能〕と〔思考力，判断力，表現力等〕とにまとめられることとなった。

　しかし，そうはいってもこれまで指導されていたことがまったく新しいものに改められてしまったわけではない。〔知識及び技能〕のなかに「言葉の特徴や使い方に関する事項」が設けられており，文部科学省が示した「幼稚園教育要領，小・中学校学習指導要領等の改訂のポイント」にも「我が国のこれまでの教育実践の蓄積に基づく授業改善の活性化により，子供たちの知識の理解の質の向上を図り，これからの時代に求められる資質・能力を育んでいくことが重要」とある。

　そこで本章では，これまでの国語の特質に関する事項の指導の枠組みを視野に入れつつ，「文字・表記に関する学習指導」「語彙に関する学習指導」「文法に関する学習指導」「言葉遣いに関する学習指導」に焦点を当て，それぞれの

指導の意義と具体的な手立てについて説明する。

2　文字・表記に関する学習指導

1　日常生活における文字・表記の多様性

　私たちの身のまわりには，至るところに文字が存在している。日々の生活の
なかで文字を目にしないということはまったくといっていいほどない。児童が
過ごす小学校という場に目を転じてみても，さまざまな教科のなかで文字にふ
れている。文字の習得はすべての学習の基礎である。まずはそれを念頭に置い
て文字・表記の指導にあたることが大切である。

　日本語の場合，学習者が習得する文字には，ひらがな・カタカナ・漢字・
ローマ字などがあげられる。表音文字・表意文字の併用が日本語表記の特徴の
一つであるが，それらの文字は目的や状況に応じて適切に使い分けられること
が求められる。例えば，孤独な心的状況を書き表す場合，「私は寂しい。」「わ
たしはさびしい。」「ワタシハサビシイ。」と書き分けることができ，それぞれ
まったく異なったニュアンスを読み手に与えることになる。文字・表記の指導
は，単なる字体の習得に留まらず，文脈や実際の使用を意識することも心がけ
る必要がある。

2　仮名の指導

　初等国語科における文字指導は，ひらがなやカタカナといった仮名の指導か
ら始められることが一般的である。まずは五十音図にあるすべての仮名文字を
読んで書けるようになることが目指されるが，機械的な繰り返し練習や押しつ
けの指導に終始しないことが大切である。児童に馴染み深い事物や出来事など
をきっかけとして，まずは口頭で説明してもらった後，それを書き取らせたり
することによって，自然に文字の習熟を目指すという指導などが考えられる。

　具体的な手立てとしては，例えばお気に入りの物語や文章を視写させる活動
を行ったり，しりとりやクロスワードパズルなどの言葉遊びを通して言葉その
ものに親しませたり，お店屋さんごっこなどの遊びのなかで文字を書く経験を
豊かに積ませたりするなどの活動があげられる。

　また，仮名の指導においてはとりわけ仮名遣いなどの表記に対する配慮が求
められる。日本語には日本語特有の表記上のきまりというものが存在する。長
音・促音・拗音などの表記や助詞（は・へ・を）の表記などがそれに相当する。
あるいは，伝統的な言語文化に関する事項の指導などをも視野に入れると，小
学校段階から歴史的仮名遣いにも少しずつ親しませていく必要がある。仮名遣

▷1　**表音文字・表意文字**
仮名やアルファベットなど
のように一つひとつの文字
が音節を表す文字のことを
表音文字といい，漢字など
のように一つひとつの文字
がある一定の意味を有して
いる文字のことを表意文字
という。

▷2　**視　写**
文や文章などを見ながら書
き写す活動。文字を正しく
書く力をつけることと同時
に内容理解を確かなものに
することがその学習効果と
して期待されている。

▷3　**言葉遊び**
言葉のさまざまな特性に注
目した知的な遊び。国語科
指導においては，遊びの要
素を取り入れることによる
学習効果の促進と言語感覚
の育成などがその意義とし
て認められている。

▷4　**歴史的仮名遣い**
現代仮名遣いと異なり，過
去の文献における仮名の用
法に規範を求めた仮名遣い
のこと。

いなどの表記上のきまりについては，児童にそのまま覚えてもらわなければならないものも多いが，ある程度習熟が進んだら間違えやすいものを重点的に指導するというスタンスを取ることも考えられる。

［3］　漢字の指導

　私たちが日常生活のなかで読んだり書いたりできることが目指される漢字の字種・字数は常用漢字[5]に示されているが，それをいきなり小学校の児童に示すことはできない。漢字指導には段階を踏まえた系統的な指導が必要であり，小学校段階において習得すべき漢字の字種ならびに字数は，学年別漢字配当表[6]によって定められている。

　なお，新学習指導要領では学年別漢字配当の見直しが行われ，小学校で習得する漢字の数はこれまでの1006字から1026字に増加することとなった。増加したのは「茨・岡・岐・熊・香・佐」など，主に都道府県名のなかで用いられている漢字である。この増加によって，第4学年で都道府県名の漢字をすべて習得することが可能となったわけであるが，この改訂からも明らかなように，近年の漢字指導は，学習者の生活や学習のなかで用いられている漢字を積極的に認める方向で指導が行われようとしている。

　首藤久義（2003）は，「子どもは，生活の中で漢字と出会い，生活の中で読み書きしながら漢字になじみを深め，漢字を身につけている。学校における漢字指導は，その学習を助けるものになり，生活に役立つ漢字力を高めるものになる必要がある」と述べている。首藤のような発想に立つと，例えば，自分の名前に使われている漢字を詳しく調べそれに基づいて自己紹介やお話作りを行ったり，自分の興味や関心に見合った漢語を組み合わせて歌の歌詞を作ってみたり，好きな芸能人やスポーツ選手の名前を集めて分野別の人名辞典を作ったりするなど，書き取り練習だけではないさまざまな漢字指導に対する工夫を行うことができるようになる。

　児童の日常生活のなかには多くの漢字が満ちあふれている。そうした「漢字資源」を有効に活用しながら自然に漢字を使う意欲を喚起していくことも可能なのである。

　また，漢字指導をめぐって現在生じている問題としては「文字の細部に必要以上の注意が向けられ，本来であれば問題にならない違いによって，漢字の正誤が決められる傾向が生じている」という点が指摘されている。

　それを踏まえ平成28年2月に文化審議会[7]は「常用漢字表の字形・字体に関する指針（報告）」を出している。そこでは漢字の正誤について「常用漢字表」における字形の考え方に拠りながら，「骨組みが過不足なく読み取れ，その文字であると判別できれば，誤りとはしません」と述べられている。漢字のと

▷5　常用漢字表
法令・公用文書・新聞・雑誌・放送など，一般の社会生活において，現代の国語を書き表す場合の漢字使用の目安を示した表のこと。

▷6　学年別漢字配当表
小学校学習指導要領に掲げられており，小学校各学年で学習すべき漢字が配当された表のこと。

▷7　文化審議会
文部科学省内に設置された機関であり，文部科学大臣または文化庁長官の諮問に応じ，文化の振興および国際文化交流の振興に関する重要事項や国語の改善およびその普及に関する事項などを調査審議し，文部科学大臣または文化庁長官に意見を述べることを主な任務としている。

め，はね，はらいなどが，字体の違いに影響しないかぎり，その有無によって正誤を分けることはしないという立場が重視されているのである。パソコンやワープロの普及にともない，漢字の習得環境に変化が生じつつある昨今の状況を踏まえた，厳格に過ぎない漢字指導のあり方が求められようとしている。

4　文字・表記の指導における全体的な留意点

文字・表記の指導における全体的な留意点を，以下に2点まとめておく。

一点目は，習得途上の児童の文字や表記のなかには，書き誤りが多く見られるが，それは当然のこととしておおらかな気持ちで認めていこうという点である。学習者の誤りに対する教師の対応は，そのまま学習者のその後の文字・表記に対する態度に影響を与えることになる。文字・表記を習得するということは，人に自分の言葉を文章表現によって伝えることのできるツールを獲得するということになる。その良さや楽しさを実感させられるような指導を目指すことが求められる。

二点目は，近年における携帯メールやSNSなどのコミュニケーションツールを用いたやりとりのなかでの文字・表記の扱いについてである。擬音語や擬声語などにおける独特な表現や絵文字・スタンプなど，従来の文字規範に照らし合わせると逸脱している文字・表記などが人々の日常生活におけるコミュニケーションのなかで一般的になりつつある。それは児童の文字意識にも確実に影響を与えるものである。こうした新しい文字・表記を国語科指導のなかでどの程度認めるかについては，今後の文字・表記指導をめぐる一つの検討課題になるであろう。

3　語彙に関する学習指導

1　学習者の語彙を豊かにすることの意義

日常生活のなかにはさまざまな言葉が存在するが，ある観点や枠組みなどによって分類したりまとめたりした言葉の総体のことを語彙という。

語彙は各人が有している知識そのものであるという考えもある。語彙が豊かであればあるほど，文章を読んだ際の理解はより深まり，表現にも幅が出てくる。東京都青年国語研究会（1994）のなかで，安居總子は「語彙力は，表現行為，理解行為を通して身につく。学習者が言葉を使って理解したり表現したりすることで，言葉の力＝語彙力となるのである。……単に語彙だけの問題ではなく，よい読み手書き手聞き手話し手を育てていくときに，その個人の背景に持ちうる言葉の力として考えていくところに，語彙指導はある。だから語彙指

導は徹底して個人指導である」と述べている。近年においては，「語感を磨き語彙を豊かにする指導を改善・充実」する必要性にも注目が集まっているが，語彙を豊かにすることは，学習者の生活や人間そのものを豊かにすることにつながるのだという考えに立って語彙指導を行っていきたいものである。

2 　語彙指導の具体的な方法

　語彙が豊かである状態とは，端的に言うと，言葉を数多く知っていてそれらを使える状態であると説明されることが多い。学習者をそのような状態にするために，これまでの国語科における語彙指導のなかでは，取り立て指導と表現・理解活動のなかでの取り上げ指導とが併用されて行われてきた。

　取り立て指導は，教師が児童に身につけて欲しいと思う語彙を意図的に提示しつつ指導する方法である。

　例えば，語彙の構造や特質（類義語や対義語，上位語・下位語など）を踏まえつつ，児童に言葉を集めたり分類したりしてもらうという活動がある。これは日本語学における語彙研究の成果に依拠しながら，言葉どうしの関係性を中心とした日本語の語彙体系を児童に理解させることを目指した取り立て指導である。

▷8　学習基本語彙
学習上の観点から選定されることになる，学習者にその習得が望まれる基本的な語彙のこと。

　また，児童に身につけて欲しい単語を日常生活や教科生活との関連を考慮しつつ選定し，学習基本語彙として取り立てて指導するという方法もある。選定の方法としては，例えば「語彙頻度調査に基づく選定」「専門家の評定による選定」「児童生徒の理解度に基づく選定」などがある。これまでの成果としては，阪本一郎（1958）などがその実例としてあげられる。最近では，評価語彙や論理語彙などへの注目も高まっており，実際の言語活動のなかでそれらが活用される場面を設定しつつ指導が行われるようになっている。

　表現・理解活動のなかでの取り上げ指導については，例えば読むことの指導との関連においては，難解語や難読語を学習者自身に辞書を用いて調べさせたり，文章中の重要語句の理解に焦点を当てて文章の解釈を深め語彙を豊かにすることを目指すなどの方法が取られている。書くことの指導との関連においては，自らの文章表現で用いている言葉を推敲活動のなかで吟味させ，他の言葉に置き換えることができないかどうかを類語辞典等を用いて多くの言葉にふれさせたりするやり方などが行われている。

　理解語彙を豊かにすることは児童の認識を広げることになり，表現語彙を豊かにすることはコミュニケーションの幅を広げることになるという点が期待されているのである。

3 学習者の既有知識を大切にした語彙指導

　これまでの語彙指導は総じて児童の語彙数を増やすといった量的拡大に指導の力点が置かれてきたとの指摘もある。今後の語彙指導で重視されるのは，学習者の語彙の質的充実を目指した指導という視点である。塚田泰彦・池上幸治（1998）のなかで塚田は，語彙を豊かにするとは，新しい語を獲得したり既知の語の意味を変容させたりすることであり「学習者個人の既有の語彙体系こそが語彙の獲得拡充過程の中心的ファクターである」としている。子どもたちがすでに知っていること・もっている言葉を起点とした語彙指導を重視しようとする立場である。具体的な指導方法としては，既有知識を賦活するために「意味マップ」を子どもたちに作成してもらい，すでにもっている「自分の言葉」を「確認する」ことと「喚起する」ことを意識しながら新しい語の獲得や認識の変容を促すことなどが提案されている。

　次の詩を見てほしい。

> 打ち上げ花火
> おかあさん　／　花火って　／　おかあさんより　／　きれいだね
> でも　／　さびしいね

　これは，川崎洋（2003）に収録されている4歳の少女が作った詩である。この詩のなかで使われている言葉（自立語相当）は「おかあさん」「花火」「きれいだ」「さびしい」のみである。にもかかわらず，この詩から浮かび上がる情景やこの詩に込められた心情はとてつもない広がりや深まりをもっている。

　子どもたちの表現のなかには，少ない言葉を絶妙に組み合わせることによって成り立つ新鮮で豊かな表現というものがしばしば見出される。そうした事実を認めつつ，言葉を増やして語彙を豊かにすると同時に，今まさに使用している言葉に対する自覚を促しながらその質を高めていくということも念頭に置いた語彙指導を実践していく必要がある。

▷9　意味マップ
任意の言葉をトピック語として定め，そこから思いつく言葉を自由に蜘蛛の巣状につなげながら書き出していくもの。視覚的にもわかりやすいので，発想支援や知識や考えを整理することなど，さまざまな学習活動に援用されている。

4　文法に関する学習指導

1　文法指導を行うことの意義

　文法は，文の構成要素である単語や語句などがいくつか組み合わさって一つの文を作っていく際にはたらく規則のことである。

　生まれたばかりの赤ちゃんは言葉を話すことができないが，成長するにつれて「あー」「うー」などの喃語を発するようになり，その後「まんま」や「ね

▷10　喃　語
赤ちゃんが言葉を話し出す前に発する意味のない声のこと。

第Ⅱ部　初等国語科の学習指導

ん ね」などの言葉を発することができるようになる。最初に獲得する言葉は子どもによってそれぞれであるが，その言葉によって周囲の大人とのコミュニケーションを図れるということを考え合わせると，子どもたちがここで獲得する言葉は立派な「文（一語文）」であるといえる。ただし，私たちが一つの言葉のみで表現できることはかぎられている。多くの言葉を組み合わせて文を作り，文を連ねて文章とすることで表現を精緻に豊かにしていくのである。そうした組み合わせを考えることによって，表現・理解の精度を上げていくことが文法教育の使命となる。

　しかし「文法を知らずとも話したり書いたりすることに不自由はない」「生活に支障なく言葉を用いることができる」という理由から文法指導は不要であるという意見を耳にすることもある。

　ただし「支障なく用いる」と「自覚的になる」ということは別である。

　たとえ話になるが，私たちは，エンジンの仕組みを知らずとも自動車の運転を支障なく行うことができるが，エンジンの仕組みを知っていた方が車に対してより優しい運転を心がけることができるようになる。車が故障した際の対応をスムーズに行うこともできる。言葉にとっての「文法」もそのようなものであると捉えることもできる。文法指導は，言葉を優しく丁寧に扱うという態度を養うことにつながるのである。

2　初等国語科における文法指導

　それでは，小学校段階で行われる文法指導の射程をどのようにおさえておくことが必要であろうか。

　文はその構成要素（文の成分）として主語・述語・修飾語・接続語・独立語を含みこんでいる。文法指導においては，それぞれの特徴や関係を理解したうえで，さらに細分化して単語（品詞）を理解していくということが，基本的な指導の道筋となっている。いわゆる学校文法[11]の理解が中心的な内容を占めている。しかし，細かな品詞分類や活用の種類・活用形の名称など，専門用語を用いた文法の本格的な理解は中学校段階における文法指導に譲り，小学校では文法的に考えるためのきっかけを与えてあげることに主眼を置いた指導が行われる必要がある。「文法的に考える」ということについて，北原保雄（1984）は次のように述べている。

▷11　学校文法
広義には学校教育において指導されている文法のことを指すが，わが国においては橋本進吉の「文節」概念を文構造の基本として取り入れた文法体系のことを指すことが一般的になっている。

　……われわれは，具体的な表現に接したとき，その部分に，あるいは全体に，もっとひっかからなければならない。なるほどと感動し，どうしてだろうと疑い，そして考え，自分自身の解釈を発見すべく，表現にこだわり続けることが大切である。その際に必要なのは，文法的な知識というよりも，文

法を考える能力，文法的に考える能力である。

　ただ単に文法的な知識を暗記するというのではなく，言葉の仕組みやはたらきについて考えることを重視するのである。

3 「気づき」を重視した文法指導の方法

　そして，学習者に文法的に考える力を養っていくためには，さまざまな文法現象に対する「気づき」を重視した指導を行うとよい。何気ない表現における学習者自身の「気づき」を文法的なきまりに対する自覚へと導く指導である。

　例えば，文型カードを活用して文法的な気づきを促すといった活動を想定することができる。児童に文の成分や「いつ」「どこで」「だれが」「何を」「どうした」などの文の構成要素ごとに大まかに分けたカードを与えたり作ってもらったりして，それらを自由に組み合わせて文を考えさせるといった活動である。こうした活動は，文がさまざまな語の組み合わせによって成り立っていると気づかせ，文の構成意識を醸成することにつながっていく。

　あるいは，児童が書いた作文や教科書にある文章などに注目し，そこにある一文を二文に分けたり，逆に二文を一文にまとめたりするという活動を行うことも可能である。これによって，文というのは自分の力で作っていくことができるのだと気づかせることで，文法的な知識を援用した構文操作能力を養う活動へと展開することができる。

　さらに言えば，誤文訂正を取り入れるといった活動を行うこともできるであろう。文法的に書き誤りのある文を児童に提示し，適切な形に修正してもらうという活動である。このような活動は，文における語の選択や結合がうまくいかないと円滑な表現・理解が妨げられてしまう点への気づきを促すことにつながっていく。

　ここに示した文法指導に関する活動はほんの一例にすぎないが，このような活動を通して，単に文法的な知識を与えるというのではなく，自分たちが読んだり書いたりする文や文章にはきまりがあるということを自発的に気づかせるようにしていくことが大切である。

　そのように考えると，小学校の文法指導においては，文や言葉を観察しようという態度を育成することを念頭に置き，演繹的な指導ではなく，多くの言葉の観察からきまりを導き出すといった帰納的なアプローチがより重視される必要があろう。

　いずれにしても，言葉の仕組みを考える・知ることは楽しいというスタンスで文法指導にあたることが大切である。

第Ⅱ部　初等国語科の学習指導

5　言葉遣いに関する学習指導

1　子どもたちの言語獲得と言葉遣いの指導とのかかわり

　子どもたちは身近な人たちとのかかわりによって言葉を習得していくが，その成長にしたがって多くの他者とかかわりをもつようになる。多くの他者とかかわるということは，親しい人とだけ言葉を交わして生活するわけにはいかなくなることを意味する。ここで留意すべきは，親しい人との間で交わされていた言葉と，そうではない人との間で交わされることになる言葉との間には，本質的な異なりが見られるという点である。

　岡本夏木（1985）は，そうした言葉の違いを子どもたちの発達段階と照らし合わせながら，「一次的ことば」と「二次的ことば」とに分けて説明を行っている。

　「一次的ことば」とは基本的には少数の親しい特定者との間に交わされる言葉であり，「二次的ことば」は不特定の少し距離を置いた間柄で交わされる言葉であるとされている。そして，「一次的ことばが原則的には一対一の会話による自他の相互交渉によって展開していったのに対して，二次的ことばでは，自分の側からの一方向的伝達行為として行われ，少なくともその行為の間では，相手から直接の言語的フィードバックは期待できない。そうした状況にあっても話のプロットは自分で設計し，調整してゆかねばならない」と述べられている。小学校段階においては，「一次的ことば」とのつながりを十分に考慮しつつ，「二次的ことば」の獲得を支援することによって，子どもたちが自らの言葉を「調整」しながら運用できる力を養っていかなければならない。これは，相手や場に応じて言葉を使い分けることができる子どもを育成することにもつながる。相手がたとえ誰であったとしても，円滑にコミュニケーションできる力を養うために，国語教育において言葉遣いの指導が重視される所以はここにある。

2　敬語の指導

　言葉遣いの指導について，これまでの国語科指導のなかで大切にされてきた指導内容としてまずあげられるのが「敬語」である。自分と同等の関係ではない「目上」の存在を意識した言葉遣いの指導である。

　敬語指導のポイントは，敬意を払う対象に対して自分の立場を明確にして「尊敬語」「謙譲語」「丁寧語」などを使い分けできるようにすることである。

　敬語を用いることはなかなか難しい。例えば尊敬語と謙譲語の混乱（「先生が

そのように申された」）や二重敬語（「拝見させていただきます」）の問題など，適切に敬語が使用できないとかえって相手に対して失礼なことになってしまう場合もある。

そこで，これまでの国語科指導では，さまざまな言葉を尊敬語や謙譲語に言い換えさせてみたり，敬語が適切に用いられていない文などを提示してその誤りを指摘させるなどして敬語の理解を深めようとしてきた。ただし，そのような指導のみに留まっていては敬語の理解が実際の言語行動に結びつかないなどの問題点も指摘されている。

敬語の指導を行うにあたって留意すべきは，実の場での言語使用をいかに意識するかどうかという点である。例えば職場体験などを通して地域の人々と実際に言葉を交わす機会を設けたり，改まった文脈を意識した手紙を書く活動を取り入れたりするなど，失敗することもあろうが，そうした実際の「大人」との言葉のやりとりを行う機会を多く設けることが，生きた敬語を学ぶことにつながっていくものと思われる。

▷12 **実の場**
学習者の学ぼうとする意欲が大切にされ，本気になって活動に取り組むことのできる目的や状況が自然な形で設定されている主体的な学習の場のこと。

③ 異質な他者を理解するための言葉遣いへの注目

敬語指導は今後の国語科指導のなかでも扱われる大切な指導内容といえるが，ただし言葉遣いの指導は敬語の問題のみに留まるものではない。

私たちは，日常生活のなかで周囲の人々とコミュニケーションを図るにあたって，実にさまざまな言葉を使い分けている。地域における言葉（方言），同世代の仲間と交わす言葉，それぞれの社会的な立場・職業集団のなかで用いる言葉などがそれに相当する。言葉には，それを用いる集団に特有の考え方や価値観が反映されているが，そうした言葉の存在が，価値観を共有しない者同士の間に壁を作ってしまうことにもつながってしまう。

そこで，例えば各地の方言を調べたり・世代による言葉の違いについて調べるなどの活動を意図的に指導のなかに組み込むことを通して，さまざまな言葉の根底にある価値観や考え方をまずは理解することも，言葉遣いの指導においては大切な要件となってくる。何気ない言葉遣いのなかに互いの価値観の相違を認めることが，異質な他者とのコミュニケーションの端緒を開いていくことになる。

また，私たちは他者との親密なかかわりを求めてコミュニケーションの言葉を紡ぎ出しているわけであるが，いくら関係が緊密になろうとも，相手と自分とが「同一化」することは基本的にはありえない。どこまでいっても違いというものは存在する。そうした他者との相違に対しての敬意をもち続けることが必要である。「親しき仲にも礼儀あり」という言葉もあるが，人間関係を馴れ合いにしないためにも言葉遣いに対する配慮を常に行うことのできる人を育てるということを意識し続けなければならないだろう。

第Ⅱ部　初等国語科の学習指導

Exercise

① 新学習指導要領にある学年別漢字配当表について，各学年にどのような漢字がまとめられているのかを確認したうえで，そのような配当になっている理由をそれぞれ考えて話し合ってみよう。

② 「学校」をトピック語とした意味マップをそれぞれ作成し，ほかの人たちの作ったものと見比べて意見交換をしてみよう。それを踏まえ，意味マップを小学生に作ってもらう際の留意点について考えてみよう。

③ 自分がこれまでに書いた文章（レポートやブログなどの文章）を読み返し，接続語の使い方や文末表現など，自らの文章の書きぶりに何か特徴がないか確認してみよう。

④ 中学校・高等学校時代の恩師に近況を知らせるための手紙の下書きを書き，そこで用いられている言葉遣いが適切であるかどうか，他の人と読みあって相互批正をしてみよう。

📖次への一冊

小林一仁『バツをつけない漢字指導』大修館書店，1998年。
　　わが国における漢字政策から漢字指導までを網羅的に解説。出来の優劣をあげつらうことのない漢字指導のあり方について考えさせてくれる一冊。
塚田泰彦『国語教室のマッピング』教育出版，2005年。
　　個人の学びを共同の学びへとつなぐことを重視する立場から意味マップ法の国語科指導への活かし方を実践に即してわかりやすく解説した一冊。
森山卓郎『表現を味わうための日本語文法』岩波書店，2002年。
　　文学作品などの言葉を手がかりとして日本語の表現を文法的に味わう方法を提示。単に暗記するのではない「文法」の楽しさを教えてくれる一冊。

引用・参考文献

岡本夏木『ことばと発達』岩波書店，1985年。
川崎洋『おひさまのかけら』中央公論新社，2003年。
北原保雄『文法的に考える』大修館書店，1984年。
阪本一郎『教育基本語彙』牧書店，1958年。
首藤久義『生活漢字の学習支援』東洋館出版社，2003年。
塚田泰彦・池上幸治『語彙指導の革新と実践的課題』明治図書，1998年。
東京都青年国語研究会『楽しい語句・語いの指導』東洋館出版社，1994年。

コラム①

国語施策

　現代日本語の表記は，ひらがな，カタカナ，漢字など，複数の文字体系の混用，すなわち漢字かな交じり文によることを原則としている。そのなかでも日常的に使用する漢字の範囲，個々の語の仮名遣いや送り仮名，外来語の書き表し方などの目安は，戦後まもなくから今日までの間に行われてきたいくつかの国語施策によって示されたものである。

　例えば，漢字については「当用漢字表（昭和21年）」「常用漢字表（昭和56年）」，仮名遣いについては「現代かなづかい（昭和21年）」「現代仮名遣い（昭和61年）」，送り仮名については「送りがなのつけ方（昭和34年）」「送り仮名の付け方（昭和48年）」によって整理が進められた。そのほか，人名用漢字や，ローマ字のつづり方，外来語の表記などについても同様に，国語施策による整理がなされてきた。これらのなかには，「当用漢字別表（昭和23年）」のように義務教育における漢字学習を直接対象とする施策もあった。

　個々の施策は国語審議会（平成13年からは文化審議会）による検討の後，答申または建議され，内閣告示・訓令に至っている。

　これらの国語施策が示す内容は，「法令，公用文書，新聞，雑誌，放送など，一般の社会生活において，現代の国語を書き表す場合」の「目安」（「常用漢字表」前書き）や「よりどころ」（「現代仮名遣い」前書き）を示したものであり，「科学，技術，芸術その他の各種専門分野や個々人の表記にまで及ぼそうとするものではない」と位置づけられている。

　漢字表や仮名遣いについては戦前にもさまざまな試案があったが，いずれも定着・浸透には至らなかった。現代日本語の表記は戦後の国語施策によって整備されたと言ってよいのであるが，実は，日本語の表記は漢字かな交じり文によることを原則とするという，そのこと自体が確認されたのは昭和40年の国語審議会の総会においてであった。このことからもわかるように，これまでの国語施策は使用する漢字の範囲や仮名の使い方に一定の規則を設けようとするものであって，総合的な漢字かな交じり文の運用についての指針を目指すという視点を欠くものだったといえる。

第5章
情報の扱い方

〈この章のポイント〉

　新学習指導要領に，「情報の扱い方に関する事項」が新たに加えられた。ここで言う「情報」とは，話や文章に含まれているもの全般を指す。本章では，「情報の扱い方に関する事項」が新設された背景と，その位置づけや内容について学ぶ。さらに，本事項の内容と重なる思考の様相について理解を深める。小学校の国語科ではどのような思考が育成されるのか。そのために，授業をどのように構想したらよいのか。教科書教材を例に，教材の特性やそれを生かした実践例をあげて解説する。

1　新学習指導要領に新設された「情報の扱い方に関する事項」

1　新設の背景

　新学習指導要領に新設された「情報の扱い方に関する事項」とは，話や文章に含まれている情報の扱い方に関する事項である。「小学校学習指導要領解説国語編」には新設の理由として，〈情報化社会への対応〉と〈話や文章の理解や表現の基盤となる資質・能力であること〉の２つをあげている。

　急速に情報化が進展する社会において，さまざまな媒体のなかから必要な情報を取り出したり，情報同士の関係を整理したり，発信したい情報を多様な手段で表現したりすることが求められている。一方，中央教育審議会答申では，「教科書の文章を読み解けていないとの調査結果もあるところであり，文章で表された情報を的確に理解し，自分の考えの形成に生かしていけるようにすることは喫緊の課題である」と指摘されている。

▷1　中央教育審議会答申「幼稚園，小学校，中学校，高等学校及び特別支援学校の学習指導要領の改善及び必要な方策等について」（平成28年12月）において指摘されたものを受けたものである。

　話や文章に含まれている情報を取り出して整理したり，その関係を捉えたりすることは，話や文章を正確に理解することにつながる。また，自分のもつ情報を整理して，その関係をわかりやすく明確にすることは，話や文章で適切に表現することにつながる。そのため，このような情報の扱い方に関する「知識及び技能」は国語科において育成すべき重要な資質・能力の一つである。

2　位置づけと構成および内容

　この「情報の扱い方に関する事項」は新学習指導要領の〔知識及び技能〕の

第Ⅱ部　初等国語科の学習指導

なかに位置づけられ，「情報と情報の関係」をア，「情報の整理」をイと，2つの内容に分けて構成している。指導事項の具体を以下に示す。

〔第1学年及び第2学年〕
ア　共通，相違，事柄の順序など情報と情報との関係について理解すること。
〔第3学年及び第4学年〕
ア　考えとそれを支える理由や事例，全体と中心など情報と情報との関係について理解すること。
イ　比較や分類の仕方，必要な語句などの書き留め方，引用の仕方や出典の示し方，辞書や事典の使い方を理解し使うこと。
〔第5学年及び第6学年〕
ア　原因と結果など情報と情報との関係について理解すること。
イ　情報と情報との関係付けの仕方，図などによる語句と語句との関係の表し方を理解し使うこと。

「情報」を「話や文章に含まれている」ものと広義で捉え，「話すこと・聞くこと」「書くこと」「読むこと」すべての領域およびさまざまな言語活動を機会と捉えその習得を目指す。

　アの「情報と情報の関係」は，文章構成や論の展開の仕方，理由や事例のあげ方等，説明文の特性と重なる点が多く，説明文の読みの学習と密接にかかわる。

　イの「情報の整理」は，記録文，報告文，説明文，意見文，説得文など「目的別文章」を書く際に必要となる要素である。例えば，「報告文を書く」活動の場合，情報を文献から収集するのと，フィールドワークをして収集するのとでは情報の分類・整理の仕方から構成，記述に至るまで留意すべき点が異なる。また，第5学年〜第6学年では他教科の言語活動との連関から，図表を根拠にあげて論じることが求められる。それぞれの場合に必要な知識や技能が，イの項目に配列されている。

　教科書では，説明文を「読むこと」と目的別文章を「書くこと」を組み合わせた複合単元を設定し，アとイを関連づけて指導するように工夫されている。

2　初等国語科の授業に見られる思考の様相

　小学校の国語の授業で主に見られる思考は，次の5つである。

① 順　序

　新学習指導要領の第1学年〜第2学年に「事柄の順序」とあるが，この学年で扱う「順序」は，「時系列の順序」や「事柄の順序」，おもちゃなど物の作り方を解説する際に必要な「手順の順序」に留まる。学年が上がるに従い，わか

▷2　目的別文章
国語科教育では，報告・記録・描写・説明・意見・説得などを一括して「説明的文章」と呼ぶことが多い。渡邉雅子（2015）は，「目的別文章」を目的と目的達成のために必要な情報，情報の配置方法（論理）により，描写・説明・意見・説得の四つの様式に分類する。

▷3　複合単元
「読むこと」と「話すこと」領域の教材を組み合わせて単元化したものを指す。

りやすさ，重要度，説得度といった「順序」を扱う。このように一口に「順序」と言っても，発達段階によって質や難易度が異なる。

② 比較・分類整理

「比較や分類」という文言は第3学年〜第4学年に見られるが，第1学年〜第2学年に示されている「共通，相違」も比較の思考であり，対照的な2つの物事を比べる対比の思考も含まれる。「比較」は，第1学年〜第2学年から育まれる基盤となる思考である。学習者が自分と他者の意見とを比較するには，接点が明確となる焦点化された発問が必須条件となる。これは，自分と友だちの考えとを比べながら授業に臨むなどの日常的な鍛えも大きい。また，分類整理も比較の思考をともなう。

学年が上がるに従って，「同じ・違う」といった単純な比較から「考えは同じだけれど理由が違う」のような小さな差異の比較へと変化する。

③ 因果関連（原因と結果・理由と結論）

第3学年〜第4学年の「考えとそれを支える理由や事例」や，第5学年〜第6学年の「原因と結果」がこれに当たり，説明文教材の構成も対応している。

第3学年の説明文教材は，〈はじめ〉に問いを設定し，それを解決するために具体的な事例を複数〈中〉で説明し，〈おわり〉に問いの答えとしてまとめを述べるタイプが多い。具体的な事実のまとめを結論とした尾括型である。

第4学年からは，筆者が自分の意見や考えを主張する論説型の文章になっていく。筆者がまず自分の考えを述べ，その後に考えを裏づける理由となる具体的な事例をあげ，最後にもう一度自分の考えを主張する。「主張―具体的事例（理由や根拠）―主張」という両括型（双括型とも言う）の構成が散見される。

第3学年〜第4学年以上では，事例の内容を読み取るだけでなく，事例の順序から筆者の意図を考えさせる。先の「順序」の思考とかかわらせることで，結論との関係性に迫る手立てとする。

④ 類推・予想（推測・仮定・置き換え）

「たぶん〜だと思う」「もしも〜だとすると」「だったら，〜と言えるはず」という発言は，授業のなかで日常的に聞かれる。これらは，類推，予想，推測，仮定，置き換えの思考が表出された言葉である。この思考は新学習指導要領には明示されていない。しかし教科書には，実験観察型（「ありの行列」光村図書・国語三下）や，仮説検証型（「ウナギのなぞを追って」光村図書・国語四下）の説明文教材として中学年に位置づけられている。

⑤ 具体と抽象（例示と一般）

「具体と抽象」は小学校の学習指導要領には示されておらず，中学校の第2学年と第3学年にその文言を見ることができる。しかし実際には，第5学年〜第6学年の論説型の説明文で，筆者の主張を支える具体的な事例を，文章の最

▷4 説明文教材は，結論の位置によって，3つのタイプに分けることができる。

【尾括型】

【両括型】

【頭括型】
頭括型は低学年の「事例列挙型」教材に見られる。

▷5 中学校の学習指導要領は学年毎に指導内容が示されている。第2学年の「情報と情報との関係」には「ア　意見と根拠，具体と抽象など情報と情報との関係について理解すること」とある。

後に抽象度の高い言葉で言い換える手法が使われている。これを適切に捉えるためには「具体と抽象」の理解が不可欠である。また、文学の学習でも、作品のテーマを抽象度の高い言葉で表現する授業はしばしば行われている。

加えて、「つまり」という抽象度を上げる言葉や、「例えば」という具体の言葉を日常的に使用していることからも、「具体と抽象」は小学校段階から育みたい思考である。

3 「情報の扱い方」の実践例

1 比較（共通・相違）の事例
　　——「どうぶつの赤ちゃん」（光村図書・こくご一下）

① 教材特性と単元のねらい

〈問い〉と〈答え〉の関係を使い、「ライオンの赤ちゃん」と「しまうまの赤ちゃん」の2つの事例を対比的に述べた説明文である。教科書には「ちがいをかんがえてよもう」という単元名が掲げられ、2つの事例を比較しながら読み取らせることに主眼をおく。

② 「比較」の観点に気づかせるテキストの工夫

第1学年にとって、6ページに渡る教材を対比的に読み取ることは難しい。そこで、対比的に述べられている段落を上下で対になるように配置した2段組のテキストを使う。このようにすると、児童は「大きさ」「目」「耳」「じぶんで〜たべるようになります」など、上下に同じ言葉があることに気づく。そして、「同じ言葉の傍には、違う言葉がくっついている」と言う。「例えば、『おかあさんに』という言葉には、ライオンの方は『あまりにていません』という言葉が、しまうまの方は『そっくりです』という言葉がくっついている」と言うのである。

図5-1　2段組にしたテキスト

この発言こそが、「比較」の本質をついている。両者の説明で共通する言葉が、2種類の動物を比べる観点となる。同じ観点で比べたときに「違い」があるからこそ、説明する意味がある。「物事を比較するには、同じ観点で比べなければならない」ことに、児童自身が気づく意味は大きい。「比較」の思考という汎用的な能力を育む。また、テキストの上下段を見比べることで、説明内容の細かい観点だけでなく、〈生まれたばかりの様子・うごき・食べること〉という、説明の流れも同じであることにも気

づく。

　学習者が第1学年であることから，ともすると指導者が比べる観点を記入した表をワークシートとして用意しがちである。しかし，それでは比較の思考は育たない。児童は，指導者が示した観点の近くにある言葉を抜き書きするだけとなる。比較の思考を育成するには，比較する観点となる共通する言葉を学習者に見つけさせること，表（マトリックス）にすると比べやすいこと，比較する観点が表の縦軸や横軸となることを理解させる。

2　事例の順序（考えとそれを支える事例）および分類・整理の事例
――「すがたをかえる大豆」「食べ物のひみつを教えます」（光村図書・国語三下）

① 教材特性と単元のねらい

　本単元は，「すがたをかえる大豆」という説明文を読み，そこで学んだ説明の仕方の工夫を活用して「すがたをかえる〇〇」という説明文を書く複合単元である。そのため，読む段階から単元終末の説明文を書く活動を意識して単元を構想する。収集した情報の分類・整理の仕方や，選んだ情報を書くために再構成する方法を学ばせることがポイントとなる。

　「すがたをかえる大豆」は，事例列挙型の文章で，図5-2のような三部構成になっている。情報の収集や分類・整理することにかかわるのは，〈中〉の事例部分である。学習者の気づきに合わせながら，情報や思考を視覚化する。

はじめ	中	終わり
①	② ③〜⑦	⑧
前書き 大豆・ダイズの説明	事例1〜事例5 「くふう」で整理	まとめ（事実のまとめと筆者の考え）

図5-2　文章構成

② 「分類・整理」の思考を促すマッピング

　単元導入で，児童は「大豆は何にすがたをかえるのか」と，まずは〈食品名〉を読み取っていく。次に，着目するのは〈くふう〉という言葉である。そこで〈食品名〉と〈くふう〉にサイドラインを引かせる。

　「大豆」を中心語として，2つの事柄をサイドラインと同じ色のカードにしてマッピングする（光村「国語デジタル教科書」より）。

　すると，カードになっている段落が〈中〉であること，1段落につき1つの〈くふう〉であることや，〈くふう〉で整理されていることに気づく。マッピングという視覚化する手立てが効果を発揮したのである。

　このマップは，取材や構想といった説明文を書く活動へとそのまま活用させることができる。カードは組み替えることが容易なため，取材してきた事柄を選択したり，分類整理し直したりすることが自在である。指導者が学習者の考えていることを即時に把握，評価し，次の手立てを考えるのにも有効である。

図5-3　大豆を中心語としたマップ
出所：光村「国語デジタル教科書」3年。

▷6　マッピング
発想を広げたり，分類・整理したりしたい言葉や絵，写真などを中心に据え，マップ状に書きあらわす思考ツールの一種。
中心語から線でつなげ広げるウェビングマップ，観点毎にまとめるカテゴリーマップなど，目的に応じて使い分ける。

第Ⅱ部　初等国語科の学習指導

Exercise

① 第3学年〜第4学年の教科書から実験観察型または仮説検証型の説明文教材を探し，調査（実験）─結果（事実）─仮説─検証など，情報と情報の関係について考えてみよう。

② 第5学年の教科書から，図表やグラフなどの資料を使った説明文教材を一つ取り上げ，文章とどのように関係づけられているか，役割と効果について話し合おう。

📖次への一冊

R. リチャート，M. チャーチ，K. モリソン，黒上晴夫・小島亜華里訳『子どもの思考が見える21のルーチン──アクティブな学びをつくる』北大路書房，2015年。
　　思考力育成のために，思考の可視化を主眼とした書。第1章の「思考とは何か」に示された様相や，解説「日本の授業と思考ルーチン」が参考となる。

筑波大学附属小学校国語教育研究部編『筑波発読みの系統指導で読む力を育てる』東洋館出版社，2016年。
　　「読むこと」の指導内容を7つの系列で整理した「読みの系統指導表」を提案。とくに，説明文の「文章の構成」・「批評」・「表現技法」系列に示された要素が，「情報の扱い方」や思考の様相にかかわる。

関西大学初等部『関大初等部式思考力育成法研究　平成28年度版』さくら社，2017年。
　　初等教育における思考力を授業を基に「思考スキル」として整理し，それに対応するシンキングツールを使用した授業実践をあげて具体的に解説。

青山由紀『青山由紀の授業『くちばし・じどう車くらべ・どうぶつの赤ちゃん』全時間・全板書』東洋館出版社，2018年。
　　1年生の説明文教材を「読み方」と「思考」の両面から教材分析を行い，単元同士の思考のつながりを意識して構想した実践事例。

引用・参考文献

渡邉雅子「目的別文章の基本類型とその書き方──描写・説明・意見・説得」『指導と評価』2015年4月号（724号）日本教育評価研究会・日本図書文化協会，2015年，38〜40ページ。

コラム②

他教科との連携・言語活動

　平成20年の学習指導要領改訂において「言語活動の充実」が記され，各教科における言語活動の実践が注目されるようになった。私たちは日々，言葉を介して物事を認識，伝達し，言葉によって思考し，創造をする。「言語活動」をこのように，言葉によって行われる日常的活動と捉えれば，国語をはじめすべての教科において，何らかの言語活動を営みながら学習が行われていると考えることができる。そこで，国語と他教科との連携，国語で培った言葉の力が他教科で使われ，各教科の学習がよりよいものになっていくことが期待されてくるのである。

　「この言語活動でどんな言葉の力が高められるか」と考えれば，「国語の授業での学習成果を子どもたちはどんな場面で活かしているか」という視野で，日々の授業を捉え直すことができる。国語の学習を国語の時間内で収めてしまうと，児童が学んでいる各教科，さらには学校内外での言葉による生活（言語生活）の場面で実際に使用している言語能力に，目を向けにくくしてしまうことにもなる。一方このように考えることは，各教科の独自性を考えることにもつながる。国語の学習は言葉による言葉の学習で，さらに英語とも違い，母語による母語の学習である。そこに国語のおもしろさも難しさもあるわけだが，他の教科ではどんな言葉の力が使われているのかと考えてみると，それぞれの教科での言葉の力の違いや特徴が見えてくるだろう。人としての生き方や価値観を扱う教材で授業していると国語が道徳のようになってしまう，説明文を丁寧に扱おうとすると理科や社会の授業に近いものになってしまう，といった懸念や疑問をもつことがあるかもしれないが，それは「母語による母語の教育」としての国語科を考えていくうえで，実はとても重要な機会になるのである。

　資料を含んだテキストの読みは，社会の授業で資料を扱う時とは何が違うのか。国語で要約の学習をするが，他の教科でも何かをまとめる活動を折々にさせている。翻って，発表や話し合いはどのような言語活動としての内実をもっているのか。「言語活動」という視点を元に国語科の独自性を捉え，他教科との連携を考え，その知見を授業実践に活かすことが，児童自らが国語の学習の意義を捉え，目標をもって学習活動に取り組むことにつながるのである。

第6章
伝統的な言語文化の指導

〈この章のポイント〉

「伝統的な言語文化」とは，「なぜ（目的）」「何を（内容）」「どのように（方法）」教え，学ぶものなのか。「古典」ではなく「伝統的な言語文化」という名称でその内容が構成されていることの意味とは何か。学習指導要領の改訂にともない追加される内容，焦点化される内容とは何か。本章では教科書教材や実践報告の傾向などを具体的に示しながら，新しい「古典」教育に対してどのように向き合っていくべきかについての基礎を理解し，授業実践のあり方の指針について学ぶ。

1 「伝統的な言語文化」の目的

なぜ，小学校において「伝統的な言語文化」を学ぶのか。その目的について考察するところから始めたい。

「伝統的な言語文化」とは，小学校低学年段階からの系統性を意識した「古典」教育の実施を企図し，学習指導要領［2008（平成20）年改訂］において新設された事項である。これを受けて，内容（作品や教材）としても方法（言語活動や授業形態）としても従来の「古典」教育に比して多様かつ柔軟なあり方が開拓されてきている。そしてその理念は，新学習指導要領にも概ね継承されているといってよい。したがって，「伝統的な言語文化」についての理解を深めるうえでは，まずは前回改訂時における動向を踏まえるべきである。

前回改訂時に「伝統的な言語文化」が設置された背景としてあげられることの一つは，2006（平成18）年に改正された教育基本法において第1章第2条「五 伝統と文化を尊重し，それらをはぐくんできた我が国と郷土を愛するとともに，他国を尊重し，国際社会の平和と発展に寄与する態度を養うこと」という文言が示されたことである。これによって国語科においても，伝統や文化に関する教育を重視する構成へと改訂していくことが求められることになった。

そしてもう一つの重要な背景としてあげられるのは，2002（平成14）年，2005（平成17）年に実施された教育課程実施状況調査の結果である。この調査において，全国の高等学校第3学年の生徒の7割強が「古文が好きだ」「漢文が好きだ」という質問項目に対し「そう思わない」「どちらかといえばそう思わない」と回答したのである。同調査においては複数の他教科・他科目に関し

ても同様の質問項目が設置されているが，二度の調査のいずれにおいても古文と漢文がワースト1位2位に位置することとなった。

　次節以降に詳解する通り，実際に「伝統的な言語文化」においては，それに「親しむ」ということが繰り返し強調されている。小学校ではとくにそれが顕著であり，「言語文化」や「古典」とされるものに多くふれ，体験するという段階を意識した教材や実践が多く確認されるが，この「親しむ」といった態度的側面が重視されるのは決して小学校においてのみではない。例えば前回の高等学校の学習指導要領［平成21年改訂］・古典Aの「解説」には以下の記述がある。

　　古典を読むためには古典についての知識及び技能を確実に身に付けていく
　　ことが望まれるところであるが，訓詁註釈に偏った古典の授業が古典の学
　　習に意義を見いだせない生徒を生まないよう，古典を読む意欲をまず高め
　　ることが何よりも大切である。

　このような実態と現状認識のうえに「伝統的な言語文化」は立っているといってよい。「古典」教育のあり方の問い直しがこの十数年来求められてきており，そのための試みが今，「伝統的な言語文化」の名においてなされてきているのである。

　「古典」を学ぶことの意義や意味をめぐる問い，すなわち「なぜ古典を学ぶのか」という学習者の問いかけに，教師は正対していく責務があるだろう。しかしその答えは，おそらく所与のものではなく，問うた者（＝学習者）が自ら発見し，創出していくものである。教師は教材を提示し，読むための知識や技能を教授することはできる。しかしその教材・作品の価値の有無，そしてそれを読むこと・学ぶことの価値の有無は，やはり学習者の判断に委ねる他ない。

　だからこそ，小学校段階からの「親しむ」経験が重要になってくる。「言語文化」や「古典」の価値に向き合うためには，まずそれらが学習者の身近にある（と思える）ことが必要である。いうなれば，学習者が「何のための古典なのか」を考究するための素地を養うこと，それがとくに小学校の「伝統的な言語文化」においては求められている。

2　「伝統的な言語文化」の特徴

［1］　「伝統的な言語文化に親しむことに関する事項」

　新学習指導要領において「伝統的な言語文化」の内容は，〔知識及び技能〕の「(3)我が国の言語文化に関する事項」のなかに示されている。

第**6**章　伝統的な言語文化の指導

〔第1学年及び第2学年〕
ア　昔話や神話・伝承などの読み聞かせを聞くなどして，我が国の伝統的な言語文化に親しむこと。
イ　長く親しまれている言葉遊びを通して，言葉の豊かさに気付くこと。
〔第3学年及び第4学年〕
ア　易しい文語調の短歌や俳句を音読したり暗唱したりするなどして，言葉の響きやリズムに親しむこと。
イ　長い間使われてきたことわざや慣用句，故事成語などの意味を知り，使うこと。
〔第5学年及び第6学年〕
ア　親しみやすい古文や漢文，近代以降の文語調の文章を音読するなどして，言葉の響きやリズムに親しむこと。
イ　古典について解説した文章を読んだり作品の内容の大体を知ったりすることを通して，昔の人のものの見方や感じ方を知ること。

　「伝統的な言語文化」は，前回改訂時に「伝統的な言語文化と国語の特質に関する事項」として新設された内容を引き継いでいる。従来は主に中学校や高等学校の学習内容だった「古典」を小学校低学年段階から実施し，系統的な学習の過程において「古典」に親しむ児童生徒を育成するための内容である◁1。

　以下は前回改訂時におけるその内容である。「伝統的な言語文化」の特徴をつかむ際には，先に前回改訂時を起点として検証し，その展開として今回を捉えるという手続きを取るのが有効であると考える。先述の理念と同様に，内容の面においても多くの点で両者は共通しているからである◁2。

▷1　2008（平成20）年1月の中教審答申は，国語科の改善の基本方針の一つに「古典の指導については，我が国の言語文化を享受し継承・発展させるため，生涯にわたって古典に親しむ態度を育成する指導を重視する」ことをあげている。

▷2　2016（平成28）年12月の中教審答申は，国語科の改善方針の一つとして「引き続き，我が国の言語文化に親しみ，愛情を持って享受し，その担い手として言語文化を継承・発展させる態度を小・中・高等学校を通じて育成するため，伝統文化に関する学習を重視することが必要である」ことを示している。

〔第1学年及び第2学年〕
(ア)　昔話や神話・伝承などの本や文章の読み聞かせを聞いたり，発表し合ったりすること。
〔第3学年及び第4学年〕
(ア)　易しい文語調の短歌や俳句について，情景を思い浮かべたり，リズムを感じ取りながら音読や暗唱をしたりすること。
(イ)　長い間使われてきたことわざや慣用句，故事成語などの意味を知り，使うこと。
〔第5学年及び第6学年〕
(ア)　親しみやすい古文や漢文，近代以降の文語調の文章について，内容の大体を知り，音読すること。
(イ)　古典について解説した文章を読み，昔の人のものの見方や感じ方を知ること。

2　「古典」ではなく「伝統的な言語文化」

　その特徴としてまずあげられるのは，いわば「古典」観の拡張・変容である。
　第1学年～第2学年では「昔話や神話・伝承」，第5学年～第6学年では「近代以降の文語調の文章」などが内容として示されている。これらは従来の

第Ⅱ部　初等国語科の学習指導

国語科においては,「古典」として扱われることがあまりなかったものであろう。

　一般的に「古典」といえば「明治以前の文学遺産のなかでとくにすぐれたもの」のことであり, 近世以前のテクスト群をもって「古典」と称することが「社会通念」となっていることは国語科教育学の用語辞典にも記されている[3]。さらにそのジャンルといえば, 和歌, 俳諧, 物語, 随筆, 漢文, 漢詩などで占められていたのがこれまでの「古典」だった。しかし「伝統的な言語文化」においては, 時代範囲としても内容範囲としても従来的な「古典」の枠組みを飛び越えてそのカリキュラムが設計されている。

　次節でも紹介するように, 実際の教科書を見ると, そこには平家物語や枕草子など, 定番ともいえる「古典」テクスト群も多数含まれている。しかし前回改訂時に「古典」ではなくあえて「伝統的な言語文化」という新しい用語概念でもってその内容が構成されたのは, 何よりもその「古典」というものの捉え方に拡張・変容が生じたためである。

　今回の改訂において新たに加えられた内容は, 第1学年～第2学年の「言葉遊び」である。「解説」によれば,「いろはうたやかぞえうた, しりとりやなぞなぞ, 回文や折句, 早口言葉, かるたなど」が想定されている。また,「地域に伝わる言葉遊びに触れたり, 郷土のかるたで遊んだりする活動を通して地域特有の言語文化に親しむ」といったことも期待されており,「伝統的な言語文化」の内容と活動はさらにその裾野を広げようとしている。

3　古典「を」学ぶから古典「で」学ぶへ

　「伝統的な言語文化」の特徴は,「古典」の扱い方にも見出せる。第1学年～第2学年の「(読み聞かせを) 聞いたり, 発表し合ったり」や第3学年～第4学年の「(ことわざや慣用句, 故事成語などを) 使うこと」といった記述である。

　ここに見られるのは,「古典」を「読むこと」のなかだけではなく,「話すこと・聞くこと」「書くこと」といった領域においても扱うことを促進する姿勢である。いうなれば, 古典「を」学ぶから古典「で」学ぶへの転換である。「古典に親しむ」ことは, そうした多様な言語活動の過程においてなされるものであるという考え方がここから読み取れるだろう。

　そもそも「伝統的な言語文化」が「事項」として設置されたことに, ここで留意されたい。前回改訂時において「伝統的な言語文化と国語の特質に関する事項」の内容は, 必ず「『A 話すこと・聞くこと』,『B 書くこと』及び『C 読むこと』の指導を通して, 次の事項について指導する」という記述から始まっている。従来はほとんど「読むこと」の内容としてのみ扱われていた「古典」を他領域の内容としても (そして多分に表現的・交流的な活動において) 扱ってい

▷3　国語教育研究所編『国語教育研究大辞典』明治図書, 357, 1991年。日本国語教育学会編『国語教育辞典』朝倉書店, 170, 2009年

くことが目指されたのである。

このような特徴が新学習指導要領にも原則的に継承されているといってよい。今回における〔知識及び技能〕とは「国語で理解したり表現したりする様々な場面の中で生きて働く『知識及び技能』として身に付けるために，思考・判断し表現することを通じて育成を図ることが求められる」ものであり，「『知識及び技能』と『思考力，判断力，表現力等』（従来の３領域を包含：筆者注）は，相互に関連し合いながら育成される必要がある」とされる（「小学校学習指導要領解説国語編」より）。期待されているのは，多様な言語活動を通して「伝統的な言語文化」に関する「知識」や「技能」を獲得していくという学習プロセスである。

3 「伝統的な言語文化」の教材

1 各社教科書教材の共通点

本節では，2015（平成27）年に発行され教科書検定を通過した小学校国語教科書（光村図書，東京書籍，三省堂，学校図書，教育出版）に掲載されている教材の傾向から，「伝統的な言語文化」の内容面に関してその具体相にふれていきたい。ここで紹介するのはあくまで前回改訂時の「伝統的な言語文化」の記述を受けて編集された教科書と教材であるが，先述のように今回の改訂は前回の内容を基本的に踏襲しているため，具体相を知るための材料として意味をもちえると判断し，言及することとした。なお，調査にあたっては各教科書会社のWEB サイトに掲載されている「年間指導計画」などの資料を参照した。

まず，各社の共通点としては，第１学年～第２学年では昔話や神話・伝承，第３学年～第４学年では俳句・短歌およびことわざ・慣用句・故事成語，第５学年～第６学年では定番「古典」の名文選および狂言が掲載されていることがあげられる。第１学年～第４学年については，学習指導要領の記述の直接的な反映である。昔話や神話・伝承としては「いなばのしろうさぎ」が五社中四社に，俳句については松尾芭蕉，与謝蕪村，小林一茶，正岡子規の句が，短歌では百人一首が五社すべてに掲載されている。

第５学年～第６学年における名文選の掲載は，「親しみやすい古文や漢文」という指導事項の記述を受けて，狂言は「能，狂言，人形浄瑠璃，歌舞伎，落語などを鑑賞する」という「解説」の記述を受けての措置と思われる。名文選としては「竹取物語」「枕草子」「平家物語」「おくのほそ道」「論語」「春暁（漢詩）」などの一節が多く採られており（いずれも四社），狂言も四社において教材化されている（作品は各社異なる）。

第Ⅱ部　初等国語科の学習指導

⎡2⎤　各社教科書教材の異同とその意味

　「伝統的な言語文化」の教材を調査する際に注意したいのは，その教材が「伝統的な言語文化」に該当するか否かについての判断が，教科書毎に異なる場合があることである。例えば「いろは歌」は光村図書や東京書籍では「伝統的な言語文化」に該当する教材とされているが，教育出版では「イ　言葉の特徴やきまりに関する事項」の教材として設置されている（掲載学年も異なる）。「いろは歌」を「和歌」として捉えるか，「仮名（五十音）」として捉えるかの相違と考えられる。また，「かさこじぞう」は三省堂，教育出版では「読むこと」に「伝統的な言語文化」が含まれるものとし，東京書籍では含まれないものとして扱っている。他にも，俳句や短歌の創作単元が各社の第5学年〜第6学年において教材となっており，これは「書くこと」における「詩や短歌，俳句」を作るという言語活動例に対応しているが，光村図書と三省堂は「伝統的な言語文化」もそこに含むものとし，東京書籍，学校図書，教育出版は含まないものとしている。

　さらに，各教科書内においても，類似した性格の作品・教材に対してそれぞれ異なる領域設定をしている事例があることに注意したい。例えば光村図書の場合，「ふるやのもり」（四年上）「河鹿の屏風」（六年）など，第3学年〜第4学年や第5学年〜第6学年にも昔話教材が採録されているが，これらは「伝統的な言語文化」の教材としては設置されていない（主として「読むこと」）。東京書籍にも「日本語のしらべ」というコラムがあり，芭蕉や子規を初めとする多くの俳句や短歌が第5学年〜第6学年においても掲載されているが，「伝統的な言語文化」とはされていない。先述のように昔話や神話・伝承は第1学年〜第2学年の，俳句や短歌（の音読，暗唱）は第3学年〜第4学年の指導内容とされているため，それらを第5学年〜第6学年において設置しても「伝統的な言語文化」とは見なさないという，カリキュラム構成上の理由によるものであると考えられる。

　このように，各教科書会社の作成する「年間指導計画」等において「伝統的な言語文化」として設置されていない教材でも，他社においては，あるいは他学年においては「伝統的な言語文化」とされている教材が種々あることに留意されたい。これは見方を変えれば，「伝統的な言語文化」の教材および単元は，各教科書が定める以上に広く設定することが可能であることを意味するだろう。また，三省堂「自由な発想で―随筆―」（六年），学校図書「わたし風「枕草子」」（五年上）のように「書くこと」の単元において枕草子や徒然草を範文として掲載したり，教育出版「アイヌ神謡集」「おもろそうし」（六年上）のように地方で語り継がれてきた物語や歌謡などを掲載している例もあり，内容

第**6**章　伝統的な言語文化の指導

（教材）としても方法（言語活動）としても新たな「古典」教育のあり方を模索する「伝統的な言語文化」に対する各社の試みが如上の調査からは知られよう。

▷4　三省堂「落語じゅげむ」（四年）「狂言しびり」（五年）のように「話すこと・聞くこと」として設置されている教材もある。

③ 各社教科書教材の課題と展望

　今後さらなる教材の開発や発掘が求められるのは，例えば第5学年〜第6学年の指導事項である「近代以降の文語調の文章」や「古典について解説した文章」に関連するものであろう。前者については福澤諭吉の文章（光村図書「天地の文」，東京書籍「学問のすゝめ」いずれも六年），島崎藤村の文語詩（学校図書「やしの実」五年上）などが見られ，後者については光村図書「伝えられてきたもの」「柿山伏について」，教育出版「言葉は時代とともに」（いずれも六年），学校図書「宇治拾遺物語」（五年上）などが見られるが，当該の教材や単元を設置していない教科書もあり，その種類もいまだ豊富とはいえない状況である。

　さらに今回の改訂において第1学年〜第2学年に「言葉遊び」が加えられることは既述の通りである。すでに「いろは歌」などは複数の教科書に掲載されていることを見たが，児童が「伝統的な言語文化」に親しむことができる材のさらなる発掘が待たれるところである。

4 「伝統的な言語文化」の授業および言語活動

① 「伝統的な言語文化」としての「書くこと」

　本節では，日本国語教育学会編『月刊国語教育研究』に掲載された実践報告群を調査対象として，「伝統的な言語文化」に関して実際にどのような授業や言語活動が行われているのか，その傾向を検証する。対象としたのは前回改訂版が完全実施となった時期である2011（平成23）年4月号から2016（平成28）年12月号までの同誌に掲載された「伝統的な言語文化」の実践報告19件である（章末に一覧を掲載）。

　本調査からは，多くの実践報告において多様な言語活動が設定されており，「読むこと」だけには留まらない古典教育のあり方が開拓されている様子がわかる。とくに「書くこと」の活動を含む単元は19件中12件に及ぶ（報告③④⑤⑦⑨⑩⑫⑬⑯⑰⑱⑲）。

　そのなかでも俳句や短歌の創作の実践は6件を数える（報告③⑤⑦⑩⑬⑰）。前節においても俳句や短歌の創作が全社の教科書において教材化されていることを述べたが，これは俳句や短歌というものが，そのジャンル的性質として「伝統的な言語文化」の方向性や理念によく適ったものであることの証左とい

63

第Ⅱ部　初等国語科の学習指導

えるだろう。

　俳句が近世以来，そして短歌が上代以来の伝統性を備えており，鑑賞や暗唱（＝「読むこと」）の対象として長く読み継がれてきたことは言を俟たない。しかしそれらは鑑賞の対象としてのみではなく，従来から創作（作句・作歌）の規範・模範としても扱われてきた歴史がある。つまり，俳句や短歌においては，創作（＝「書くこと」）という言語活動自体に「伝統的な言語文化」としての意味が認められるのである。

　また，実際の作句・作歌の過程を考えると，材料を集めたり，五七五（＋七七）に構成（要約）するという段階には取材や構成という記述前の活動が当てはまり，言い回しや季語を直したり，句集・歌集作りや句会・歌会を行う段階には推敲や交流という記述後の活動が当てはまるというように，「書くこと」の単元としての構想が立てやすい。さらに，季語に着目させて語彙学習として展開したり（報告③など），材料集めの一環として郷土学習の要素を組み込んだりと（報告⑤など），複合的・総合的な単元の軸となりうるのが俳句・短歌創作という活動であることが本調査からも見えてくる。新学習指導要領が，言語活動を通してどのような「知識及び技能」を学習者に習得させるのかについて明確な意識をもつことを授業者に求めていることを考え合わせると，俳句・短歌作りは今後ますます重宝されていくのではないかと思われる。

　俳句・短歌以外では，「随筆集」や「カタログ」作成といった創作活動も見られる（報告⑨⑩）。これらは句会・歌会と同様に，「書くこと」の交流を意識しての活動設定と考えられる。昨今の学習指導要領はこのような交流的活動（とくに相互評価）を重視する方向性にあり，そのような活動を行う際には児童たちによる作品や冊子が学習材として有効に機能することが期待されるのである。

［2］　「伝統的な言語文化」の活動の課題と展望

　本調査からは，「書くこと」領域への展開は多数確認できる一方で，「話すこと・聞くこと」領域への展開があまり見られないことが指摘できるだろう。

　もちろん，音読や話合いといった音声言語による活動自体は複数確認できる（報告中に明記されていないとしても，音読などの声を出す活動をまったく行わない実践というのは現実的に考えにくい）。しかしそれが「話すこと・聞くこと」の単元として成立するためには，「古典」教材やテーマを扱いながらも，同時に当該の指導事項や学習過程にかかわる学習を展開していくことが求められる。たとえ話合いなどの活動が行われていても，その主眼が古典作品の解釈や鑑賞にのみ置かれている場合は「読むこと」の交流として捉えることになるはずであり，それが「話すこと・聞くこと」であるためには「話す」「聞く」「話し合

第**6**章　伝統的な言語文化の指導

う」などの方法知の習得をも企図した単元構成としていくことが条件となる。

　例えば報告⑪は雪舟作の図巻を教材とした「話すこと・聞くこと」実践の報告である。これは，明示的には「伝統的な言語文化」の単元として設定されていないものの，伝統や文化にかかわる教材を扱っているために本調査でも取り上げることとした。活動としては図巻から読み取った内容について理由をあげながら説明することが中核となっており，「話すこと」の指導事項に該当するものとされている。本実践は，図巻の読み取りの精度よりも，むしろ「わかりやすい説明の仕方とはどのようなものか」ということが主たる課題であり，各児童が説明をした後に「分かりやすい説明について話し合う」という活動が設定されていることが，「話すこと・聞くこと」の単元としての成立を保証していると思われる。

Exercise

① 　高校生の「古典嫌い7割」という調査結果を本文中に示したが，学習者たちにとって「古典」に対する「好き」「嫌い」の分岐点となるものは何なのだろう。自身の学習体験も振り返りながら，考えてみよう。

② 　小学生に対して「伝統的な言語文化」の授業をする際に，あなたなら何を紹介するか。「昔話や神話・伝承」「言葉遊び」「短歌や俳句」「ことわざや慣用句，故事成語」「親しみやすい古文や漢文」など，それぞれについて考えてみよう。

③ 　いわゆる「古典」作品を用いながら「話すこと・聞くこと」の学習を行う際には，どのような教材で，どのような授業を行うことが考えられるか。第5章の内容も踏まえて検討してみよう。

📖次への一冊

ハルオ・シラネ，鈴木登美編『創造された古典——カノン形成・国民国家・日本文学』
　　新曜社，1999年。
　　　あるテクストが「古典」となってきた過程（＝「カノン化」）を明らかにしている。
　　「古典」というものの捉え方を根底から見直す契機となりうる一冊。
外山滋比古『外山滋比古著作集3　異本と古典』みすず書房，2003年。
　　　「古典」とはそれ自身，それ自体で「古典」であるのではなく，読者によって「創
　　作」されていくものであることを説く。教室で児童たちが「古典」を読むことの意
　　義についても考えさせられる一冊。
大村はま『大村はま国語教室3　古典に親しませる学習指導』筑摩書房，1983年。

第Ⅱ部　初等国語科の学習指導

「伝統的な言語文化」が重視する「多様な言語活動を通した古典学習」の実践のあり方について，多くの示唆をもたらしてくれる一冊。

『月刊国語教育研究』所収の実践報告（2011年4月号〜2016年12月号）
①藤川由佳「伝統芸能に親しもう―金春流の能の世界に触れてみよう―」474，6-7，2011年／②小野桂「漢文に親しむ子どもを育てる『伝統的な言語文化』の授業づくり―『論語』の授業（五年生）を通して―」477，38-39，2012年／③福田淳佑「『雨の言葉』を使った短歌づくりを通して，日本の言語文化に触れる―『百人一首』が支えた児童の短歌づくり―」477，58-65，2012年／④米田直紀「『親しむ』ことの内実を豊かにする―小学校上学年の実践を通して―」478，10-15，2012年／⑤矢野万理「古典との出会いを大切にし，『日本の心・日本のことば』を育むことを目指す授業の試み」478，42-43，2012年／⑥大武宗胤「言語活動を楽しむ教室作り　伝統的な言語文化を皮切りに」485，40-41，2012年／⑦白築浩平「伝統的な言語文化と国語の特質に関する授業デザイン〜つながりをキーワードに〜」486，20-21，2012年／⑧大手壽之「言葉の力を活用する場としての『創作劇活動』―『総合的な学習の時間』における言語活動の充実―」486，22-23，2012年／⑨野谷知秀「古典に親しむための指導の工夫―故事成語大研究／徒然草を通して―」488，10-15，2012年／⑩山本新「言葉と出会い，言葉を活用する児童を育てる俳句指導の日常化―俳句教室十二か月―」490，38-39，2013年／⑪坂東智子「地域の文化財を用いた音声言語学習材の開発―『理由を付けて説明しよう―雪舟作「四季山水図巻」を用いて―』（小学四年）―」492，50-57，2013年／⑫藤吉和美「郷土の詩人『北原白秋』の詩の教材化　物語を詩で紹介しよう―『木竜うるし』を詩に再構成して紹介し合う活動を通して―」495，40-41，2013年／⑬笹原寛「季節を表す言葉を捉えさせる授業の実践―俳句作りから（五年生）―」506，38-39，2014年／⑭熊谷尚「文学の『読みの力』を身に付けながら，楽しく『古典』を読み解く学習」506，58-63，2014年／⑮立石泰之「書き手のものの見方と向き合う古典の授業づくり」509，10-15，2014年／⑯中桐由里「小・中・高における『伝統的な言語文化』の段階的指導の可能性―和歌教材についての学習の系統性を中心に―」521，32-35，2015年／⑰福政武彦「伝統的な言語文化の継承・発展に向かう授業づくり―六年『わたしの独楽吟〜小さな幸せ見つけよう〜』の取組から―」529，58-63，2016年／⑱大類紀章「三国志で学ぶ小学校古典入門期の単元学習―人物に着目し，多様な資料を関連付ける列伝づくりを通して―」535，5，2016年／⑲福田淳佑「年間を通した学びの物語を構築し，子どもと言葉の距離を近づける単元学習『41言葉商会ないもの，あります』」535，10-13，2016年

コラム③

「ことわざ」──「生きる力」は「言霊」から

　「しの字嫌い（しの字丁稚）」という落語がある。ある商家の主人が縁起をかついで「死」に通じる「四」を極端に嫌うために起こる笑い話である。

　こうした縁起担ぎは現代にもあり，病院の42号室（死に部屋），友引（友に引く）の日の葬儀など，これだけ科学が進歩した社会でも人々はかたくなにそうした言葉遊びを信じていることは，なんとも不可思議な現象である。

　そもそもなぜこうしたことが起こるのか，それは日本人が，言葉には魂が宿り，言葉には実現能力が付随しているという考え方である「言霊」（ことだま）を信じてきたからである。いったん言葉にしたことは実現する（言挙げ）。だから不吉な言葉を避けようとし，「忌み言葉」が発生する。この反対が慶事における「ことぶく」（寿）で，祝いも口に出してこそはじめて慶事になる。相手が全身全霊をこめて「ことぶき」魂が弱ってしまったことに対し，もらった側から霊力を戻そうとしたのが半返し（お返し）の始まりと考えられ，和歌でも返歌に贈歌の表現の一部を取りこむのは，そうした伝統による。

　伝統的な言語文化を児童に伝えるとき，表層的な伝承を暗記させるのみでは，次の段階への興味関心へとつながらない。「節分」で豆を蒔くのは，「魔滅」（まめ）に，お雑煮に関東では青菜と鶏肉を入れ武士の栄誉である「なとり（名取り）」に，関西では八つ頭芋（サトイモの親芋）を入れて「人の頭（かしら）に立てるように」という意味をあらわすなど，現代にも先祖たちの残した「言霊」への思いが脈々と息づいていることを伝えるべきである。

　伝統的な言語文化というと，古典が原文で読めないとわからないという教師も多い。だが，古典は文字言語として残された言語文化のほんの一部である。「ことわざ」に代表される「言いつたえ」「言葉で伝えられた智恵」は，私たちの祖先のまわりにははかり知れないほど息づいていて，それが親から子へと語り継がれ，生きてはたらく言葉の力となっていたはずである。また，だからこそ，その智恵により私たちの祖先はさまざまな災害や戦乱にあっても生き抜いてきたのであろう。「生きる力」は「生きた言葉」から導かれることを，子どもたちと考えたいものである。

第7章
書写の指導

〈この章のポイント〉

　小学校における「書写」は，ただ単に正しく整えて速く書くという実用的な技能を身につけるだけではなく，文字言語を理解し，表現することによって豊かな言語文化を育むことも視野に入れている。本章では，新学習指導要領に基づき，小学校における「書写」指導に必要とされる基礎的な知識・理論について学ぶ。本章の学習により，言語教育の一環としての「文字を手書きすること」の意義について，各自が深く考察する機会となることを目指す。

1　書写に関する教育目標と内容

1　文字を手書きすることの意義

　「書写」とは，広くは「文字を手書きすること」の教育であるといえるが，具体的には，文字の「形（書き）」「音（読み）」「義（意味）」のうち，「字形を正しく整えて効率よく書く」という分野を指している。しかし，近年の情報入力機器の普及による伝達手段の急激な変化にともない，小学校の教育課程における「書写」の意義が見出しにくくなっている。こうした主張に対して，国語科で「書写」を学ぶことの意義，ひいては「文字を手書きすること」の意義について考えておく必要がある。

　小学校における「書写」は，ただ単に正しく整えて速く書くという実用的な技能を身につけるというだけではなく，文字を手書きすることを通して，言語教育として文字言語を習得し，表現することも視野に入れている。このような意味で，近年の一般社会における実務的な手書きの技能と小学校における「書写」の学習内容とは分けて捉えていかなければならない。

2　新学習指導要領における「書写」の内容

　新学習指導要領の「第2　各学年の目標及び内容」における「書写」は，〔思考力，判断力，表現力等〕の3領域（「A　話すこと・聞くこと」「B　書くこと」「C　読むこと」）ではなく，〔知識及び技能〕の「我が国の言語文化に関する事項」に位置づけられている。つまり，「学習指導要領」においては，広い

▷1　我が国の言語文化に関する事項
「伝統的な言語文化」「言葉の由来や変化」「書写」「読書」の4つで構成される。

第Ⅱ部　初等国語科の学習指導

意味で「文字を手書きすること」の教育が「B　書くこと」の領域と「書写」
とに区別されている点に注意したい。

「書写」については，二学年ごとに下記のようにその内容が示されている。

表7-1　新学習指導要領における「書写」の内容

学　年	書写に関する次の事項を理解し使うこと
〔第 1 学年及び第 2 学年〕	(ア)姿勢や筆記具の持ち方を正しくして書くこと。 (イ)点画の書き方や文字の形に注意しながら，筆順に従って丁寧に書くこと。 (ウ)点画相互の接し方や交わり方，長短や方向などに注意して，文字を正しく書くこと。
〔第 3 学年及び第 4 学年〕	(ア)文字の組立て方を理解し，形を整えて書くこと。 (イ)漢字や仮名の大きさ，配列に注意して書くこと。 (ウ)毛筆を使用して点画の書き方への理解を深め，筆圧などに注意して書くこと。
〔第 5 学年及び第 6 学年〕	(ア)用紙全体との関係に注意して，文字の大きさや配列などを決めるとともに，書く速さを意識して書くこと。 (イ)毛筆を使用して，穂先の動きと点画のつながりを意識して書くこと。 (ウ)目的に応じて使用する筆記具を選び，その特徴を生かして書くこと。

▷2　書写の配当時間
新学習指導要領では，毛筆を使用する書写の配当時間について，第3学年以上の各学年において，30単位時間程度とされている。

▷3　水書用筆
時間の経過とともに筆跡が消えるという特性をもち，扱いが簡便で弾力性に富んでいるため，毛筆の前段階での運筆練習に適している。

▷4　芸術科書道
「芸術科書道」は，高等学校学習指導要領において「感性を高め」，「情操を養う」ことなどが掲げられ，芸術的な美の追求を目的の一つに据えている。小・中学校国語科における領域「書写」では情報伝達という側面に重点がおかれているのに対して，高等学校における「芸術科書道」では，小・中学校の「書写」を基礎として自己表現という側面が強調される。

▷5　相手意識
具体的に「相手意識」とは，「読み手が読みにくかったらどう思うのか，また，どう困るのかを実感し，そこから読み手や目的に応じて判断して書き分けることの必要性を知り，さらに，書き分けるための基礎技能習得の必要性を知る」ことである述べている（松本，2009，17ページ）。

表7-1にみられるように，毛筆の学習は第3学年以降に行われる[2]。その際，「第3　指導計画の作成と内容の取扱い」の配慮事項において，「毛筆を使用する書写の指導は硬筆による書写の能力の基礎を養うよう指導すること」とされており，毛筆は硬筆の基礎であるとして硬筆との関連的な指導が求められている。

なお，新学習指導要領では，新たな配慮事項として，第1学年～第2学年の内容における「(イ)点画の書き方や文字の形」について，適切に運筆する能力を向上させる指導の工夫が求められており，「小学校学習指導要領解説国語編」では，水書用筆（すいしょようひつ）[3]の使用が例示されている。

３　実用的な技能としての書写

小学校における「書写」は，高等学校における「芸術科書道」[4]と異なり，芸術的な美の追求を目的としてはいない。学習指導要領における「書写」の指導事項に「美しく書く」という表現を使用していないことからも明らかなように，国語科としての「書写」という位置づけを踏まえた指導を心掛けたい。

例えば，松本仁志（2009，35～37ページ）は，国語科における「書写」の意義について，「文字指導における〈形（書き）〉の指導と書写指導との関係だけで考えるのではなく，〈音（読み）〉〈意味〉の指導をも含めた新たな文字指導を構想すべき」であると述べており，「書くこと」の領域との関連させた言語教育の一部としての書写指導を強調している。ここでは，「書くこと」の学びを支える書写指導のあり方として，何かを相手に伝えるために書く「相手意識」[5]と，ある目的のもとで書く「目的意識」の２つを徹底することの必要性を説い

ている。

　つまり，小・中学校における「書写」では，国語科であることを踏まえて字形だけでなく，字義と字音を含めた学習が求められており，「目的意識」と「相手意識」に基づく文字言語によるコミュニケーション力の育成に寄与することを目標に据えているといってよい。

2　筆記具の基本知識と態勢づくり

1　基本姿勢

　文字を椅子に座って書くときの基本姿勢は，両足の裏を床にしっかりと付けて，背筋を伸ばし，椅子の背もたれに寄りかからないことである。その際，机と体の間を少し空けることが重要である。教科書の例では，「①足はペッタン」「②背中はピン」「③お腹と背中にグーひとつ」などのように，第1学年～第2学年のうちに合言葉で身につけさせることが広く行われている。

　文字を書くときの位置は，毛筆の場合，体の中心と文字の中心を合わせるが，硬筆の場合は，利き手の目線の前に文字の中心を置いて書くことが望ましい。

2　執　筆

① 硬筆（鉛筆）の持ち方

　鉛筆の持ち方について，最も簡易な指導法の例として，親指と人差し指で鉛筆の削った部分の少し上をつまみ，これを手の甲側に倒して中指を添える方法がある。第1学年用の教科書では，「①えんぴつをつまんで」「②もちあげて」「③すうっと　たおして　なかゆびまくら」のような手順で教えている。

　運筆の際，縦方向の上から下への動きでは人差し指で押し，横方向の左から右への動きでは親指で押していく。この「正しい持ち方」は，人差し指の上下がしやすく，ひらがなに代表される縦方向への円滑な運筆を可能にする。

　しかし，近年では横書きの比重が高まったことなども影響して，筆記具を握るように持ち，親指を前方に突き出すような持ち方が多くみられるようになった。縦書きを想定しているわが国の文字に対して，このように右横方向へ押し出すような運筆を優先させた持ち方は，その字形にも影響を及ぼすことが危惧される。そのため，「書写」における字形の指導では，正しい持ち方と縦方向への動きの習得の関係が密接不可分であることに留意したい。なお，鉛筆の持ち方を改善するには，市販の補助具を使用することも有効である。

第Ⅱ部　初等国語科の学習指導

② 毛筆の持ち方

前述のとおり，「書写」における毛筆の使用は，「硬筆による書写の能力の基礎」を養うことを目的とする。これは，わが国で使用している文字がもともと毛筆によって作られた字形であり，とりわけ終筆部分の「止め」「はね」「払い」の書き分けを理解する必要があるためである。[6]

毛筆で終筆部分の書き分けを表現するために硬筆と最も異なる点が，三次元（垂直）方向への動きの大きさにある。硬筆は，水平方向への運筆が中心であり垂直方向への動きは僅かであるが，毛筆では筆を水平方向だけではなく，垂直方向に動かすことが求められる。その際，脇に少し空間ができる程度に肘を軽く上げると大きく筆を動かすことが可能となる。

毛筆の持ち方は，単鉤法と双鉤法の2通りを習得する。単鉤法は，親指と人さし指で筆の軸を持ち，他の指は軽くそろえて裏側からささえておく，いわば1本がけ方法であり，小筆（細字）に適した執筆法である。一方，双鉤法は，人さし指と中指の2本をそえて筆にかける方法で，この2本の指と親指と相向かい，残りのくすり指と小指とを軽く裏からそえて持つ方法である。単鉤法よりも力づよく，大きな文字を書くのに適しているため，半紙や書き初めで使用する条幅型用紙などに文字を書くときに適している。

3　硬筆の用具

一口に硬筆といっても，さまざまな種類の筆記具があり，書き味（筆蝕）[7]が異なるため，それぞれの筆記具の特徴を理解しておきたい。

① 鉛　筆

「書写」の硬筆学習における主要な筆記具は鉛筆である。これは単に安価という理由だけではなく，鉛筆は，筆圧のかけ方により，「止め」「はね」「払い」を書き分けることが可能であり，また，疲れにくい筆記具であるため，硬筆学習に適している。硬さについては，筆圧をかけずに書ける2BからB程度が望ましい。これに対して，シャープペンシルは，削る手間が省ける利点があるが，「止め」「はね」「払い」の書き分けが難しく，また硬くて疲れやすいことから長時間の書字行為には不向きである。

鉛筆を使用する際，下敷き，消しゴムの品質にも注意したい。とりわけ，硬いプラスチック製の下敷きは，滑りがよく時には鉛筆が走り過ぎることがあるため，軟らかい硬筆用のソフト下敷きを使用することが望ましい。

② その他の硬筆

ペン先の細いフェルトペンは，「止め」「はね」「払い」を書き分けることが可能であるため，「書写」においては主に第1学年～第2学年における毛筆の代用として扱われてきた。また，油性ペンでみられるペン先の四角いものは，

▷6　終筆（収筆）
紙上において点画を書く際の筆の運動の終わり。点画を書き始めるときは始筆（起筆），始筆から終筆にいたる筆の動きを送筆という。

▷7　筆　蝕
石川九楊（1999, 56～57ページ）は，「筆蝕」とは，「筆記具の先端（尖筆）と紙（対象）との間に生じる摩擦劇の，書き手の側にはね返る触覚と，対象の側に写しとられたその痕跡」のことであるとし，文字を書くことの全過程を「筆蝕」と表現してこれを重視している。

縦画を太く，横画を細くすることで見栄えよく書くことが可能であり，掲示など実用的な場面で重宝する。

ボールペンは，万年筆と異なり手入れが不要で児童にも扱いやすく，携帯にも便利であるため，実用性の高い筆記具であるといえる。しかしながら，ボールペンは，シャープペンシルと同様に筆圧の加減による線の細太が十分表出できないため，終筆の書き分けが表現しにくいという特徴がある。

そのほか，黒板で使用するチョークも筆圧のかけ方によって「止め」「はね」「払い」の書き分けがしやすい筆記具である。親指，人差し指，中指の3本指でつまむように持つと筆圧をかけやすい。

4 毛筆に必要な用具

毛筆で使用する筆，墨，硯，紙を文房四宝と呼ぶ。そのほか，下敷き，文鎮，紙ばさみ，ぞうきんなどを用意するとよい。

筆は，主に動物の毛によってつくられているが，近年，児童用の筆は，安価な人工毛が普及している。大筆や中筆は，3分の2以上おろして，墨をたっぷりふくませ，1回墨をつけるごとに1字を書くことが目安となる。使用後は，水洗いで墨をよく落とさないと，筆を痛める原因となる。小筆は穂先のみをおろして使用し，使用後は穂先のみ軽く水につけて，新聞紙などで拭き取るようにする。実際の指導場面では，時間の制約から筆を家庭に持ち帰って洗わせることが多く，児童が筆を洗わずに放置しているケースも多々みられる。こうした対策として，教室にバケツやペットボトルなどに水をためて洗わせるなどの工夫も必要である。

墨は，現代の学校教育では，墨液の使用が主流になっている。そのため，硯は墨液の容器として捉えられがちであるが，本来の目的は墨を磨ることにある。近年，児童用の書道セットにはセラミック製の硯が多く採用されている。これは，天然石と比べて墨を磨る機能は格段に劣るが，軽量で割れにくいという長所がある。

紙は，古くは手漉きのものが使われていたが，「書写」の指導場面においては，ホームセンターなどで販売している安価な機械漉きの学習用半紙を用いることが一般的である。手漉きの紙は，現在でも芸術書道において用いられている。

▷8 万年筆
万年筆は，書き味が滑らかであるため疲れにくく，長時間，大量の文字を書写する場合には適している。また，筆圧のかけ方によって線質を変化させることができることから，「止め」「はね」「払い」を書き分けやすい筆記具である。しかし，乾燥に弱く手入れの必要があることなどに加えて，ボールペン同様に価格帯によって品質の差異が幅広いことから小学生には扱いにくい筆記具であるといえる。

▷9 半紙
半紙とは，材質に基づく名称ではなく，一般的に33.3cm×23.4cmの大きさの用紙を指している。表面がつるつるしている方が表である。

第Ⅱ部　初等国語科の学習指導

3　字形と筆順

1　漢字に関する字形指導

アルファベットにも活字体と筆記体があるように，日本語の文字には，印刷用の書体（活字体）と手書きによる書体（筆写体・書写体）があり，「書写」を指導する際にはこれらの書体の相違点を踏まえておくことは不可欠である。[10] 久米公（1989，58ページ）は，同じ文字であっても活字体（明朝体）は，点画間の筆脈や動静が極力おさえられて筆写体を十分に表現できないため，「書写」における字形指導の規範としては相応しくないことを強調している。実際に毛筆書道では，古典に依拠して筆写体による「正しい字体」「整った字形」の規範が示されてきた。

それでは，筆写体の漢字の字形指導を行う際に必要となる書体の種類について確認しておきたい。図7−1に示したように漢字の書体には，篆書，隷書，草書，行書，楷書などをあげることができる。[12] 「書写」においては，小学校で楷書，中学校では速書として行書を学習する。

つぎに，「書体」に似た用語として「字体」がある。「字体」とは，「文字を文字として成り立たせている骨組みのこと」であり，「同じ文字としてみなすことができる無数の字の形それぞれから抜き出せる，形の上での共通した特徴」である（文化庁，2016）。例えば，「島」という字を「鳥」と書けば誤字となるように，「正しい字体」とはその文字を認識できるか否かが判定基準である。

これに対して，「字形」とは，「字体が具現化され，実際に表された一つ一つの字の形」とされており，1文字に対して，書き手の数や印刷物の数だけ字形が存在する。例として，「令」（明朝体），「令」（教科書体）のように，最終画の傾きが大きく異なっている文字がある。これは，同じ字体の異なる字形の例であり，いずれも字体の誤りではない。同様に，「木」の第2画（縦画）を止めるのか，それともはねるのか，「絵」の糸へんを「絵」のように書くことなどの例があるが，いずれも誤字ではない。

しかし，「書写」の指導においては，児童の混乱を避けるため，ある一定の基準となる字体を習得させることが望ましいとされる。実際に，新学習指導要領の「第3　指導計画と内容の取扱い」において，「エ(エ)　漢字の指導においては，学年別漢字配当表に示す漢字の字体を標準とすること」と述べているように，便宜上，新学習指導要領に掲載された教科書体が標準となっている。

以上みてきたように，漢字の字形指導においては，「正しい字体」と「整っ

▷10　活字体と筆写体
活字は，所与の字形（明朝体，ゴシック体など）を受動的に活用するという特徴をもっているのに対して筆写体は，書き手が主体的に文字と向き合い，文字に深くかかわっていくという特徴をもっている。なお，活字の教科書体は児童生徒が手書きする際の標準的な書体として考案されている。

▷11　筆　脈
筆路の脈絡のことであり，点画のつながり，文字と文字のつながりによる筆の跡のことである。

▷12　書体の変遷
古代中国から漢字の書体の変遷を辿ると，はじめに甲骨文から篆書・隷書が誕生し，その後については諸説あるが，隷書から草書が生まれ，楷書，行書の順に登場した。

	篆書体	隷書体	草書体	行書体	楷書体
言					
安					
清					
書					
天					
道					
無					

図7-1　書体の例

出所：文化庁（2016）。

た字形」はあるが，「正しい字形」「正確な字形」「完璧な字形」というものは存在しないということである。教科書であっても「整った字形」の一例にすぎず，それ以外の字形を誤りとするものではないという点に注意したい。

［2］ ひらがな，カタカナの字形指導

ひらがなは本来，毛筆による草書を崩して発生したわが国独特の文字であり，カタカナは楷書を字源としている。毛筆の書法[13]では，直線と払い，はねで構成されるカタカナより，曲線の多いひらがなの方がより難易度が高いため，戦前の小学校における毛筆教育の学習順序は，「カタカナ→ひらがな」の順であることが一般的であった。

こうした難易度の高い毛筆によるひらがな学習の問題を解消するため，現代の「書写」では硬筆先習が採用されており，第1学年〜第2学年では，児童が扱いやすい硬筆によって字形の学習を行う。さらに，第3学年になってからの毛筆学習においても，草書を崩した形の古典に依拠したひらがなの字形ではなく，楷書の書法に適合するいわゆる「楷書に調和したひらがな」が採用されて

▷13　書　法
文字を書く方法のことであり，具体的に点画，結構（文字を形づくること），執筆，用筆を指している。これに対して，「書風」とは，文字のかきぶり，作書の傾向，書道作品がもつ風格のことを指す。

第Ⅱ部　初等国語科の学習指導

図7-2　ひらがなの字源
出所：関岡（2012）。

▷14　単独文字
構造上，2つ以上の部分に分けられない文字（基本形）。

▷15　複合文字
会意文字，形声文字などの2つ以上の部分に分けることのできる文字（応用形）。

▷16　連綿体
字と字の間を切らずに続け書きした状態のこと。書道では，仮名や漢字の草書に多くみられる。

▷17　筆順指導の手引き
2つの大原則のほかに8つの小原則が示されている。ただし，「学習指導上に混乱を来さないようにとの配慮から定められたものであって，そのことは，ここに取りあげなかった筆順についても，これを誤りとするものでもなく，また否定しようとするものでもない」とされるように，伝統的な書法において，「上，必，馬，無，取，感，興」など，現代の学校教育における筆順指導とは異なる筆順が存在する。

いる。

　ひらがなの字形について指導する際，教師が字源を知っておくことは重要である（図7-2）。例えば，現代においては，一般的に「わ」の最後を結ぶと「ね」になり，「め」の最後を結ぶと「ぬ」になると考えられている。しかし，「わ」の字源が「のぎへん」の「和（わ）」であるのに対して，「ね」の字源は「しめすへん」の「祢（ね）」であることから厳密にいえば両文字の左部分は微妙に異なる。同様に，「め」の字源は，単独文字である「女（め）」であるのに対して「ぬ」は複合文字の「奴（ぬ）」が字源である。そのため，斜めに交差する位置が「め」では中央部であるが，「ぬ」は「おんなへん」に該当するため若干左にずれているという相違点がある。

　そのほか，「す」の字源が「寸」であることを知ることで，横画と縦画の交わる点が横画の中央より右に寄っていることを容易に理解することができ，「か」の字源が「加」であることを考えれば，「へん」と「つくり」の位置関係から「か」の字形も理解しやすい。

　こうした字源に基づく字形の理解に加えて，ひらがなの特徴は，縦書きによる続け字（連綿体）を前提として，下方への払いで終筆することの多い文字であるという点である。これに対してカタカナは，楷書に由来しているため，速書，続け字に不向きであり，さらに「正統な根拠となるモデルが存在しない」（石川，2013，100ページ）ため，独自の書法が確立しているわけではないことは押さえておきたい。

3　筆順指導

　現代の学校教育における筆順指導は，1958（昭和33）年の文部省による『筆順指導の手引き』に基づいている。筆順の大原則として，「上から下」「左から右」の2つが提示されており，その下位に8つの原則が示されている。しかし，これらはあくまでも原則であり，筆順指導には例外も多くみられるため，漢字1文字ずつ確実に身につけることが大切である。小学校において，筆順の誤りが多い漢字を表7-2に示している。なお，中学校で学習する行書では楷書と筆順が異なる場合が多数みられるので注意が必要である。

表7-2　小学校における筆順を誤りやすい「ひらがな・カタカナ・漢字」

文字種	筆順を誤りやすい文字の例
ひらがな	な，も，や，よ
カタカナ	ネ，ヒ，メ，モ，ヲ

漢字（1年）	右, 王, 気, 九, 耳, 女, 正, 青, 足
漢字（2年）	海, 書, 図, 長, 馬, 聞, 方
漢字（3年）	悪, 寒, 感, 級, 区, 世, 波, 発, 氷, 服, 有, 葉
漢字（4年）	械, 潟, 官, 希, 機, 臣, 成, 帯, 兆, 特, 博, 飛, 必, 不, 無, 料, 輪
漢字（5年）	可, 慣, 潔, 興, 雑, 状, 情, 性, 断, 犯, 非, 武
漢字（6年）	域, 革, 座, 収, 垂, 蔵, 補, 郵, 臨

出所：筆者作成。

4 書写に関する学習指導

1 各学年における学習内容

① 第1学年～第2学年

　第1学年～第2学年では，基本姿勢，筆記具（主に鉛筆，フェルトペン）の持ち方など態勢づくりが最も重要である。字形の学習では，「漢字の読み書きに関する事項」と関連させ，文字の形，点画の長短や方向，筆順などに注意して書くことが目標となる。まずは，終筆の「止め」「はね」「払い」の書き分けが求められる。教師の板書と一緒に空書きしたり，教科書を指でなぞり書きしたりして身体を使って習得させたい。

　「文字の形」とは，「○，□，◇，△」などに類型化された文字の周囲を囲んだ形（概形・外形）のことである。表3に例示したように，こうした図形を用いて整った字形をイメージさせると効果的である。また，「点画」とは，「横画」「縦画」「左払い」「右払い」「折れ」「曲がり」「そり」「点」などの基本となる8点画を指している。第1学年～第2学年では，こうした文字の形と点画の学習に加えて，少しずつ文字の中心を捉えて文字を書くことを意識させることにより，第3学年以降の学習につなげたい。

表7-3　主な文字の概形に該当する文字例

主な概形	該当する文字の例（教科書体で表記）
□（四角）	国, 門, 顔, 頭, け, は, ね, オ, カ, コ, ス, ネ
▯（縦長方形）	目, 員, 月, も, り, ら, イ, キ, ク, タ, ノ, ミ, リ
▭（横長方形）	四, 工, 心, 以, 西, い, つ, へ, エ, ニ, ハ, ヘ, ユ
△（三角形）	上, 土, 左, 丸, 黒, え, ふ, ん, ハ
▽（逆三角形）	下, 右, 丁, 方, 寸, 万, す, や, ア, ウ, ケ, サ, ソ, マ, ワ, ヲ
◇（菱型）	十, 会, 寺, 委, 手, か, サ
⬠（五角形）	六, 士, 芸, 金, ろ, モ
○（円形）	海, 茶, 術, あ, の, ゆ, ホ

出所：長野（2004）および全国大学書写書道教育学会（2013）などから作成。

② 第3学年〜第4学年

　第3学年〜第4学年では,「文字の組み立て方」「漢字や仮名の大きさ,配列」を中心に学習内容が構成されている。「文字の組み立て方」とは,第1学年〜第2学年で学習した概形を踏まえ,複合文字の構成について考えられるようにすることである。「言語の由来や変化に関する事項」で学習した,文字が部首と他の部分で構成されていることの理解と関連させながら,図7-3の「部分の組み立て方」に例示された「へん」と「つくり」や「かんむり」と「あし」の関係が相互に空間をゆずり合っていることに着目させたい。

　また,「漢字や仮名の大きさ」については,画数の多い文字を大きめに書き,少ない文字を小さめに書くという原則を理解させる。この原則に基づけば,画数の少ないひらがなは小さめに書き,漢字を大きめに書くことを理解することもできる。◁18

▷18　かなの大きさ
ひらがなの大きさについて,一般的に「つ,し,い,こ,と,の」などは小さく書いた方がよみやすいとされる。

　「配列」については,読みやすく書くために行の中心を揃え字間を等間隔にすることを理解させる。低学年では,1文字を1マスに書くことが多かったが,第3学年〜第4学年からは「行」に書く練習が中心となるため,字間の取

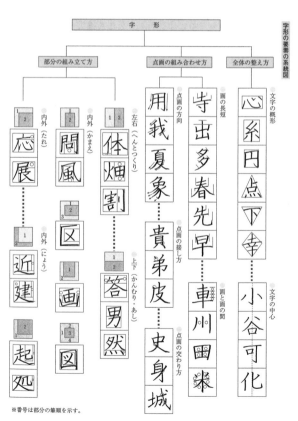

図7-3　字形の要素の系統図
出所：全国大学書写書道教育学会（2013）。

り方などが重要になってくる。

　第3学年より開始される毛筆の学習でも，第1学年〜第2学年同様に基本の8点画を理解し，筆圧を変化させながら楷書の用筆法を習得することが求められる。まずは，「一，二，三」などの横画の始筆，送筆，終筆の書法を身に付け，つぎにこれを応用して「十，土」など縦画と組み合わせるという学習順序が一般的である。

③　第5学年〜第6学年

　第5学年〜第6学年では，書写の日常化を見据えた，より実用的な書写技能が求められる。まず，「文字の大きさ」については，第3学年〜第4学年までの文字と文字の関係だけではなく，余白と文字との関係から位置，字間，行間などを構成できるようにする。筆記具については，手紙，新聞，報告文，案内状の作成，ポスターなどの掲示作りなど生活の場面に応じて目的にあった筆記具を選択できるようにする。

　また，第5学年〜第6学年では，メモ書きなどの速書の技能が求められるようになる。速書は，ノートに記述する際の書写力として他教科の学習指導にも大きく影響する。これに関連して，毛筆の学習では，「点画のつながりを意識」してリズミカルな運筆が求められている。これは，中学校「書写」で学習する毛筆の速書（行書）の基礎となる。

　こうした「書写」技能の習得に加えて，第5学年〜第6学年では国語科の他領域との関連として，国語教科書の文学教材などの一節を書いたり，古典の作品（俳句，短歌など）を硬筆や小筆で書いてみたりすることも考えられる。さらに，半紙に四字熟語や漢文の一節を書くことによる言語理解や，自作の詩，俳句や，作文など言語表現と関連させることも効果的である。このような意味で，「書写」は，手書きで文字を書くことを通して「B　書くこと」「C　読むこと」の領域や「伝統的な言語文化」とも関連づけることが可能である。また，報告文などの作成では，「総合的な学習の時間」における調べ学習と関連させることも可能である。

2　「書写」に関する指導上の留意点

　本章でみてきたように，「書写」の指導は，手本をそのまま写すことや，カリグラフィー[19]や活字体のように規格化された文字や芸術的な文字をデザインすることを到達目標に据えているのではないため，児童の書写力を総合的に評価する必要がある。例えば，従来の「書写」における評価では，学習成果である作品等の提出物に依存する結果主義的な傾向がみられた。「書写」の評価は，書道展覧会などとは区別されなければならず，学習者である児童の知識・理解，技能だけではなく，関心・態度（自ら進んで，丁寧に書こうとする，生活に役

▷19　カリグラフィー（calligraphy）
西欧に見られる美術的文字のこと。東アジアの書法・書道・筆跡の訳語としても用いられる。

立てようとする）などを総合的に判断する。こうした児童の書写力を育むためには，教職にある者の書写力そのものが問われることはいうまでもない。

　従来の「書写」指導では，「相手に何かを伝えるため」という伝達性に焦点をあて，言語表現行為を中心に語られてきた。しかし，冒頭でもふれたように，言語表現としての「文字を手書きすること」は，社会における実用性という意味では，情報入力機器を使用したキーボードを「打つ」行為に太刀打ちすることが困難な状況である。こうした状況に対する「書写」の意義の1つには，「文字を手書きすること」によって，同時にその文章を読み言語理解に生かすことがあげられる。要するに「書写」は，字形の教育にとどまるものではなく言語の教育であり，児童の書字行為における言葉の入出力の先に字形の学習があるという点を押さえておかなければならない。このように考えれば，「書写」における書字行為は，こうした「打つ」行為と対立的に捉えるのではなく，文字言語文化という共通の土台に立ち，言語理解と言語表現を含めた技能として共存的であることが望ましいといえる。

　戦前の学校教育では，「書は心画なり」「心正しければ筆正し」などのような書道に関する格言を用いて「文字を手書きすること」の芸術性と精神的修養を結びつけ，道徳教育の一環としても捉えられてきた。「書写」の学習にこうした精神的修養としての側面がないとは言い切れないが，直接的に人間形成に寄与することを「書写」の目標に掲げることには慎重になるべきである。むしろ，「書写」はあくまでも言語教育の一領域であり，これを含めた小学校の教育課程全体を通した人間形成の一領域であるとする捉え方が妥当であろう。

Exercise

① 　表7-3で取り上げた文字について，小学校で学習する筆順を確認しよう。
② 　ひらがな，カタカナの字源を調べたり，文字の概形や組み立て方を活用したりして，各学年の字形指導における効果的な指導計画を考えてみよう。
③ 　「書写」の日常化を目指す学習活動について話し合い，具体的な指導計画を立ててみよう。

📖次への一冊

全国大学書写書道教育学会編『国語科書写の理論と実践』萱原書房，2020年。
　　小・中学校における書写指導に関する知識理論を体系的に学習することができる。
　　各学年の具体的な学習指導案が掲載されており，実践的な指導においても参考にな

る。

久米公『漢字指導の手引き（第八版）』教育出版，2017年。

　　小学校で学習する漢字を学年別に配列し，標準字体，書写のポイント，筆順につい
　　て解説した漢字指導における必携の書といえる。それぞれの文字について，許容の
　　書き方を例示しており，一目でこれを理解することができる。

松本仁志『「書くこと」の学びを支える国語科書写の展開』三省堂，2009年。

　　国語科における「書くこと」の領域と書写指導との連続的な学びを提案している。
　　「相手意識」「目的意識」に関する解説に加えて，書写指導の理論と実践的な授業例
　　が示されている。

久米公監修，松本仁志・鈴木慶子・千々岩弘一『書写スキルで国語力をアップする！
　新授業モデル　小学校編』明治図書，2011年。

　　「言語活動に生きる書写指導」という考えに基づき，国語科における他の領域と関
　　連させた具体的な授業モデルを提案している実践的な教師用書である。字形指導に
　　とどまらずに書写の意義を考えることができる。

石川九楊『日本の文字』筑摩書房，2013年。

　　著者独自の文明論的視点から日本の文字とその教育のあり方について述べている。
　　欧米言語との比較を通して，漢字とは何か，ひらがな・カタカナとは何かを検討し
　　ている。

引用・参考文献

石川九楊『二重言語国家・日本』NHK出版，1999年。

石川九楊『日本の文字』筑摩書房，2013年。

久米公『書写書道教育要説』萱原書房，1989年。

関岡松籟『書写指導の手引き』木耳社，2012年。

全国大学書写書道教育学会編『明解書写教育　増補新訂版』萱原書房，2013年。

長野秀章編著『実践！　小学書写　すぐ使える指導のアイディア』教育出版，2004年。

二玄社編集部編『書道辞典（増補版）』二玄社，2010年。

東山一郎「かなのいろは」『大東書学』6，2006年，2〜17ページ。

文化庁『常用漢字表の字体・字形に関する指針——文化審議会国語分科会報告』三省
　堂，2016年。

松本仁志『「書くこと」の学びを支える国語科書写の展開』三省堂，2009年。

文部科学省「小学校学習指導要領解説国語編」2017年。

コラム④

板　書

　板書とは，黒板に文字や図を書くこと，そこに書かれたことをいう。板書は，学習内容を理解させ教科の力を付ける方法であるとともに，学習活動の手段でもある。そのために，学習効果を高める構造的な板書にしていくことが大切であり，学習指導案作成段階では，板書計画を立てることが求められる。

　それでは，IT機器の普及が進む時代に，なぜ板書なのであろうか。その理由の一つに「即時性」があげられる。教師は，児童の発言をその場で書いたり書き加えたりできる。一方，児童は，板書によって学びを確認したり仲間の考えに意見を述べたりすることができる。教師は板書の機能を活用し，学習効果を高めていくことが大切である。そこで，「学習効果を高める板書術」を5つあげる。

(1)　丁寧に読みやすく書く：字の大きさ，チョークの色づかいを工夫する。

(2)　学習の仕方および内容，学びの過程がわかるように書く：絵や図を取り入れて書く。また，模造紙や短冊等黒板に掲示する教材も工夫する。さらに，児童の発言を内容ごとに整理したり，線で結んだりして構造化を図る。

(3)　一単位時間で完成するように書く：板書は，児童が本時のめあてを達成するまでの思考過程や本時の学びを振り返ることができるようにするために，何度も消したりするのではなく，一単位時間で完成するように工夫する。

(4)　ワークシートと連絡するように書く：例えばワークシートに吹き出しや視写を書く箇所を設けたのであれば，それを板書にも位置づける。また，板書を見ることによって児童が友だちと自分の考えを比較し足りない内容や新しく気づいた事柄をワークシートに書き加えることができるように工夫する。板書の活用法を指導することも大切である。

(5)　児童一人ひとりの考えが位置づくように書く：ネームプレートを活用したり板書された発言内容から，児童にどの意見に属するかを問いかけたりして，一人ひとりが考えをもって学習に向かうことができるように工夫する。そして，その考えを交流することによって学びの質が高まっていくことを味わわせていきたい。

　ここにあげた5つの板書術は，教師の授業評価観点としても活用してほしい。

参考文献

藤井知弘・黒澤みほ子『シリーズ国語授業づくり　板書──子どもの思考を形成するツール』東洋館出版社，2016年。

第8章
読書指導

〈この章のポイント〉

　新学習指導要領では読書が各学年の内容の〔知識及び技能〕に位置づけられた。本章では，まず，読書指導を行っていくための基本的なメディアやジャンルの考え方を知る。また，定番の読み聞かせだけでなく，ＫＷＬ，筆者想定法，読者想定法など知識やノンフィクションの本を読むのに適した方法，読書へのアニマシオン，リテラチャー・サークル，パートナー読書など集団で読む方法，ブックトーク，ビブリオバトル，読書レポートなど読んだことを紹介する方法など，さまざまな読書の学習指導法を学ぶ。

1　読書指導の目標と内容

　新学習指導要領では，中央教育審議会答申において，「読書は，国語科で育成を目指す資質・能力をより高める重要な活動の一つである」とされたことを踏まえ，まず，第1章の総則に，「読書活動の充実」[1]が掲げられている。ここでは，第2章第1節「国語」の「第2　各学年の目標及び内容」に読書がどのように位置づけられているかを確認する。

1　目　標

　すべての学年において「1　目標」の(3)に読書に関する記述がある（下線，引用者）。

> 〔第1学年及び第2学年〕
> (3)言葉がもつよさを感じるとともに，楽しんで読書をし，国語を大切にして，思いや考えを伝え合おうとする態度を養う。
> 〔第3学年及び第4学年〕
> (3)言葉がもつよさに気付くとともに，幅広く読書をし，国語を大切にして，思いや考えを伝え合おうとする態度を養う。
> 〔第5学年及び第6学年〕
> (3)言葉がもつよさを認識するとともに，進んで読書をし，国語の大切さを自覚して，思いや考えを伝え合おうとする態度を養う。

　ポイントを2点指摘する。1点目は，「楽しんで─幅広く─進んで」という系統性が見出せるということである。2点目は，態度面を強調した目標である

▷1　読書活動の充実
学習指導要領［平成20年改訂］では，国際学力調査PISA の読解力得点の低さが問題となり，「読書活動の充実」が学習指導要領改訂の1つの柱とされた。PISA の読解力得点は，2009年，2012年と改善されたが，2015年調査ではまた低下したことが指摘され，引き続き，読書活動の充実が重視されている。

第Ⅱ部　初等国語科の学習指導

ということである。各学年の目標は総則で言われている「(1)知識及び技能が習得されるようにすること」「(2)思考力，判断力，表現力等を育成すること」「(3)学びに向かう力，人間性等を涵養すること」のうちの(3)に対応しているので，読書をする態度が「学びに向かう力，人間性等」に通じているものでなければならない。

２　内　容

すべての学年において「２　内容」は〔知識及び技能〕の(3)に「我が国の言語文化に関する次の事項を身に付けることができるよう指導する」として，読書に関する記述がある（下線は引用者）。

> 〔第１学年及び第２学年〕
> エ　読書に親しみ，いろいろな本があることを知ること。
> 〔第３学年及び第４学年〕
> オ　幅広く読書に親しみ，読書が，必要な知識や情報を得ることに役立つことに気付くこと。
> 〔第５学年及び第６学年〕
> オ　日常的に読書に親しみ，読書が，自分の考えを広げることに役立つことに気付くこと。

ポイントを３点指摘する。１点目は，読書を言語文化として捉えていることである。２点目は，下線のとおり「楽しんで―幅広く―進んで」の系列にほぼ対応しているということである。３点目は，新学習指導要領で，国語科は全領域に「考えの形成」または「考えの深化」の項目を位置づけるようにしているが，読書の場合はとくに「第５学年及び第６学年」において顕著であるという点である。単なる楽しみの読みに終始せず，考えを形成させたり深化させたりするものとして，読書の指導を行っていく必要がある。

２　読書のメディアとジャンル

１　読書のメディア

読書に関するメディアは，印刷資料と非印刷資料に分けられる。

印刷資料には，本，絵本，漫画などのように広い意味で図書と呼ばれるものと，雑誌，新聞，年鑑などのような逐次刊行物がある。図書のなかには，また，最近ではパンフレットやリーフレットなども，身近な言語資料として，国語科の授業のなかに持ち込まれることが増えてきている。また，図書には，一般図書だけでなく，辞典・事典・図鑑のような参考図書も含まれる。

第 8 章　読書指導

　非印刷資料には、学校図書館や公共図書館で置かれているようなマイクロフィルムや、写真・映画・オーディオなどの視聴覚資料がある。児童書においてはまだ少数であるが、電子書籍なども増えてきている。デジタル教科書にも、読書関係の情報の掲載が増えていくであろう。

2　読書のジャンル

　読書指導の対象となるジャンルについては、まず、米国の『ジャンル研究』(Fountas & Pinnell, 2012) をもとに考えてみたい。なぜなら、このジャンル論は、ジャンルの特質をわかりやすく分類しており、メディアの違いに関係なく、広く読書のジャンルを捉えているものだからである。図8-1のとおり、ファウンタスらは、まず、ジャンルをフィクションとノンフィクションに分けている。

　フィクションには、リアリズムとファンタジーがある。リアリズムには、主に現実的な状況を描いている現実的フィクションと歴史的フィクションがある。現実的フィクションとは、例えば小学生が登場人物になっていて学校や家庭が舞台になっているような物語である。歴史的フィクションとは、いわゆる「歴史もの」「歴史小説」と呼ばれているものである。現実的な状況ではないものがファンタジーである。ファンタジーには、伝統文学として、民話（昔話）、妖精物語、寓話、伝説、神話などがある。叙事詩や物語詩は、日本語にはあまり多くないが、伝説の一種として位置づけられている。現代ファンタジーには、動物が登場人物である動物ものがたりや、比較的現実的な設定のロー・ファンタジーと、現実とはとてもかけ離れた設定のハイ・ファンタジー、SFがある。

　ノンフィクションには、主に情報を伝えるという目的があるが、人物の人生の過程を示す伝記・自伝・回想の系列と、物語の形式で虚構ではない物語を描く物語的ノンフィクションと、さまざまな知識や考えなどを伝える説明的ノン

▷2　学校図書館
学校図書館の利用はどの教科や分野にとっても重要であるが、とりわけ読書指導においては、学校図書館を上手に活用していくことが必要である。新学習指導要領でも第1章総則第3の1(7)に、「学校図書館を計画的に利用しその機能の活用を図り、児童の主体的・対話的で深い学びの実現に向けた授業改善に生かすとともに、児童の自主的、自発的な学習活動や読書活動を充実すること」とある。

▷3　フィクションとノンフィクション
フィクションとは虚構という意味で、本当ではないことを言う。ノンフィクションとは虚構ではないこと、すなわち本当のことを言う。ノンフィクションは二重否定的な言い方になるので、この言い方を避けようとする動きもあるが、一般的には広く知られている分類である。

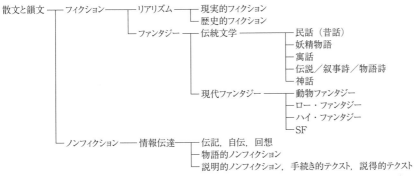

図8-1　読書のジャンル

出所：Fountas & Pinnell（2012, 見返し）より。

フィクション，手続き的テクスト，説得的テクストがある。説明的ノンフィクションについては，動物や植物の生態を伝えたり，何か科学的な知識を説明したりするものが含まれる。手続き的テクストとは，料理のレシピや，何かの説明書などのように，手順を説明しているものである。説得的テクストとは，自分の意見や考えを述べたり，相手に対して何かを説得したりするものである。

3 図書館におけるメディアとジャンルの融合

　読書指導においては，学校図書館の有効活用が重要であるし，場合によっても公共図書館との連携を図ることも必要である。金沢みどりは，公共図書館の児童サービスの資料として（金沢，2006），また，学校図書館の資料として（金沢，2011），児童の読書資料を「絵本」「フィクション」「ノンフィクション」「知識の本」「レファレンスブック」「本以外の資料」の5つに分類している。そのうち，絵本については図8-2，フィクションとノンフィクションについては「児童文学」という呼び方で図8-3のように分類している。

3　読書に関する学習指導法

1 読み聞かせ

　まず，定番の学習指導法として，読み聞かせを取り上げてみたい。

▷4　読み聞かせ
読み聞かせは広く知られた用語であるが，「聞かせる」というと押しつけがましい感じがするので，「読み語り」という用語を使う論者もいる。英語では，read-aloud（声に出して読むこと）が最も一般的で，児童自身の音読も同様に言うことがある。これと区別するために，read-aloud to childrenとする場合もある。

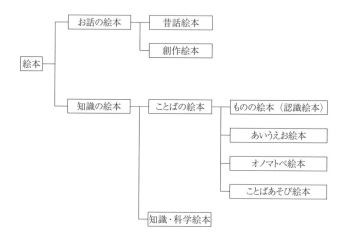

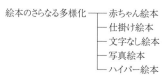

図8-2　絵本の種類
出所：金沢（2011，48ページ）より。

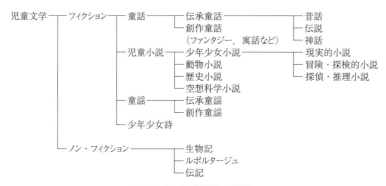

図 8-3　児童文学の種類
出所：金沢（2006, 39ページ）より。

① 静聴型読み聞かせ

　読み聞かせは家庭だけでなく，保育園でも，幼稚園でも，小学校でも，公共図書館でも，時には書店でも幅広く行われている方法であるが，ぜひ国語科の授業でも取り入れたい。最もよく行われているのは，静聴型読み聞かせである。この名前は後で説明する交流型読み聞かせと区別するために筆者が付けたものである。文字が読める人が読み上げる，読み上げてくれているのを文字が読めない人が聞くという形である。静聴型読み聞かせを通して，次のようなことができる。

・作家が苦心して選び抜いた言葉をそのままの形で児童に届けることができる。
・児童が話を集中して聞くことができる。
・児童が他の人たちの邪魔をしないで，それぞれが物語世界にひたることができる。

　「他の人たち」には，聞き手ばかりだけでなく，読み手も含まれる。本を持ってきて音読するだけなので，次にあげる交流型読み聞かせに比べて，行いやすいというところが静聴型読み聞かせの魅力である。

② 交流型読み聞かせ

　交流型読み聞かせは，主に欧米諸国の学校現場（授業中も含む）で行われている読み聞かせの方法である。静聴型読み聞かせと異なるのは，読み手と聞き手，聞き手同士の間に，豊かなやりとり（交流）が行われるということである。本・絵本に書かれている文字以外に，さまざまな言葉が思考の言葉として飛び交う。ここではリンダ・ホイトの書籍とガイドブック（Hoyt, 2007）をもとに，交流型読み聞かせのやり方について要点を7点述べる。

・交流のタイミングは，読み聞かせをしている最中だけでなく，読む前や読んだ後にもある。すなわち，交流がさまざまな場面で行われる。
・聞き手は，題名から想起された先行知識を披露したり，題名を見て予想し

第Ⅱ部　初等国語科の学習指導

たことを述べたりする。

・読み手は考え聞かせの技術を用いる。考え聞かせとは，読みながら考えたことを口に出して言い，聞き手に聞かせることである。つまり，読み手である教師は，題名や表紙や本文や絵なども含めて読んだり見たりして考えたことを述べ，読者がどのようなことを考えながら本を読み進めていくのかという見本を子どもに示す。

・聞き手である子どもは，自分が一人で考えていることを，教室のみんなに話すように促される。

・「向き直って話そう！」の時間がある。これは，予め考えたことを言いあう「シンキング・パートナー」を決めておき，教師の指示でパートナー同士がお互いを正面に見るように向き直って，二人で話し合うというものである。

・読み聞かせで聞いたことを自分たちでさまざまに表現するリーダーズ・シアターもできる。リーダーズ・シアターとは，読み手が受け取ったものを表現する音読劇である。

・交流型読み聞かせにおいて，読み手である教師は，指導したいと考えている内容（指導内容）を，はっきり子どもたちに示しながら，読み聞かせを行うことができる。

　指導内容を示すことができるので，交流型読み聞かせは，文学的文章や説明的文章を読む授業の導入や終末に位置づけることもできる。

▷5　向き直って話そう！
原語は "Turn and Talk！" である。Turn は，読み手の方を向いて読み聞かせを聞いていた聞き手が，パートナーの方に向き直って話し合うという意味である。日本の国語教室で行われている「隣同士で話し合おう」「近くの人と話してみて」に近い。

▷6　指導内容
指導内容には，読解の技術や，文学の要素（視点，形式など），文体，ジャンルなどがある。取り扱う指導内容を前もって決めておき，それを強調する形で交流型読み聞かせが行われる。

2　知識の本・ノンフィクションを読むための方法

　次に知識の本やノンフィクションを読むための方法として，「KWL」「筆者想定法」「読者想定法」を取り上げる。

① KWL

　KWL とは，知っていること（What I know），知りたいこと（What I want to know），学んだことやまだ学ぶ必要があること（What I learned and still I need to learn）の英語の動詞の頭文字をとったもので，具体的には図8-4のことをい

K：知っていること	W：知りたいこと	L：学んだこと・まだ学ぶ必要があること

図8-4　KWL

第**8**章　読書指導

う。KWL の使い方は，まず，児童は，その本に書いてある事柄について，読む前に知っていることを K 欄に書く。次にその本にどんなことが書いてあるとよいか，予想や期待を W 欄に書く。そのうえでその本を読む。最後に読んで学んだことを L 欄に書く。L 欄には当然 W 欄の知りたいと思っていたことがどのように本に書いてあったのかが書かれることになる。まだわからないことが残っていたらそれも L 欄に書き，次の別の本を読むことにつなげていく。

　このようなワークシートを，一般的にはグラフィック・オーガナイザー[7]と呼ぶ。さまざまなグラフィック・オーガナイザーを用い，児童に今何を読もうとしているのかをはっきりさせて読ませるとよい。関西大学初等部では，グラフィック・オーガナイザーを思考ツールという名前で呼び，これを活用した授業を開発していて参考になる（関西大学初等部，2014）。

② 筆者想定法

　筆者想定法というのは，文章に何が書かれているかを読み解くのではなく，その文章を生み出した筆者について考えていくという方法である。倉澤栄吉が1970年代から80年代にかけて開発した方法であるが，現代においてこそ重要な方法である。「想定」であるから，直接筆者になぜこの文章を書いたかなどとインタビューするわけではない。なぜこれを書こうと思ったのだろうか，取材をする時にはどんな苦労があったのだろうかなどと想像しながら読んでいくのである。倉澤栄吉全集第11巻（倉澤，1988，322～339ページ）より，その方法を要約して示す。

　　　第一次想定　文章作成の動機や意図を想定する。
　　　第二次想定　取材，構想の過程を想定する。
　　　第三次想定　筆者と直接に対面し，読み手の世界を拡充する。

　第一次想定とは，筆者がどのような動機や意図でこの文章を生み出し，また，書き進めていったかということを想定する。手がかりにするのは，〈題名〉〈筆者名〉〈書名〉〈目次・小見出し〉〈まえがき・あとがき〉〈余録・書評〉〈本文〉である。

　第二次想定には，二つの段階がある。一つ目の段階は「取材段階の想定」である。第一次想定で児童はすでに筆者の「意図」を想定しているが，それとつなげる形で，どのような取材がなされたかを想定する。二つ目の段階は，「構想過程の想定」である。この時に手がかりにするのは，〈組み立て〉〈書き出し・結び〉である。倉澤は，児童が自分で書き出し文を書いてみたり，結びの型を考えたりすることも筆者想定に役に立つとしている。

　第三次想定では「筆者の想」というものを考えさせる。「想」とは，筆者が考えていること・思い浮かべていることと言うことができるであろう。さら

▷7　グラフィック・オーガナイザー
グラフィック・オーガナイザー（graphic organizer）とは，視覚的に組織化するものという意味である。「ベン図」「ピラミッド図」「ボーン図」「マンダラート」のように，図でその形だけを示したものの他，「ストーリー・マップ」「PMI（Plus Minus Interesting，長所・短所・興味のあるところ）」のように加えて文字によって書き込む内容を指定したものもある。

89

第Ⅱ部　初等国語科の学習指導

に，読者自身の想（つまり読者が考えること）を広げていくのも第三次想定の重要な学習活動となる。以上のように，手元にある文章なり本なりをもとにして，さまざまに筆者について思いを巡らしながら読み進めていくというのが，筆者想定法である。

③　読者想定法

　読者想定法は，米国のジーン・アン・クライドに触発されて，開発中の方法である（足立，2016）。「その本はどんな人が読むだろうか」と読者を想定させる。児童の活動として，次の6段階を設定した。

　　1　ノンフィクションの読書材を，まずは，児童の立場で読み，感想を持つ。

　　2　グループでどのような読者がその読書材を読むか，想定できる読者のリストを作る。

　　3　対立した人物をグループの人数分選び，それぞれ一人ずつを担当することにする。担当する一人を「想定読者」として，プロフィール等を作る。

　　4　想定読者の反応を書き込んでいく。

　　5　グループで想定読者のプロフィールと反応をシェアする。

　　6　「想定読者」としての読書経験を振り返り，感想を書く。

　この方法は，メディアリテラシーとも関係がある。現代社会において存在する多様なメディアに形成された多様なテクストについて，誰が誰に対して発信したテクストで，誰がどのように読むのかということに考えを巡らせて読者を想定するのである。自分の立場で読むだけでなく，そのテクストは誰がどのような思いで読んでどのようなことを考えそうかということを考えて読んでいくということが，これからの時代には必要である。社会のなかでマイノリティといわれている人たちに対しても関心をもってほしいし，自分とは主義・主張が異なる誰かへ何かを発信する際にも，そのテクストはどのように読まれるかを考えながら発信するような態度を身につけてほしい。

［3］　集団で読む方法

　コミュニケーションとしての読書も，現代社会に重要な読書の一側面である。ここでは，集団のサイズ（グループの人数）によって異なる3つの読書指導法を取り上げる。

①　読書へのアニマシオン

　読書へのアニマシオンは，1980年代から2000年代にかけて，ヨーロッパで展開された一種の読書運動である。集団のサイズとしては，10〜30人ほどで，学級単位で行うことができる。さまざまな手法があるが，ここでは，スペインの

サルトの方式を取り上げる (Sarto, 1998)。この方式の基本的な構造は，まず，「アニマドール」と呼ばれるアニマシオンの担い手の人が本を選び，「読書へのアニマシオン」に参加する人にその本を渡す。その後で，「作戦」と呼ばれるゲームをする。本を渡すのはゲームを行う2週間ほど前で，児童はその間，本を読んでおく。ゲームでは，本の読み方のある部分に焦点をあてていて，そのゲームに参加しながら読み方を鍛えていくという方法である。例えば，「作戦3　いつ？　どこで？」を行うとする。「イッパイアッテナがぼくに漢和辞典の使い方を教えてくれたのは，いつでしたか」とか，「ヒョコルさんがエラババ先生に会ったのは，どこでしたか」とか，本の中の「いつ」や「どこ」について尋ねた質問カードを児童1人に1枚ずつ配る。児童は，時や場所を押さえながら読むことを，この作戦を通して練習することになる。

② リテラチャー・サークル

リテラチャー・サークルは，1990年代から2000年代にアメリカで開発された読書指導法である。集団のサイズとしては，3～5人のグループである。ここでは，ハーベイ・ダニエルズの方法 (Daniels, 2002) を簡潔に示す。

1　教師があるテーマに基づいて集めた本を児童に紹介する。

2　紹介を聞いた児童は最も読みたい本を選ぶ。

3　児童はグループごとに読む範囲や役割[8]を決める。コネクター，クエスチョナー，リテラシー・ルミナリー，イラストレーター，ワードウィザードなどの役割がある。

4　児童は自分の役割でグループで決めた範囲を読む（役割読み）。

5　児童は役割に基づいてグループで話し合う（話し合い）。

6　ある範囲が終わったら，次の範囲に進み，役割読みおよび話し合いを繰り返し，1冊の本を読み切る。

7　児童はグループでの話し合いを学級全体に報告する。

③ パートナー読書

パートナーと2人で読む[9]という方法で，大まかな流れは次の通りである。

1　パートナーを決める。

2　パートナーと一緒に本を選ぶ。

3　児童はそれぞれ本を読む。

4　読んだことを交流する。

とてもシンプルな方法なので，さまざまな応用の仕方があると考えている。

4 読んだことを紹介する方法

最後に，教師または児童が本を読み，読んだことを紹介する方法のいくつかを取り上げる。

▷8　役割
リテラチャー・サークルの役割（role）は，優れた読者が読書の際に自然に行っている方略（strategy）を元に作られている。例えば，優れた読者は，何かを読む際に，自分の実生活や経験などを思い出してそれに接続させ（コネクトさせ）たり，疑問（クエスチョン）をもちながら読んだりしている。これを意識して行えるように，コネクター，クエスチョナーなどの役割がある。役割は慣れてくれば少しずつ減らしていき，自然な読み方・話し合い方ができることを目指す。

▷9　パートナー
パートナーとは，親しい，あるいは信頼のおける少数の相手という意味である。2名で互いをパートナーとするのが望ましいが，状況に合わせて3名の設定にすることも可能である。パートナー読書は筆者の命名である。英語圏では，ペア読み（paired reading）は通常，2人組で，音読が下手な学習者が上手な学習者の前で音読をし，上手な学習者が間違いを修正したり読めない字を教えたりする時に使われている用語なので，ペアではなくパートナーという用語を使用することにした。

第Ⅱ部　初等国語科の学習指導

▷10　ブックトーク
Book Talk という原語は，日本語になったブックトークよりも意味範囲が広い。本について話し合う読書会なども含まれる。エイダン・チェインバーズ，エイダン，こだまともこ訳『みんなで話そう，本のこと──子どもの読書を変える新しい試み』（柏書房，2003年）には，そのような読書会のワークショップが掲載されている。

① ブックトーク

　ブックトーク（Book Talk）[10]とは，文字通り，本について話すことである。日本でブックトークというときに一番多いのは，あるテーマにしたがって，複数冊の本を選び，順序よく紹介することである。話す側（本の紹介者）はもちろん，それぞれの本を読んだことがあり，ブックトークを聞く側は，その本を知らない，読んだことのない人たちということになる。

② ビブリオバトル

　ビブリオバトルとは，大学教員の谷口忠大が大学で始めた「知的書評合戦」である。しかし，今は大学生だけでなく，小学校や中学校でも，公共図書館でもイベントとして行われている。「公式ルール」は次のとおりである（谷口，2013）。

　　1　発表参加者が読んで面白いと思った本を持って集まる。

　　2　順番に一人5分間で本を紹介する。

　　3　それぞれの発表の後に参加者全員でその発表に関するディスカッションを2～3分行う。

　　4　全ての発表が終了した後に「どの本が一番読みたくなったか？」を基準とした投票を参加者全員一票で行い最多票を集めたものを『チャンプ本』とする。

　前述のブックトークとよく似ている。異なるのは，紹介する側がたくさんいて，1人1冊であること，紹介の時間が5分間と決められていること，発表後にディスカッションをすること，「バトル」「合戦」と名がついているとおり勝敗が決まること，ディスカッションや投票が聞き手のみではなく参加者全員で行われること，などである。

③ ブック・レポート，読書レポート

　ブック・レポートは，一般的には，(1)本の書誌情報（著者，書名，出版社，出版年など），(2)本の内容の要約（要約と要旨を分ける場合もある），(3)考察あるいは批評，の3点をまとめたものである。竹長吉正は，ブック・レポートを踏まえて，「読書レポート」を提案している（竹長，1999）。

　読書レポートとは，「読書した本（または，一まとまりの作品や記事）について，その内容の要点を記録し，かつ，それをある人（想定された読者）に的確に報告する文章」である。この場合のレポートとは，「記録」と「報告」の両方の意味にあたるとしている。そうしたうえで，そのためにどのように本を読むか，あるいは教師はそのような読み方をどのように指導するかを竹長は丁寧に説明している。例えば，目的をもった読み方（レポートを書くために読むなど），メモの記し方，情報カードの書き方，ノートのまとめ方（情報カードからの転記・要約・自分の考え，全体要約・要旨・自分の考え，など段階を踏んだまとめ方）な

第**8**章　読書指導

どが述べられている。

　先に紹介したブックトークやビブリオバトルは，そのトークの聞き手に本を読みたい気持ちにさせることが重要であった。聞き手が本を読むことを期待して行うわけである。これに対して，ブック・レポートや読書レポートは，そのレポートの読み手自身がその本を読んでいなくても，その本の内容がストレートにきちんと伝わることが重要である。

　以上，さまざまな読書に関する学習指導法を列挙してみた。新学習指導要領において読書が〔思考力，判断力，表現力等〕の「Ｃ　読むこと」の一部ではなく，〔知識及び技能〕に位置づいたということは，読書を単に読むことの延長だけではなく，国語科授業のさまざまな局面で用いていくということである。本章で紹介したさまざまな学習指導法を組み合わせて児童に読書を学習する機会を提供してほしい。

Exercise

①　第２学年に，１冊の物語の絵本を読み聞かせることを計画する。「交流型読み聞かせ」にするには，その絵本のどこでどんな質問をするか，思考パートナーと何を話し合わせるか，絵本の教材研究をしてみよう。

②　第５学年になったつもりで，１冊の知識の本を選んで，KWL を使って読んでみよう。また，第５学年はその知識についてどんなことを知っており，何を知りたいと思うかを想像して，K 欄と W 欄に書き込んでみよう。さらにその本を読んだ後，何がわかり何がまだわからないかを L 欄に書いてみよう。

③　行事（「運動会」など）や季節（「夏」など）から１つテーマを設定し，第４学年を対象に，ブックトークを行うのに相応しい本を４冊選んでみよう（ただしその際にその４冊が同じジャンルにならないようにする）。

📖次への一冊

藤本朝巳『絵本はいかに描かれるか——表現の秘密』日本エディタースクール出版部，1999年。
　　読書指導のためには，本について知る必要がある。本書は，絵本がどのようなしくみになっているかを分析し，解説している。続編にあたる，同著者の『絵本のしくみを考える』（同社，2007年）と合わせて読みたい。
「シリーズ学校図書館学」編集委員会編『読書と豊かな人間性』全国学校図書館協議会，2011年，43～58ページ。

第Ⅱ部　初等国語科の学習指導

　　　　読書指導は学校図書館との関連が深いので，本書に限らず学校図書館司書教諭科目
　　　のテキストが参考になる。本書は，子どもの読書環境，発達段階に応じた読書指導
　　　などについて述べている。
足立幸子「リテラチャー・サークル──アメリカの公立学校のディスカッション・グ
　　ループによる読書指導法」『山形大学教育実践研究』13，2004年，9～18ページ。
　　　　読書指導に際しては，さまざまな方法を知り，場に応じた方法を用いることが重要
　　　である。本論文では，ハーベイ・ダニエルズのリテラチャー・サークルを他の読書
　　　の学習指導法と対比させる形で説明している。
足立幸子「交流型読み聞かせ」『新潟大学教育学部研究紀要　人文・社会科学編』7
　　（1），2014年，1～13ページ。
　　　　読み聞かせの重要性について書かれた本は，その多くは読み聞かせの方法として，
　　　静聴型読み聞かせの仕方を述べている。本論文は，「交流型読み聞かせ」の方法を
　　　リンダ・ホイトのやり方で説明している。
塚田泰彦『読む技術』創元社，2014年。
　　　　本書では，ネット社会といわれる現代の読書の姿が，読書科学の研究成果を踏まえ
　　　て書かれている。まず，教師になろうとする自分の読書生活をどのようにしていけ
　　　ばよいかを考えたい。

引用・参考文献

足立幸子「読者想定法によるノンフィクションの読書指導」『新潟大学教育学部研究紀
　　要　人文・社会科学編』8（2），2016年，133～141ページ。
金沢みどり『児童サービス論』学文社，2006年。
金沢みどり「多様な読書資料」「シリーズ学校図書館学」編集委員会編『読書と豊かな
　　人間性』全国学校図書館協議会，2011年，43～58ページ。
関西大学初等部『思考ツールを使う授業』さくら社，2014年。
倉澤栄吉『倉澤栄吉国語教育全集十一　情報化社会における読解読書指導』角川書店，
　　1988年。
竹長吉正『読書レポートの誕生』東洋館出版社，1999年。
谷口忠大『ビブリオバトル──本を知り人を知る書評ゲーム』文藝春秋社，2013年。
Daniels, H., *Literature Circles: Voice and Choice in Book Clubs and Reading groups,
　　2nd ed.* Stenhouse, 2002.
Fountas, I. C., & Pinnell, G. S., *Genre Study: Teaching with Fiction and Nonfiction
　　Books*, Heinemann, 2012.
Hoyt, L., *Interactive Read-Alouds; Linking Standards, Fluency, and Comprehension 2 -
　　3*, Heinemann, 2007.
Hoyt, L., *Guide to Interactive Read-Alouds 2 - 3*, Heinemann, 2007.
Ogle, D., "K-W-L: A Teaching Model That Develops Active Reading of Expository
　　Text," *The Reading Teacher*, 39, 1986, pp. 564–570.
Sarto, M. M., *Animación a la lectura con nuevas estrategias*, Ediciones SM, 1998（サル
　　ト，M. M., 宇野和美訳『読書へのアニマシオン──75の作戦』柏書房，2001年）.

コラム⑤

ライトノベル

　「ライトノベル」と呼ばれる小説群は，次のように定義される。「主として中学生から大学生にかけての学生を想定読者とし，まんがやアニメーションを想起させるイラストを添えて出版される小説群のこと。また，作品の作中人物も，まんがやアニメーションに登場する『キャラクター』として描かれる，キャラクター小説である」（大橋，2014，41ページ）。「キャラクター小説」とは，ストーリー展開や心理描写（＝従来の「文学」的なもの）を楽しむより，まんが・アニメ的なキャラクターの魅力を楽しむことに主眼をおく小説のことである。ライトノベルの読者は，アニメを中心としたメディアミックス，同人誌などの二次創作といったデータベースを通して「キャラクター」を楽しむ。従来の「文学」的な側面が強い中高生向け小説は「ヤングアダルト」と呼ばれ，複数の授業実践が報告されているが，「ライトノベル」を同様に授業で取り扱うのは困難に思える。

　しかし近年，「ライトノベル」と「ヤングアダルト」の境界線は曖昧になってきている。「ライトノベル」系のレーベルからデビューした有川浩や入間人間，桜庭一樹といった作家は，のちに一般の出版社からも小説を刊行している（桜庭一樹は直木賞も受賞）。また「ライトノベル」という語の出自も不明瞭である。「ライトノベル」雑誌の代表格とされる『ザ・スニーカー』（角川文庫，現在は休刊）は，2000年初頭まで自身の掲載作品を「ジュニアノベル」「ヤングアダルト」と呼んでおり，「ライトノベル」という呼称に落ち着いたのは同誌の代表作，『涼宮ハルヒの憂鬱』（谷川流，2003）以降である（大橋，2014，58〜60ページ）。同時に，近年は読書指導の観点から「ライトノベル」を活用することの有効性も示唆されている。第62回学校読書調査報告において，ライトノベルを「よく読む」「たまに読む」と答えている小学生は，男子が40％強，女子が60％強にのぼる（全国学校図書館協議会，2016，28ページ）。

　「ライトノベル」と呼ばれる小説群と「文学」の境界は明瞭ではないうえ，それらを排除すれば，児童の読書実態を無視した指導になってしまうおそれがある。「ライトノベル」も包み込んだ読書指導のあり方を検討する必要がある。

参考文献

『学校図書館』793，全国学校図書館協議会，2016年。

大橋崇行『ライトノベルから見た少女／少年小説史——現代日本の物語文化を見直すために』笠間書院，2014年。

第9章
話すこと・聞くことの指導

〈この章のポイント〉

　コミュニケーションは他者との直接的，対面的な関係に支えられるものであり，話す・聞くの双方向性を重視することが学校教育における今日的な課題となっている。話す力と聞く力の育成を図るためにも，話すこと・聞くことの形態と，それぞれに応じた基本的な学習の過程を明確にする必要がある。本章では，新学習指導要領における「話すこと」「聞くこと」「話し合うこと」の枠組みについての理解を深め，スピーチやインタビューなど，形態ごとの学習指導の要点を整理するとともに，話し合い活動を組織するうえでの課題について学ぶ。

1　話すこと・聞くことの教育目標と内容

1　話すこと・聞くことの教育目標

　新学習指導要領における国語科の内容は，〔知識及び技能〕と〔思考力，判断力，表現力等〕とに大別され，後者はさらに，「A　話すこと・聞くこと」「B　書くこと」「C　読むこと」の3領域に分けられる。それぞれ，(1)指導事項と(2)言語活動例が示されており，「A　話すこと・聞くこと」の(1)指導事項については，「話すこと」「聞くこと」「話し合うこと」に共通して「話題の設定，情報の収集，内容の検討」といった学習過程が明確化されている。また，「話すこと」では「構成の検討，考えの形成，表現，共有」，「聞くこと」では「構造と内容の把握，精査・解釈，考えの形成，共有」，「話し合うこと」では「話し合いの進め方の検討，考えの形成，共有」がそれぞれ指導事項として示されている。学習指導にあたっては，目的意識や相手意識を明確にするとともに，「何を」「どのように」伝えるのかについて考え，言語活動を通して話し手と聞き手とが互いにそれぞれの考えを共有できるように促す必要がある。

　(2)言語活動例には，(1)の指導事項を指導する際の言語活動として，「紹介」「説明」「報告」「質問」「応答」「意見」「提案」「発表」「インタビュー」「話し合い」などが例示されており，情報を収集し，内容を検討するなかで考えを形成し，それを共有するといった双方向性を重視した話し，聞く力の育成が目指されている。教科書教材を見ても，話し手だけでなく，聞き手に対する学習指

▷1　話し合うことの指導事項には，「互いの意見の共通点や相違点に着目して，考えをまとめること」（第3・4学年：A(1)オ），「計画的に話し合い，考えを広げたりまとめたりすること」（第5・6学年：A(1)オ）と示されている（下線：引用者）ように，話し合いを通してどう思考するかという点が強調されていることがわかる。「話すこと・聞くこと」の指導の重点が，話し，聞くという言語活動を通して自分の考えをもち，それをもとに共有を図ることに置かれているといえるだろう。

97

第Ⅱ部　初等国語科の学習指導

導を視野に入れたスピーチ、インタビュー、ディベート、パネル・ディスカッションなどの活動例が示されてきたように、話すことと聞くことを独立したものとしてではなく、一体的なものとして捉えていることがわかる。

「小学校学習指導要領解説国語編」では、教育課程全体を通して育成を目指す資質・能力を、㈠「知識・技能」、㈡「思考力・判断力・表現力等」、㈢「学びに向かう力・人間性等」の三つの柱に整理しているが、㈠と㈡を育成するためにも、これを方向づける㈢を、話し、聞くという言語活動を通してどのように高めていくかが問われることになる。人間性や社会的なスキルも含めた広範な資質や能力も必要とされるため、学習者自身が他者とのかかわりのなかで言語活動のありようを意識し、その意味を探っていくことも求められるだろう。山元悦子が言語コミュニケーション能力を「社会を他者と共に生きるための実効性を持った言語行為を遂行できる能力」と規定し、「社会的営為として、また対人的な行為として話す聞く活動を位置づけ」ている（山元、2016）ように、社会的な相互作用を重視し、他者理解に根ざした人間関係の構築を図ることは、社会や学級集団のなかで生きる子どもたちにとっても今日的な課題となっている。

［2］　国語科における話す・聞く力の育成

　音声言語によるコミュニケーションは、他者との直接的、対面的なかかわりのなかで成立し、基本的に、話し、聞きながら考え、反応するといった即時的な対応力が求められる。こうした力は国語科で育成すべきであるといえるが、言語能力だけを取り上げても言語活動の充実を図ることにはならない。話し方、聞き方といった技能面の習熟を図ることはもちろんのこと、まずは、実際に話し、聞き、話し合うという体験を通して学ぶことが求められる。一定の音声言語に関する知識や技能を身につけたとしても、相手や場面によってコミュニケーションが成立しにくい場合もあるため、学習指導に際しては、さまざまな場面や状況を想定しながら、他者との関係構築を図ることができるように言語環境を整えていくことも必要になるだろう。心情的、態度的な側面を含めた指導を重視するとともに、「書くこと」や「読むこと」を中心とした学習においても、機会を捉えて、実際に他者とかかわる活動を組織できるようにしたい。

　今後ますます、ワークショップやロールプレイなどの参加型学習が多くの教室に取り入れられるようになると思われるが、そこでの活動や体験が形式的なものとなってしまうと、子どもによっては、その取り組みが与えられた仕事をこなすだけの作業となってしまいかねない。スピーチやインタビュー活動を自己目的的な活動として捉えたり、疑似体験的な活動で終わらせたりしないため

▷2　特定のテーマ（論題）に対して肯定側と否定側とに分かれて議論する討論の一形式。ゲーム性をもつところに特徴がある。最終的に審判により勝敗の判定が下されるため、審判を納得させるために説得力のある説明、反論を行うことが求められる。作戦タイムを間にはさんで、〈肯定側、否定側の立論→質疑→反駁→肯定側、否定側の最終弁論→判定〉と時間を決めて活動を組織することが多い。論理的に話す素地を身につけさせるとともに、相手の論理の妥当性を吟味しながら聞いたり、反論を予想して考えをまとめたりするなど、多角的な見方や考え方を育てるという点において教育的な効果が期待できる。

図9-1　ディベートの配置

▷3　特定のテーマについて、異なった考えをもつ発表者（パネリスト）がフロア（聴衆、参加者）の面前で意見を述べた後に、フロアからの質問や発言を交えて討論を進めていく。ディベートのように勝敗を判定するのではなく、パネリストとともにフロアも参加して意見を出し合いながら、当該のテーマに対して考えを深めていくことを目的とする。

にも，話す（あるいは聞く）という過程において，言葉が適切に選択されたのか，そしてそれが相手にどのように伝わったのかという視点からの振り返りをこれまで以上に重視する必要がある。そこでの活動や体験が形骸化したものとならないようにも留意し，コミュニケーションを成立させる過程に子どもたち一人ひとりが参加できるようにしたい。

ディベートやパネル・ディスカッションなどの話し合い活動についても，「何のために話し合っているのか」「参加の仕方に問題はないか」「発言の仕方や聞き方は適切か」「話し合いの目的は達成できているのか」といった診断的な自己評価や相互評価が各場面に求められる。例えば，話し合いの方法について気になったことや質疑応答の場面で失敗したことがあれば，そのことを思い返すような場や機会を設けることが必要になるだろう。自分について振り返るだけでなく，仲間との関係性を含めた話し合いでのありようを問い，「何を問題とすべきだったのか」「どのように話し合えばよかったのか」などと改善を図ろうとすることがコミュニケーション能力を鍛えるための第一歩となる。

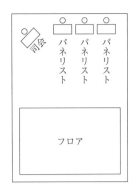

図9-2 パネル・ディスカッションの配置

▷4 教師が立てた計画にそって行われるイベント的な活動が多くの授業実践に見られる。また，どのような力をつけるべきかを問題とするより，教科書の内容を「教える」ことに力点が置かれることも少なくない。子どもたち自身が主体的に取り組めるような活動として学習の意味を改めて捉え直すとともに，従来型の授業に対する考え方を変えていく必要がある。

2 話すこと・聞くことの形態とそのポイント

1 話すこと・聞くことの形態

時枝誠記は，「話す」と「聞く」が互いに独立するのではなく，相互に依存し合う関係にあると捉え，「これらの形態は，相互に孤立して成立するものではなく，その間に，密接な交渉と，相互依存の関係が存在することである。例へば，『話す』行為は，それ自身，単独に孤立して成立するものではなく，常に『聞く』行為に連続し，屢々，『聞く』行為の予想の下に行為されるといふことである」と説明している（時枝，1955）。

日常生活において，話し手には自分の考えや主張を的確に伝えることが，そして，聞き手にはその情報を理解しながら自分の考えと照らし合わせて聞くことが求められる。とくに，教室における音声言語活動として捉えれば，ペア・トーク（ペア対話）といった一対一でのやりとりに限らず，フリー・トーキングや会議，さらには，グループ・ディスカッション（小集団で行う討論），ディベート，パネル・ディスカッション，シンポジウムなどいくつかの形態が認められる。これらの諸形態については，戦後における国語科教育，とくに話しことば教育の実践において多くの影響を与えてきた西尾実によって体系化されている。『言葉とその文化』のなかで，西尾は次のように述べている。

　話手と聞手が「一対一」もしくは「一対多」で，その話手はいつも話手，聞手はいつも聞手になっているのを「独話」，話手と聞手が「一対

▷5 話し合いの手順や方法を知識として与えるのではなく，子どもたち自身が体験や振り返りを通してその必要性やスキルを学んでいくことが優先されるべきではないだろうか。教師には，事前に立てた計画通りに授業を進めるのではなく，子どもたちの振り返りや活動への評価に合わせて学習指導を弾力的，流動的に行うことが求められる。

▷6 「話す」「聞く」「書く」「読む」の言語形態のこと。

▷7 特定のテーマについて，複数の発表者（シンポジスト）がそれぞれ異なる立場から意見を述べた後に，フロアから質問を受

け，それに答えるという形式で議論を重ねていく。パネル・ディスカッションがパネリスト相互の討論も重視していることと異なり，シンポジウムではフロアとの意見交換を重視する点に特徴があり，参加者全体で当該テーマについての考えを深め，広げていくことを目的としている。

図9-3　シンポジウムの配置

▷8　西尾実による「ことばの形態」論では，「対話」「会話」「独話（公話）」という一般形態に，問答，討議，討論という特殊形態がそれぞれ付加されている。西尾の形態区分については，杉（1977），安（1996）が詳しい。

▷9　研究の成果を割りあてられたスペースで発表する方法の一つ。ポスター発表ともいう。発表者は，調べたことをポスターにまとめて掲示し，聞き手に説明する。ポスター活用の仕方を工夫した発表の場づくりについて指導するとともに，発表の内容に疑問点や不明な事柄があれば質問をしたり，感想を言葉にして発表者に返したりするなど，聞き手側にも参加者としての意識づけを図ることが求められる。

一」で両者が随時交替するのを「対話」，話手と聞手が「一対多」でその間に，随時交替が行われるのを「会話」とすると，独話は「一→一」として，対話は「一⇄一」として，会話は「一⇄多」として，話手と聞手との関係を示すことができるであろう（西尾，1947，235〜236ページ）。

西尾の説く独話，対話，会話の三形態，「一対一」「一対多」という区別は，話し言葉の領域を類型化していくうえでの基本的な考えとなっている。教室における言語コミュニケーションという点で見れば，話し手と聞き手とが随時入れ替わる対話が基本的な形態となるだろう。スピーチや講演といった独話も，形式的に見れば話し手は話し手，聞き手は聞き手と固定されることになるが，実際には聞き手の反応を得ながら話しをすることが多く，聞き手との関係性を無視できない。独話の指導においても対話的な側面を踏まえるようにしたい。

2　国語科における学習活動

教室における学習の場面を構想したとき，独話の指導，対話の指導といった分断的なアプローチをとるのではなく，言語コミュニケーション能力を育成するという観点からアプローチを図る必要がある（山元，2016）。このような考え方を前提としたうえで，便宜的にここでは，西尾による区分にそって独話的な活動と対話的な活動とに分け，その学習指導のポイントを整理しておく。前者は，話し手と聞き手の立場が固定するもので，発表，説明，報告，紹介，スピーチ，講話，講演などの言語活動を通して行われる。ポスター・セッションなども基本的にはこうした言語活動として位置づけることができるだろう。学習指導にあたっては，声の大きさや速度，視線や表情，相づち，身ぶり手ぶりなどノンバーバルな要因も重視すべき内容となる。状況に応じた言葉遣いができるようになるとともに，どのように話を組み立てる必要があるのか，自分の考えを明確に伝えるためにはどのような工夫が必要かなどと，聞き手を意識することも求められる。聞き手の側には，話し手による発表や説明を聞き，質問や助言をすることも求められる。聞く姿勢や態度，どのように応答すればよいかといった，聞き手に対する指導も十分に行うようにしたい。

対話的な活動は，ペア・トーク，インタビュー，相談，問答，対談に加えて，会議や討論などの会話（話し合い）に見るように，話し手と聞き手とが随時交代する双方向のやりとりを基本とする。学校教育のさまざまな場面で話し方や聞き方を含めた対話指導を日常的，継続的に行い，また，取り立て指導の場面を設けるなどして話す・聞く能力を育てるようにしたい。

学校教育における話し合いは，教師主導により進められるクラス全体での話し合いと一対一の対話，あるいは班ごとに構成される小グループでの話し合いとに大別することができる。また，その目的や参加者の人数によって，フ

リー・トーキング，グループ・ディスカッション，ディベート，パネル・ディスカッション，シンポジウム，読書会などの形式に分けることができる[11]。それぞれ目的が異なるため，話題の設定や目的に応じた話し合いの展開に関する単元全体の見通しが教材研究の段階で求められる。

3　話すこと・聞くことに関する学習指導

1　話すことに関する学習指導

　話すことに関する学習は，話し言葉の特性（線条性，対面性，場面性，記録性など）を踏まえるとともに，教材をどのように用いるべきかという問題もあり，実際に学習指導を構想するなかで困難感をもたれることが多い。書き言葉と比べると話し言葉は日々の生活のなかで経験的に習得される内容も多く，その成果について実感しにくいということも考えられる。「何のために話すのか」「どのような力を身につけるのか」といった学習の目的を明確にしたうえで，指導事項を系統的に整理していく必要がある。

　新学習指導要領の話すことに関する指導事項には，「話す事柄の順序を考え」て話すこと（第1学年〜第2学年），「話の中心が明確になるよう話の構成を考え」て話すこと（第3学年〜第4学年），「話の内容が明確になるように，事実と感想，意見とを区別するなど，話の構成を考え」て話すこと（第5学年〜第6学年）が，構成の検討や考えの形成にかかわる事項として示されている。また，『音声言語指導大事典』には，報告・説明・説得，スピーチ，パブリック・スピーキング[12]，プレゼンテーション，自己紹介などが話すことに関する具体的な手段としてあげられている。学習指導において留意すべきは，いずれも聞き手の存在を想定した意識づけを図りながら学習活動を組織するという点である。話すことの学習指導を構想しようとするとき，聞き手（聴衆）の存在を無視できない。話し手と聞き手とのかかわり方を視野に入れ，国語科における言葉の学習として，これらの能力を体系的に育成する必要がある。

　本項ではこうした話すことに関する学習のうち，スピーチ活動とプレゼンテーション活動を取り上げる。スピーチ活動は，1分間スピーチや3分間スピーチなど，授業のなかで行う機会も多く，授業実践を概観しても，小学校低学年から高等学校の段階までさまざまな取り組みがなされている。『音声言語指導大事典』では，「スピーチはその目的から『ヒューマン・コミュニケーション型』『情報伝達型』『説得型』などに，内容から『体験スピーチ』『自己紹介スピーチ』などに，形態から『テーブルスピーチ』『あいさつ（式辞）』などに分類される」と説明されており，目的に着目すると，情報の伝達や説得の

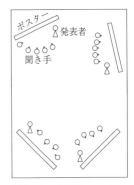

図9-4　ポスター・セッションの配置

▷10　話し合いを進める手続きの一つに，討論の二重方式がある（大西，1989）。グループごとに話し合いをし，それぞれのグループで出された意見をもとに全体（グループ対グループ，教師対グループ）で話し合いを行うというもので，はじめにグループ内で話し合いをすることにより，発言に自信のない子でも活動に参加しやすくなる。学習者個々の発言や意見を引き出す指導法として一定の効果が期待できる。

▷11　パネル・ディスカッションやシンポジウムは，話し手と聞き手とが分かれているという点で，講話，講演など独話の形態の一つであると捉えることもできる。こうした活動を話し合いとして組織する場合には，話し手は話し手，聞き手は聞き手というように役割が固定化しないように留意する必要がある。

▷12　公衆に対して行われる話し方の一つで，『音声言語指導大事典』では，「西尾実はパブリック・スピーキングに相当する話し方を『公話』と称し，その形態に『演説・説教・論告・講演・討論』などがあるとした。西尾の見解によ

第Ⅱ部　初等国語科の学習指導

れば，類語であるスピーチ（Speech）は，この話し方の一形態にあたる」と説明されている。

▷13　村松賢一は双方向性をもたせたスピーチ活動を組織するために，聞き手の役割を重視している（村松，2004）。聞き手側の課題として，質問する力の育成を図ることにより相互交流型の活動が可能になるという点を強調し，スピーチにインタビュー活動の機能を組み合わせることの意義を明らかにしている。

▷14　聞き手に実物を見せながら行うスピーチのこと。提示した具体物や写真について説明をしたり，聞き手に問いかけたりしながら話を進めていく。聞き手に見せたいものや聞いてほしい話があることが前提となるため，学習指導にあたっては話し手自身の「話したい」「伝えたい」といった意欲を大切にしたい。人前で話をする練習として行われることも多いため，授業だけでなく，朝の会などを活用して輪番で発表する機会や場を設けるとよいだろう。

ための手段としてスピーチを行うものと，聞き手との人間関係づくりをねらいとするものとに大別される。基本的には，〈話題の選択→内容の構成→スピーチメモや原稿の作成→発表練習→発表〉といった流れにそって学習活動が組織される。近年，聞き手との相互作用性にも目が向けられるようにもなったといえるが，それでも話し手，聞き手の役割が固定されやすいという傾向にある。それぞれの役割や関係性に対する意識づけを図りながらも，一方向的な活動に終始しないように留意する必要があるだろう▷13。例えば，ショウ・アンド・テル▷14は聞き手参加型の活動であると捉えることができる。子どもたちの発達段階を考慮しながら，こうしたスピーチの特色を生かした対話能力の育成をどのように図っていくかが問われている。

　プレゼンテーション活動も，基本的には一対多の場面における口頭での発表・説明を行う表現活動であるが，スピーチに比べて，聞き手を説得することを目的とするという点に，より重きを置いている。「○○をどう解決すればよいか」「○○に許可を得るために何をすべきか」など，あるテーマについて調べたことを視覚的資料やツールを活用して発表するという形式をとることが多い。〈テーマの決定→発表の準備（資料の収集や内容の構成）→発表の練習（メモの活用やリハーサル）→発表および聞き手との応答→振り返り〉といった流れで学習活動を組織するとよいだろう。スピーチと同様に，わかりやすく話す，筋道を立てて話すなど，形式や手順が問われるが，同時に，話したくなる中身や聞きたくなる中身がないとこうした言語活動は成り立たない。

② 聞くことに関する学習指導

　聞くという活動は，話すことだけでなく，書く，読むといった他の言語行為と比べてみても，子どもたちの生活と密接に結びついているといえるが，普段，「聞く」という行為を意識することが少ないため，指導者間で何をどう教え，どのように学習活動を組織すべきかについての共通理解がこれまでに十分なされてこなかったように思われる。この意味において意図的な学習の場面を設定していくことの教育的な意義は大きい。新学習指導要領では，言語活動例に「尋ねたり応答したりする」（第1学年〜第2学年），「質問するなどして情報を集め」（第3学年〜第4学年），「インタビューなどをして必要な情報を集め」（第5学年〜第6学年）とあるように，「尋ねる」「応答する」「質問する」「インタビュー」という形で，「聞く」という行為を聞き手自身の主体的な行動として示している。安直哉は，「尋ねる」という行為に着目して「聞くこと」の表現行動としての側面を明らかにし，その活動場面における「訊く（ask）」ことの重要性を明らかにしている（安，1996）が，「聞く（hear）」「聴く（listen）」としての「聞く」だけではなく，「訊く」ことも含めて，聞き手が話し手に対し

てどう応じ，反応していけばよいのかが問われているといえるだろう。[15]

　こうした聞くことの行為としての側面への着目は，「聞くことを『うなず
く』とか『質問する』といった形で行動化して示すことで，聞くことが実際の
姿勢として豊かになり，『しっかり聞く』ことにつながっていく」とした三浦
和尚の指摘にも見ることができる（三浦，2002）。堀裕嗣は従来の学習指導が
「静かに聞くこと」「姿勢を正すこと」といった態度面に終始してきたという点
を問題視している（堀，2002）が，これまで多くの教室で，「聞く」という言語
活動が受動的な行為として位置づけられてきたのではないだろうか。

　聞き手の理解活動は話し手の存在を前提とした対面性や場面性に支えられる
ものである。三浦が指摘するように，「聞くこと」を「行動化して示す」よう
な学習観の転換を図ったうえで，主体的な言語活動としてその学習指導のあり
方を体系的に捉え直すことが求められる。[16]

　本項ではこうした聞くことに関する学習活動のうち，インタビューを取り上
げる。インタビューは，情報を手に入れることを目的として，一人または複数
の人に話を聞く（取材をする）活動で，インタビュアー（聞き手）が主導して対
話的な活動を進めていくところに特徴がある。(1)インタビュイー（取材をされ
る人）に焦点をあてた学習，または(2)インタビュイーのもつ情報や考えに焦点
をあてた学習として組織されることが多く，いくつかの具体的な事実や考えを
聞き出し，集めた情報をもとに聞き取った話をまとめ，報告するなどの言語活
動を通して目的の達成が図られる。[17]〈 インタビューの目的の明確化 → 全体の
流れと質問項目の検討 → 練習（質問と応答，メモの活用） → 実際の活動 → 集
めた情報の整理 → 報告や振り返り 〉といった流れで学習活動を組織すると
よいだろう。聞き手には，臨機応変にインタビューを持続させることが求めら
れるが，そのためにも「どう質問すればよいのか」「どう言葉を返せばよいの
か」が問われることになる。質問や応答の仕方について学ぶとともにこうした
体験をいかに積み重ねていくかが学習を進めていくうえでの課題にもなる。

　国語科では，インタビュイーに積極的にかかわらせる活動の組織化を行う一
方で，「聞く（hear）」および「聴く（listen）」に関する学習指導も計画的に行
うことで，「何が，どう話されているのかを聞く」「話し手の意図をくみ取りな
がら聞く」といった能力の育成も重視する必要がある。確かめながら聞く，関
係づけながら聞く，分析・批判・評価しながら聞く，記録やメモをとりながら
聞くなどの活動を理解行動の具体例としてあげることができるだろう。[18]

　共感的に聞く，協力的に聞くといった情意面に加え，技能面や認知面での系
統性を踏まえた能力の育成が期待されるとともに，とくに後者に関する学習指
導を行う場合には，聞くことそれ自体の育成をねらいとし，聞く必然性のある
場を意図的に設けていくようにしたい。「説明は一度しかしない」「話をした後

▷15　堀川直義は，聞き方
を「聞こえる」「聞く」「聴
く」「傾聴」「き（訊）く」
の５つのレベルに分け（堀
川，1965），高橋俊三は，
「聞く」「聴く」「訊く」の
３段階に分けている（高
橋，1974）。近年では「訊
く」ことの教育的意義が指
摘されることにより，その
主体性や能動性が着目され
るようになった（安，1996）。

▷16　聞くという行為が質
問，助言，提案といった形
で言語化されれば，教師に
よる働きかけや評価もある
程度容易になる。子どもた
ちも自分自身の聞き方を確
認しやすくなるため，学習
活動に対する意識づけをよ
り強くもつことができる。

▷17　やり取りが一問一答
式にならないように，「何
を聞くのか」（質問項目）
をあらかじめ考えておき，
質問を重ねていくなかでそ
の内容や順番を見直してい
くことが求められる。実際
の進め方については，教師
の演技や動画などでモデル
を示すとともに，インタ
ビュアーだけでなく，イン
タビュイーの活動を設ける
などして，役割演技を行い
ながらその手順や質問の仕
方について学べるようにす
るとよいだろう。メモやイ
ンタビューシートを活用す
るとともに，質問―応答の
実際を録音，録画して，事
後に活動の内容を振り返る
ことも，学習者の話す，聞
く力を育成することにつな
がる。

▷18　安直哉は，聞くこと
を表現行動の範囲で捉える
場合と理解行動として捉え
る場合とに整理している
（安，1996）が，「聞く（hear）」
および「聴く（listen）」は
後者に相当するといえるだ
ろう。

第Ⅱ部　初等国語科の学習指導

に反応を求める」など，日常的な教師の働きかけを通して聞くということへの意識づけを図っていくことが求められる。

3　話し合うことに関する学習指導

　話し合うことに関する学習指導は，「話し合いを教える」場合と「話し合いで教える」場合とに分けることができる。前者は話し合いの方法や手順を教えることで，後者は話し合いを通して何らかの教育内容を教えることになる。多くの教室では，話し合うこと自体を目的として学習活動を組織するというよりも，学習のための手段，あるいは考えるための手段として話し合い活動を組織しているといえるだろう。ただし，「話し合いを」もしくは「話し合いで」のどちらにしても，「教える」という考え方が強調されてしまうと子どもたちの学習活動に制限を加えてしまいかねない。何を話し，何を聞き，何を話し合うのかについて，教師の側で課題や条件を与えるのではなく，「○○を解決したいから話し合いたい！」といった子どもたち自身の動機づけがあってはじめて，学びとして成立するのだと捉えるようにしたい。話し合い活動の形式によって話し手と聞き手の立場も違ってくるため，話し手，聞き手，あるいは司会や記録係といったそれぞれにおける役割についての理解を促す必要もある。[19]

　学習指導にあたっては，「関係構築」「相互理解」「合意形成」「問題解決」，または，「考えを共有する」「考えを深める」「（新たな）考えを生み出す」といった授業のねらいにそって話題や論題を選択することが求められる。話し合いを行うなかで，集団として考えを形成するという営みをどのように促すことができるのかといった観点から検討することも必要になるだろう。

　学習活動が話し合いとして成立するためには，参加者が協力して話し合いを進めることが求められる。話し合いの進め方や参加の仕方についての共通理解がなされる必要があるが，基本的には，話し合うなかで体験的に学ぶという点を重視する。しかしながら，場当たり的な指導になることも考えられるため，小学校段階では，「その意見に反対です。なぜなら……。」「そう考える理由を教えてください。」などの話型を提示するようにしたい。その際，話型を踏まえて話す（応答する）ことが学習の目的となってしまわないように留意する。型に捉われないように配慮することが前提となるが，習熟の度合いや教室環境によっては，モデル（具体例）を示すなどして，話型や聴型，話し合いの手順についての理解を深めておくとよいだろう。中学校段階でも，効果的な話し方や話し合いの方法を知識として身につけてはいても，実際にはそれを使いこなせていないといった子どもたちの現状を問題視する教師は多い。学習目標を段階的に設定するなど，弾力的な指導を行うようにしたい。

　また，話し合いを通して考えを深めるためにも，論点を明確にしながらそこ

▷19　司会をおくことで，話し合いが一定の手順にそって進行することにもなるため，小学校段階では活動自体が形骸化してしまうことも少なくない。学習指導の中心が話し合いのルールや司会の役割についての形式的な理解に終始しないようにする必要がある。

第9章　話すこと・聞くことの指導

での思考の流れを整理していくことが求められる。最初にアウトラインを示してから話を始め、ナンバリングやラベリング[20]を用いるなどして論点を明確にすることも一つの方法となる。こうした話し方をすることで、話し手自身の考えを整理するとともに、聞き手の理解を助けることにもなる。この他、「書きながら話し合う」ことにより思考の整理を促すファシリテーション・グラフィックの手法（堀・加藤、2006）も多くの教室で援用されている。話し合いの全体像を「見える」ように図式化・文字化することで、そのプロセスの共有化や話題の焦点化が図りやすくなる。ただし、議論の内容をリアルタイムで記録し、話し合いを進めていくためには、ある程度の能力、労力が求められる。子どもたちの発達段階や学習歴などを考慮する必要があり、これまでにもさまざまな形で実践のあり方や方法に検討が加えられてきた[21]。

　会議や討論などの話し合い活動に加えて、文学作品の解釈をめぐる交流や読書会形式の交流、書く活動における構想段階や推敲段階での交流など、話し合いは国語学習の主要な手段となっている。本項ではこうした話し合うことに関する学習のうち、読書会形式の話し合いの模様を紹介し、そこでの子どもたちの様子や学習指導を行ううえでの留意点について解説を加える。

　次ページに引用した活動例は、「ツェねずみ」という作品[22]を読み解く授業の一場面で、単元「会読『宮沢賢治』」のなかで実践されたものである[23]。子どもたちは、作品を読み進めながら、「宮沢賢治はどうしてこんな風に描くのだろう」「どうして不幸な結末になってしまうのだろう」という疑問を抱き、解釈を出し合い、論じ合うなかで問題の解決を図ろうとしている。ここではこの事例を踏まえ、授業を構想するうえで重視すべき点を2つに分けて確認する。

　一つ目は、話し合いについての認識を深めるという点である。複数の解釈を巡って話し合いを進めていく場合、「子どもの考えはどこに帰着するのか」「授業はどのようにまとまるのか」などの声を聞くことが多い。これは良くも悪くもクラス全体の思考の流れをつくってしまうような発言が出てくる、あるいは、一部の中心的な子どもの解釈に引っ張られたまま学習が終結してしまうといった点を問題視しているのだろう。教師が介入し、誘導していくような授業も見られるが、話し合いを管理するという面が強調されてしまうと、一斉指導型のしばりから抜け出せず、子どもの主体的な学びも成立しにくい。

　こうした問題に対しては、さまざまな視点から話し合うことの意味を理解し、それぞれの考えを共有するための方途を学ぶという点を重視するようにしたい。話し合いの出来不出来だけを問うのではなく、何のために話し合いをするのか、そもそも話し合いとは何かということに対する認識が深まるようにし、そのあり方を問うことが子どもたち自身に求められる。

　二つ目は、話し合いのなかで生まれる「問い」に着目し、聞き手一人ひとり

▷20　ナンバリングとは、数字をふって順番に説明することで、「その提案には問題が二つあります。一つ目は、……で、二つ目は、……です」のように話す内容を整理する方法である。ラベリングとは、「私が一番に問題視しているのは○○です」などと話のまとまりごとに小見出しをつけることで、話の要点を明確にする方法である。

▷21　話し合いを「見える化」するための手続きとして、長田友紀は視覚情報化ツール（音声言語でのやりとりを文字化・図示化するツール）を開発し、グループ討議における学習指導の可能性を理論的、臨床的に明らかにしている（長田、2016）。

▷22　ツェねずみは自己中心的で、自分の身に起こった悪いことはすべて他人のせいにし、「償うてください」と繰り返す。しだいに誰からも相手にされなくなり、物語の最後で人間が仕掛けたねずみ取りに捕まってしまう。本作品は難解ではあるが、宮沢賢治が描く世界を多様に広げられる奥深さや、登場人物の関係によって描き出される社会風刺が読み手に強いメッセージを与える。

▷23　本実践では、前田（2012）を踏まえ、江戸時代の「会読」を参考とした「互いの解釈を論じ合う読書会」としての交流活動を組織している。引用した活動例は、2016年5月に上越教育大学附属小学校で行われた倉又圭佑教諭による第5学年を対象にした授業（学級全体での話し合い）の一場面である。

105

第Ⅱ部　初等国語科の学習指導

〔活動例：「ツェねずみ」をめぐる話し合いの様子〕

T：今，みんなで作品を詳しく読みながら，ツェねずみの性格がよくわかってきた
ね。さて，今度は，これをもとにして，もう少し物語を読み解いていくよ。グ
ループでツェねずみの物語の謎について話し合っていたときに，こんな問いを出
したグループがありました。それは，「この物語で本当に悪いのは誰か」という
問いです。では，みなさんに聞きますよ。この物語で，本当に悪いのは誰です
か？
（＊数十秒の沈黙……。少しずつ手を挙げる子どもが出てくる。）

a：やっぱりツェねずみがいけないと思う。他の登場人物にしつこく「償うてくださ
い」といって，ケンカをしかけているから。

b：私もツェねずみが悪いと思う。でも改めて考えてみると，本当に悪いのはアリ
じゃないかなって思えてくる。それはアリが金平糖を独り占めしたから。だから
ツェねずみはイタチに不平をいうようになったし，そこから全部うまくいかなく
なった。

T：すべての原因はアリがつくったということ？

c：いや，それは違うと思う。話の重要なところにはかかわっていないから，本当の
悪とはいえないと思う。

d：じゃあ，本当の悪とは何ですか？

c：それは，「償うてください」といわれた人のことです。いわれた人が少しでもツェ
ねずみを注意していれば，こんな性格になることはなかった。もしかしたら，
もっといい印象でいられたかもしれない。

T：ちょっと整理しますね。「償うてください」といわれたのは，イタチ，柱，バケ
ツ，ちりとり，ねずみ捕りだね。本当の悪は，実はツェねずみの周りにいたとい
うことですか？
（＊考えを整理し，深めていく。）

a：うーん。誰が悪いかわからない。ぼくは宮沢賢治ではないから……。でも，誰
かっていわれれば，やっぱりツェねずみじゃないかなって思う。

e：ちょっと話の流れと違うんだけど，イタチが悪いんじゃないかなって思えてき
た。そもそも，イタチが拾ってきた金平糖はツェねずみの家に落ちていたものだ
し……。

b：なんだか，どの登場人物も悪いってことになるのかな。下男は悪くないの？

d：悪くないと思う。下男は仕事をしているだけ。

a：ねずみを殺したとしても，それは召使として当たり前の事をしたってことなん
じゃないかな。

f：ちょっといいですか。みんなの話を聞いていて思ったんだけど，全員悪くないん
じゃないかなって。だってイタチが金平糖の場所を教えてあげて，アリがいたの
はしょうがないし，アリはイタチがツェねずみに教えたってことも知らないし，
柱もわざと転ばせたわけじゃないし，ねずみ捕りもわざとやったわけじゃない。
ツェねずみが「償うてください」っていうのも，勘違いから始まっていて，だま
すつもりではないから。

g：私も全員悪くないと思う。ツェねずみは不注意で運が悪かっただけだから。
（＊多くの子どもが全員悪くないという考えに納得する。この後，物語の結末と
その意味を追究する話し合いが進んでいく。）

（Tは教師，a～gは児童）

第9章　話すこと・聞くことの指導

の「反応」を大切にするという点である。活動例では，提示された問いをつなぐ形で，「じゃあ，本当の悪とは何ですか？」（d児），「下男は悪くないの？」（b児）といった問いを仲間に向けて投げかけている。こうした問いを生み出すことが，子どもたち自身が主体的に物語を読み進めるきっかけとなっている。深さと広がりのある話し合いが展開するためにも，話題の焦点化や論点の明確化を図るような問いを子どもたち自身がつくるとともに，そうした問いや疑問を共有し合うことのできる場や雰囲気を設けることが求められる。

また，「私も～思う」（b児，g児），「いや，それは違うと思う」（c児）といった聞き手の反応にも着目することができる。「ちょっといいですか～全員悪くないんじゃないかなって」（f児）と新たに論点を見出す発言も認められるように，意見を交換するだけでなく，共に考え，互いの考えをまとめようと働きかけていることがわかる。発言と発言とをつなぎ，関係づける発言となっていると見ることもできるだろう。互いの考えを順番に出し合うだけでは，話し合いは成立しない。協力して問題を解決するためにも，聞き手としての反応を一つひとつ大切にしながら，仲間の読みや解釈を補い合い，共有していくことができるような働きかけを行うようにしたい。

読書会形式で行う交流活動は，自立した読み手を育てることを目的とする場合と話し合う力を育てることを目的とする場合にと分けることができる。本項で紹介した実践は前者で，「話し合いを教える」ことをねらいとしたものではない。[24] 学校教育では，話し合う力を高めること自体が目的となることもあるが，日常生活や公的な場面を考えると，やはり話し合いは手段として行われることの方が多い。こうした手段としての話し合いをどのように具体化していくかが授業づくりを行ううえで問われているといえるだろう。

Exercise

① 「話すこと・聞くことの学習は，それ自体が目的化されるべきではない」という主張は正しいといえるだろうか。考えをまとめてみよう。
② 話すこと・聞くことの活動をスピーチやインタビューなどの形態によって分類し，それぞれの評価上の留意点について整理してみよう。
③ パネル・ディスカッションとシンポジウムを学習活動として組織する際，論題をそれぞれどのように設定すればよいだろうか。その理由についても説明してみよう。

▷24　子どもたちの解釈を特定のところに帰着させるのではなく，作品ごとに行う会読を通して，他者による作品への意味づけを知り，共有することを学習のねらいにしている。この実践では，授業構想の段階で「ツェねずみ」「雨ニモマケズ」「注文の多い料理店」を教材として選定し，授業が進む中での「もっと読み応えのある作品を読みたい！」という子どもたちの声に応えて「よだかの星」を取り上げるとともに，単元のおわりでは，「私が選ぶ1作」として宮沢作品のなかから一つずつ選ばせて読書会を行っている。

📖次への一冊

島映子『やってみて学ぶ 伝え合うということ』文芸社ビジュアルアート，2007年。
　　スピーチやインタビューの仕方，話し合いのスキルなど，言葉の力を磨き，聞き手の立場を考えて話すための基本をわかりやすく紹介している。

ダン・ロスステイン＆ルース・サンタナ，吉田新一郎訳『たった一つを変えるだけ──クラスも教師も自立する「質問づくり」』新評論，2015年。
　　生徒自らが質問をつくることで，従来型の授業の枠組みから脱却し，自立した学びへと転換する。質問づくりの段階やルールについての説明に加え，実践例も豊富。

安直哉『聞くことと話すことの教育学──国語教育基礎論』東洋館出版社，1996年。
　　国内外における音声国語教育の動向に詳しい。「聞くこと」の本質を表現活動に求めて学習材化を図っていて，インタビューの学習材化など，授業づくりを行ううえでの指針となる。

長田友紀『国語教育における話し合い指導の研究──視覚情報化ツールによるコミュニケーション能力の拡張』風間書房，2016年。
　　話し合い指導の理論を実証的に明らかにしている。本書において開発・提案された視覚情報化ツールを活用した指導法は，多くの授業実践に援用されている。

引用・参考文献

大西忠治『討議つくり上達法──会議・話しあいの指導A・B・C』民衆社，1989年。

長田友紀『国語教育における話し合い指導の研究──視覚情報化ツールによるコミュニケーション能力の拡張』風間書房，2016年。

杉哲「西尾国語教育論における『ことばの形態』に関する一考察」『国語教育学研究誌』2，1977年。

高橋俊三『話力をつける──若い人のために』文教書院，1974年。

高橋俊三編『音声言語指導大事典』明治図書，1999年。

時枝誠記『國語學原論續編──言語過程説の成立とその展開』岩波書店，1955年。

西尾実『言葉とその文化』岩波書店，1947年（西尾実『西尾実国語教育全集』第四巻 教育出版，1975年所収）。

堀川直義『話し方と聞き方の構成──その診断と治療』至文堂，1965年。

堀公俊・加藤彰『ファシリテーション・グラフィック──議論を「見える化」する技法』日本経済新聞出版社，2006年。

堀裕嗣「『聞くこと』を能動的な行為に変えよう」堀裕嗣・研究集団ことのは『聞き方スキルを鍛える授業づくり』明治図書，2002年。

前田勉『江戸の読書会──会読の思想史』平凡社選書，2012年。

三浦和尚『「話す・聞く」の実践学』三省堂，2002年。

村松賢一「聞き手の役割を見直し相互交流型へ」日本国語教育学会編『月刊国語教育研究』386，2004年。

村松賢一「『話すこと』・『聞くこと』の学習指導」益地憲一編『小学校国語科の指導』建帛社，2009年。

山元悦子「聞く・話す力を育てる国語科教育の構想──『話し合い』を中心に」『福岡

教育大学紀要』51（1），2002年。

山元悦子『発達モデルに依拠した言語コミュニケーション能力育成のための実践開発と
評価』溪水社，2016年。

安直哉『聞くことと話すことの教育学——国語教育基礎論』東洋館出版社，1996年。

コラム⑥

音読・朗読

　声に出して読むことは，ごくありふれた活動の一つとして国語の授業のなかで行われている。一見，簡単に行うことができる活動のようにも見えるが，次のようにねらいと見通しをしっかりともって行う必要がある。

　ある時は，この時間は書かれている文字を正しく音声化できればよいと考えて行う。別のある時は，ある場面の登場人物の心情をどう理解しているかが聞き手に伝わるように読ませることをねらいとして行う（このように理解に重点がある読みを「音読」という）。また別のある時は，詩についての自分なりの解釈を踏まえたうえで，どう詩を表現すれば聞き手にも味わってもらえるのかを考えながら読ませることをねらいとして行う（このように表現に重点がある読みを「朗読」という）。

　大切なのは，声に出して読むという活動を，このようにさまざまな国語の力の育成をねらいとすることができるものとして捉えておくことである。そして，いろいろなあり方で豊かに展開していくことである。また，声に出して読むという活動は，子どもたちの体や心と密接につながっているという認識も大切である。体とのつながりでいえば，お腹から声を出したりさまざまに工夫して声を出すためには，姿勢や座り方を整える必要がある。読む前に，体をほぐす簡単な体操をするのもよい。一方の心とのつながりでいえば，先ほど述べた「朗読」は，自分の思いを自分らしく声に乗せる行為である。そのためには読み手の子どもの心も，聞き手となる子どもたちの心も開かれていなければならない。そのような学級でなければ，いくら朗読の技術を教えても，良い朗読会は成立しない。

　このように，声に出して読むこと（音読・朗読）は，ありふれた活動でありながら，国語の力の育成や子どもたちの心と体，学級づくりにもかかわる奥の深い活動といえる。教科書だけでなく，『声に出して読む文学』のような音読・朗読のための教材も多く出版されているので，活用を考えていくとよい。

参考文献
筑波大学附属小学校国語研究部『声に出して読む文学』東洋館出版社，2012年。

第10章
書くことの指導

〈この章のポイント〉
　書くことの教育目標は日常生活における書く力の育成である。そのために教える事項が指導内容である。指導内容は書く過程の指導事項と，それを指導するための書く活動から成る。書く過程の指導事項を教えるための手続きが指導過程である。書く活動を類型化したものがジャンルである。指導にあたっては，ジャンルの種類と特徴を踏まえ，学習者が書くことの指導内容を理解できるように指導過程を具体化する。本章では，書くことの教育目標と内容を理解し，指導のために必要な基本的知識であるジャンルと指導過程について学ぶ。

1　書くことの教育目標と内容

1　目　標

　書くことの教育目標は，日常生活における書く力を育成し，自律した書き手を育てることである。
　書くことの教育目標について，新学習指導要領の記述を見ていく。国語科の目標は「国語で正確に理解し適切に表現する資質・能力」を育成することである。この資質・能力を構成する三つの柱が「知識及び技能」「思考力，判断力，表現力等」「学びに向かう力，人間性等」である。「B　書くこと」は「思考力，判断力，表現力等」のなかに位置づけられている。「思考力，判断力，表現力等」に関する目標は，「(2)日常生活における人との関わりの中で伝え合う力を高め，思考力や想像力を養う」である。ここから，書くことの指導が「伝え合う力」「思考力や想像力」の育成を基本的な目標としていることがわかる。
　「伝え合う力」「思考力や想像力」は，これまでにも国語科の書くことの教育で重視されてきた。これらの力は，「認識」と「伝達（伝え合い）」の力として論じられてきている（成田，2013）。この「認識」と「伝達」の力とは次のようなものである。
　書くことによって人はある事柄を捉え，考え，想像し，新たな認識を得ていく。そうした認識を通して，ある事柄と書き手との間には一定の関係が形作ら

第Ⅱ部　初等国語科の学習指導

れる。このようにして，事柄を捉え，事柄と書き手との関係を形作っていく力が書く力としての「認識する力」である。

　また，書くことによって人はある事柄を伝える。それは，特定の人に伝えることもあれば，不特定多数の人たち（同時代，あるいは異なる時代を生きる人たち）に伝える，そして伝わることもある。こうした伝達の活動を通して，書き手は人や集団との間で考えや感じたことを共有し，新たな関係を形作っていく。さらには，書くことによって社会的，文化的な活動に参加し，そうした活動との一定の関係を築いていく。このように，社会的，文化的な営みと書き手との関係を築いていく力が書く力としての「伝達する力」である。

　このようにして，「認識する力」と「伝達する力」を基盤として，これからの時代を生きていく自律した書き手を育てていくことが書くことの目標である。

２　内　容

　書くことの指導内容は，書く能力を育成するために教える事項である。教える事項は，新学習指導要領では〔思考力，判断力，表現力等〕の「Ｂ　書くこと」のなかの「(1)指導事項」「(2)言語活動例」に示されている。「(1)指導事項」は「学習過程」に沿って構成され，「題材の設定」や「構成の検討」などにおいて指導する事項を示している。「(2)言語活動例」は，「(1)指導事項」を教えるための活動であり，その活動は説明的な文章，実用的な文章，文学的な文章の３つに区分して例示されている。

　これらの指導内容は，国語科の書くことの指導では「指導過程」と「ジャンル（genre）」から論じられてきた。「指導過程」とは，書くことを教えるための一連の手続きである。また，「ジャンル」とは書く活動を類型化したものである。「(1)指導事項」と「(2)言語活動例」を踏まえた指導を行うためには，ジャンルと指導過程について理解する必要がある。ジャンルと指導過程については，それぞれ第２節と第３節で具体的にみていく。

３　「認識する力」と「伝達する力」の関係

　書くことの教育目標と内容を踏まえたうえで，指導に際して問題となるのが，「認識する力」と「伝達する力」の関係である。認識は書き手個人のなかに生じるが，伝達は人と人との社会的関係のなかで行われる。認識は書き手個人に属するのに対して，伝達は社会的な表現活動に属する。したがって，「認識する力」は書き手独自の認識の形成を目指し，書き手の「個性化」を重んじる。それに対して，「伝達する力」は一般的に共有される表現の形成を目指し，書き手の「社会化」を重視する。個性化を優先すると社会化が疎かにな

り，社会化を重視すると個人は社会に馴致され，個性化は難しくなる。とはいえ，両者の関係が不明確なままでは，個人と社会は曖昧なまま融合してしまい，自律した書き手の育成は困難となってしまう。

こうした個性化と社会化の関係は，書くことの教育において長く議論されてきた。戦前の「随意選題論争」では，その個性化の方向と社会化の方向の間に生じる矛盾相克の問題が指摘されていた（大内，1996）。また，戦後の「作文・生活綴り方教育論争」においても同様の議論がなされてきた。どちらの方向を重視するかは，学習内容と指導の方法の違いにも影響する。考えや感じたことの形成に向けて書く活動を重視する立場もあれば，社会的な伝達のための活動として文章表現の技術・技能を重んじる立場もある。

このようななかで，近年の書くことの指導では，「認識する力」と「伝達する力」の相互関係に重点を置いてきている。この相互関係とは，「伝え合いの活動の過程や結果の成否を問うことが，認識のあり方を吟味し，修正，再構築をする」（森田，2010，70〜71ページ）というものである。これは，書くことの学習は，書き手の「自己内対話」のプロセスによって支えられているという見方である。こうした見方は，伝え合う機会を通して，書き手が自身の表現を振り返り，改善点を見出し，より適切で優れた表現を行っていくという学習者中心の考え方につながる。この考え方は，新学習指導要領に示されている「「「主体的・対話的で深い学び」の実現に向けた授業改善の推進」にとって不可欠となる。

2　書くことのジャンルとそのポイント

1　ジャンルの分類

ジャンルとは，社会的，文化的背景をもつ言語活動の様式であり，構造・形式，内容，機能などの面で典型的特徴を有する言語表現である。ジャンルを踏まえることにより，場面や目的，関係者などの具体的な文脈（コンテクスト）との関係から書く活動を捉えることが可能となる。書くことの指導に関しては，最初に，書くことのジャンルにはどのような種類があるのか，その特徴はどのようなものか，それらを学習指導においてどのように取り扱えばよいのかを理解する必要がある。

ジャンルにはどのような種類があるのか。まず，ジャンルを分類するための観点についてみていく。林（1977）は，「形式」「内容」「機能」という観点からジャンルの分類方法を整理している。

「形式」は，「はじめ・中・おわり」のような簡易な文章構成，あるいは「文

▷1　1921（大正10）年に起きた綴方教育の目的をめぐる論争。論争は，児童のなかから書くことを発見させていく（「自由（随意）選題」）立場と，課題によって指導する側から書くことを統制していこうとする（「課題」）立場の間で行われた。

▷2　1952（昭和27）年から行われた，人間形成を第一とする戦前からの生活綴方の立場と，戦後の社会生活における書くことの機能を重視する立場との間に起きた論争。

▷3　internal conversationの訳語。表現内容や表現方法について自らに問いかけることであり，それにより新たな認識や表現方法を生み出す。

▷4　context。言語が使用される場面や状況，さらには言語使用に関わる社会的，文化的特徴をもつ制度や思想を指す。実際の言語使用は，言語化されないコンテクストをともなっている。

▷5 文章を単位とする言語の理論。国語教育では，時枝誠記の文章論とそれを受け継いだ永野賢の文法論的文章論がよく知られる。修辞学や文体論なども含む。

章論[5]」に基づいた「頭括式」（冒頭に要点がある），「尾括式」（末尾に要点がある）などの文章構成の特徴に着目する。「内容」は，考えを表明する（「意見」），事態の変化を記述する（「記録」）というように事柄に対する述べ方に焦点を当てる。「機能」は，不特定の他者に向けて伝える，特定の相手を説得するというように相手・場面・目的などを分類の観点とする。

　このような分類の観点は，書くことの指導にとって有効な視点となる。書かれた文章の「形式」に即して，「内容」と「機能」という社会的な文脈に即した活動として書くことを把握できるからである。こうした把握の仕方は，「(1)指導事項」と「(2)言語活動例」に基づいた指導を行う際の基本となる。とくに，「(2)言語活動例」を通して「(1)指導事項」を教えるという新学習指導要領の記述を踏まえた場合，「形式」「内容」「機能」の観点から活動としてのジャンルを理解することが求められる。

2 ジャンルの種類

　新学習指導要領では，指導内容の「(2)言語活動例」をア「説明的な文章」，イ「実用的な文章」，ウ「文学的な文章」の3つに分けている。この分類に沿って，主なジャンルとその特徴について表10-1にまとめる。

表10-1　ジャンルの種類と特徴

	種類	特　徴
説明的文章	記録	出来事や現象，状態について，一定の状況と役割に基づいて記し，書き留めること。「観察」も含む。日常的なメモや覚え書きも含む。「生活記録」「観察記録」「体験記録」などの学校生活に関連の深い活動，「調査記録」「実験記録」「作業記録」などの専門的活動，「旅行記」や「紀行文」など文化的な活動に関連する。
	報告	ある事象や事物について，一定の立場や役割に基づき必要な情報について伝達すること。「観察報告」「体験報告」「調査報告」「実験報告」「作業報告」など学級・学校生活ならびに社会生活に連続する。「記録」や「説明」などに関連する。
	説明	ある事象や事物について，問いをもって一定の知見や関心から解き明かして書くこと。「記録」「報告」「意見」などに関連する。
	感想	読んだ文章や日常生活の事柄，社会的事象などについて考えたことや感じたこと，さらに事象へ関わる態度を書くこと。「読書感想文」も含まれる。「紹介」「意見」「随筆」などに関連する。
	意見	ある事象や事柄について，複数の立場や考え方を踏まえつつ一定の立場や考えを個人あるいは集団として提示すること。議論や説得などの機能をもつ。「感想」に関連する。「論説」「小論文」にもつながるが，これらは時事的で社会的な事柄について書かれることが多い。
実用的文章	日記	日常生活の出来事や体験について継続的に書くこと。「絵日記」を含む。日々の個人的な記録を書く場合と，特定の読み手を前提として習慣的に書く場合とがある。「記録」にも関連する。
	手紙	特定の相手に向けて，書き手の置かれた状況を踏まえて一定の目的のもとに書くこと。個人的な心情や感慨の伝達，私信からビジネスレターまで幅広く日常生活にかかわる。

		手紙のルールや渡し方なども含まれる。媒体も紙から電子メディアまで幅広い。「紹介」「報告」「感想」などに関連する。
	紹介	特定の相手に向けて，人や事物，場所について基本的な未知の情報を伝えること。「案内」も含まれる。「学級紹介」や「図書館案内」などの学校生活に関連の深い活動，「施設紹介」や「道案内」などの社会生活に関連の深い活動がある。紹介状，案内状を書くことも含む。
文学的文章	物語	経験，想像したことについて，ひとまとまりの筋の話を書くこと。登場人物や情景，時間の推移，視点の変化や語り手の役割など，物語特有の方法を用いて虚構の世界を創出する。「説明的な文章」のように，現実世界の事実について書くこととは明確に区別される。「詩歌」や「随筆」に関連する。歴史や伝記にもつながりをもつ。
	詩歌	経験，想像したことについて，凝縮な表現方法で書くこと。「児童詩」「短歌」「俳句」「言葉遊び」などが含まれる。生活体験や自然情景などを題材とする。感覚に基づく自由な表現から，多様な形式や技法を用いた表現まで幅広い。
	随筆	人間，社会，自然についての省察や感想・感慨を述べること。書き手独自の視点や感性を重視し，体験的な記録や読書経験と関連が深い。「意見文」「物語」や「詩歌」などにも関連する。

　表10-1には含めていないが，「生活文」と呼ばれる文章の種類がある。「生活文」は日常生活の幅広い経験を題材とし，自由な形式で書かれる文章である。低学年の書くことの学習では，身近な相手に対して話すように書くなど，「口頭作文」[6]と関連づけて扱うこともある。しかし，子どもの生活と密接な関係にあることから未分化なジャンルとされる場合がある。ここでは，書くことの学習の基礎となり多様なジャンルへと発展していく段階として位置づける。

③　ジャンルから学習指導へ

　ジャンルの種類と特徴に基づいて，学習指導に向けた書くことの基本的な考え方を以下の2点にまとめる。
　(1)　書くことは，日常生活や社会生活のさまざまな活動への参加である。
　これは「ジャンル・アプローチ」[7]の基本的な考え方である（Swales, 1990）。例えば，校外学習（博物館や清掃工場の見学など）で知ったことを他学年の児童に「報告」する文章を書く場合を考えてみる。この場合，「報告」文を書くことは，見学した事柄を整理して，これから見学に行く人たちに何らかの情報を伝える活動である。そして，情報を伝えることは，立場の異なる他学年の集団と情報を共有することである。さらに，情報を共有していくことは，学校の活動に参加し，学校というコミュニティの一員として活動することである（さらにいえば，校外学習に行った施設と学校をつなぎ，新たなコミュニティを生成していく活動でもある）。伝えることは社会的な活動への参加へとつながっていく。このような考え方は，社会的活動の文脈へ参加する過程として書くことの学習を見ることにつながる。

▷6　oral composition の訳語。書くことの前段階として，教室のなかで実際の相手にひとまとまりの話をすることで，書くことの素材を見つけ（「取材」）「構想」を促し，「記述」へと導くことをねらいとする活動。指導で用いる学年は問わないが，第1学年〜第2学年で行われることが多い。

▷7　ディスコース論やテクスト論を基盤とし，実際に使われている言葉の構造や機能に基づいて開発された書くことの指導の方法。

（2）書くことは，あるジャンルを他のジャンルへ変換し再構成する活動である。

表1のジャンルの特徴をみると，あるジャンルは他のジャンルと相互に関連していることがわかる。実際，「報告」には「記録」した内容，情報が関係してくる。また，「報告」に際して補足し解明するべき点があれば，「報告」にともなう「説明」を加えることになる。

先程と同様に，校外学習で見学したことを他学年に「報告」する文章を書く過程を考えてみる。まず，調査の準備として調べたり質問したりする項目を決める。その項目に沿って，解説を聞いたり資料を集めたりして「記録」をする。それを整理して展示物の「説明」を交えて，他学年の児童が興味をもちそうなことを選択して「報告」文を書く。この場合，「記録」には調査や質問項目が反映され，「報告」には記録から選択された情報が引用される。不十分な点は「記録」や「報告」の補足の「説明」をする。このように調査・質問項目，「記録」「報告」「説明」は相互に関連している。

注意すべきことは，最初から「報告」だけを目的にして「記録」との関連を見てしまうと，「報告」に基づいた書くことが十分に行えなくなるということである。志水（2004）は，自身がかかわった研究調査とその報告について次のようなエピソードを紹介している。研究の目的は「中等教育機関の機能を歴史的にたどること」であり，調査では「かなりの時間と労力を費やして，町家の軒先や田んぼの畔でお年寄りの聴き取りを行なった。対象者の数は百をこえた」という。調査を終えて研究報告にまとめた後，報告書を読んだ調査の積極的な協力者から手紙が届く。手紙は研究報告への抗議であった。「研究の趣旨に共感し，親身になって世話をしてくれた人が，研究報告を読んだとたんに裏切られたという思いを抱き，私たちに怒りをぶつけてきた」（志水，2004，239ページ）のである。なぜこのようなことになってしまったのか。もともと調査協力者たちの生活は研究として報告されるためにあるわけではない。しかし，研究報告では調査協力者の生活の現場が研究者の文脈に変換されていた。一方的に変換された報告のなかに調査協力者の生活はなく，協力は「裏切られた」のである。

小学校の書くことの学習指導では，調査先にここまで深く関与はしないかもしれない。しかし，このエピソードからわかるのは，調査の「記録」を「報告」のために用いる，という発想だけでは不十分だということである。「報告」を書く活動には，「報告」の文脈と調査「記録」の文脈の両方がかかわっている。それらの文脈を踏まえたうえで，どの情報が必要か，あるいは不要か，そして新たに何を加えるかを考えて判断し，「記録」を「報告」へ再構成していく必要がある。書くことの学習指導においても，あるジャンルを別のジャンルに変換し，再構成する機会を保障していくことが求められる。

3 書くことに関する学習指導

1 書くことの段階

　書くことの学習指導は，指導過程に沿って行われる。指導過程は複数の書くことの段階から構成される。そうした段階は新学習指導要領の「指導内容」では，「学習過程」として示されている。ここでは，国語科の書くことの指導において一般的に扱われる段階とその特徴について表10－2にまとめる。

表10－2　書くことの段階

段階	概　　要
取材	書くために必要となる素材や材料（情報，知識など）を見つけること。書くための題材や資料を調べることも含む。
構想	素材の整理や題材の分析・選択を行い，主題を特定し，書くことの目的と内容を明確にすること。「取材」した事柄をジャンルに基づく書くことへとつなげていく。コンポジション理論◁8に依拠した方法が用いられる。
構成	内容や効果，影響などの書くことの目的に沿って，ひとまとまりの文章となるように内容の中心や事柄の順序，段落の関係などを考えて決めていくこと。
記述	実際に特定の媒体に書き記し，ひとまとまりの文章を作り出すこと。書き出しやキーワード，中心文を提示して，書き手の認識や思考に沿った記述を促す方法が用いられる。
推敲	書かれた文章を見直し，主題から表記や符号までより適切な表現にするための方法を見出して書き直すこと。「構想」や「構成」にさかのぼることもあり，「記述」中にはたらく見直しも含まれる。
批正	書き手以外の他者から記述した文章に対する批評や助言を通して，より適切な表現にするための方法と見通しをもち，修正すること。個別批正（教師と学習者），共同批正・相互批正（学習者同士），自己批正などの形態がある。 ＊　相互評価，自己評価といった形態で，学習者にとっての書くことを評価する段階としても位置づけられる。
処理	文章を書き終えた後に行う指導や活動を通して，書くことのはたらきを認識・自覚すること。「活用」とも呼ばれる。教室で読み合う，文集にまとめる，発表会を行う，掲示するなどの活動がある。 ＊　書いたものの実際の作用やはたらきに基づいて学習者にとっての書くことを評価する段階としても位置づけられる。

▷8　コンポジション理論：主題や文章全体の流れ，段落の構成といった項目に沿って統一性の高い文章を書くための理論。言語の運用による説得のための技術を体系的に論じた修辞学やレトリックに依拠している。日本では，森岡健二『文章構成法』（至文堂，1963年）によって紹介された。

2 書くことの指導過程

　表10－2の段階を上から順番に見ていくと，「取材―構想―構成―記述―推敲―批正―処理」という一連の手続きが見えてくる。しかし，こうした手続きを踏むだけでは書くことの学習指導にはならない。どのようなジャンルか，目的や題材は何か，素材や材料をいかにして集めるか，書いたものは誰が読むのか，など具体的な書く活動の文脈を踏まえながら指導過程を考える必要があ

第Ⅱ部 初等国語科の学習指導

る。

　教科書教材をイメージした指導過程の例として，新聞作りを通した「報告」の文章を書く学習を考えてみる。具体的には，校外学習の博物館見学を通して，博物館の魅力を校内に発信する新聞を作る学習である。グループによる協同学習の形態をとる。新学習指導要領では，「(2)言語活動例」の〔第3学年及び第4学年〕の「ア　調べたことをまとめて報告するなど，事実やそれを基に考えたことを書く活動」とその段階に沿った「(1)指導事項」に相当する。

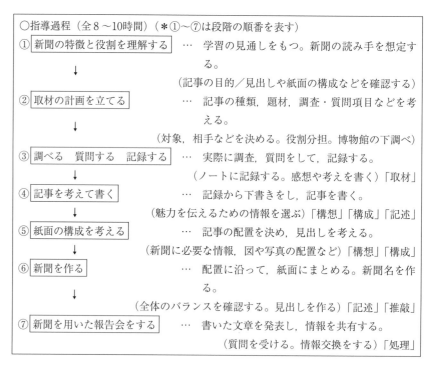

　この指導過程について，第2節の 3 で示した(1)(2)の考え方を踏まえて見ていく。

①：新聞と記事の形式，内容，機能の観点から「報告」のジャンルを理解する。書くことの学習を通して，学校生活へどのように参加するのか想定する。[(1)]
（例：普段は学ばないような身近で新しい情報を伝えることを確認する）

②～③：具体的な題材を見つけ，新聞と記事にまとめるために必要な調査と記録の方法を決めて，実際に調べる。「報告」する文脈を踏まえながら「記録」する文脈を想定し，実際に調査して記録する。[(1), (2)]
（例：地域の祭りに用いる山車の飾りについて，知っていること，知らないことを整理する。博物館では普段は気づかないこと，知らないことを中心に調べて箇条書きで記録する）

④～⑥：「記録」の文脈を考慮しながら「報告」する文章を書くうえで必要な

第10章　書くことの指導

ことを考える。書くことにより「記録」を「報告」に再構成し，形式，内容，機能の面から書くことの学習内容を理解する。[(1)，(2)]

（例：博物館の人の解説で，金色の大亀は紙製だとわかった。豪華な山車を軽くする工夫だ。山車を見る目が変わって興味深い。見出しは「大亀の秘密」とし，記事は「質問→解説→発見」という構成にして，博物館見学を報告として書く⁹）

⑦：発表を通して「報告」の学習を振り返り，学習内容を再確認する。[(1)]

（例：「発見」を中心とした記事により，新しい情報を伝え，祭りについての見方，考え方を共有できた）

▷9　高山屋台会館のホームページ（櫻山八幡宮のホームページ内）の解説を参考にした。

3　指導方法

　指導過程では，学習内容の理解を促すための指導方法を用いることがある。特徴的な方法を表10-3にまとめる。いずれも学習者が自身の書くことを振り返り，主体的に書くことの学習に取り組むための指導方法である。

表10-3　指導方法

方　法	概　　要
短作文	字数や文数，手順などを条件として示し，学習者が必然的に書くことに取り組むことをねらいとする。「構想」「構成」「記述」の段階に焦点化した練習作文，条件作文として扱うことが多い。段階ごとに書くことを重ね，特定のジャンルの構造や機能に沿って書く手続きを学習する方法である（大西，1991）。
書き換え	書き換えとは「すでに存在する文章を，ある目的などに従って，書き改めること」であり，書き換え学習とは「書いたり書き換えたりする過程で生じる書き手の認識の変容」を学習内容とする指導方法である（府川 他，2004，1 ～ 5 ページ）。「構想」から「批正」まで幅広い段階で行うことができる。
マッピング	「語句を線で結んで，蜘蛛の巣状に張りめぐらしていくことで，知識や考えを拡充したり整理したりする」活動である。「既有の知識や経験を記憶から呼び覚ます」ことにより「「読み書き」の活動を通じて一人ひとりの主体的な「意味の世界」として再構成」することを目的とする（塚田，2005，9 ～15ページ）。「取材」から「批正」まで幅広い段階で行うことができる。
カンファレンス	書かれた文章を複数人で読み合い，交流をしながら内容や表現方法についての見通しをもち，書くことを促すことをねらいとする。共同批正とも呼ばれる。教師あるいは学習者と学習者（ピアカンファレンス），または複数の学習者同士（グループカンファレンス）等の形態がある。リハーサル，文章化，推考，評価等の段階でのカンファレンスがある（木村，2008）。「構想」から「批正」まで幅広い段階で行うことができる。
ワークショップ	技能の習得から発表，出版までの過程をたどりながら，書くことの包括的な能力を身に着ける指導法である。短い期間で練習を重ねる「授業サイクル」と，長い期間で本格的な作品を作る「出版サイクル」から成る。

第Ⅱ部　初等国語科の学習指導

4　学習指導を構想するポイント

　書くことの教育目標と内容を踏まえ，ジャンルと指導過程に基づいた学習指導を構想していくポイントを整理すると次のようになる。

(1)　ジャンルの形式，内容，機能の観点に基づいて，指導する書くことの特徴を理解する。表10−1にあげた主なジャンルだけではなく，新聞やリーフレット，ニュースレターなど社会生活で用いる媒体も視野に入れる。

(2)　(1)を踏まえて具体的な題材を設定し，指導するジャンルの文章を書くために必要な手続きを考えて，表10−2を参考にしながら指導過程を構想する。

(3)　(2)の指導過程について，学習者が書く目的をもちながら取り組めるか，そして書く活動を通して指導内容を理解し学習できるかを検討し，指導過程を具体化する。

Exercise

　書くことの指導を具体的に理解するために，教科書の書くことの領域に載っている文章例を参考にして，次のことをやってみよう。

①　その文章はどのようなジャンルに属しているか，形式，内容，機能の観点から考えてみよう。またその文章は他のどのようなジャンルに関連しているか話し合ってみよう。

②　その文章と同じジャンルの文章を書く場合，他にどのような題材が考えられるか話し合ってみよう。話し合って出された題材について，教科書の学習の手引きに沿って実際に書いてみよう。

③　実際に書くことを行って，あなたはどんなことを学習しましたか。「学習指導要領」の「指導内容」の記述を参照しながら，指導内容を具体的にどのように学んだか話し合ってみよう。

📖次への一冊

井口あずさ『中学生の意見文作成過程におけるメタ認知方略指導に関する研究』渓水社，2011年。
　　心理学研究の知見に基づく書くことの指導の研究。書くことの学習指導に沿って，「モニタリング」や「メタ認知方略」など学習者の認知過程が具体的にわかる。
木村正幹『作文カンファレンスによる表現指導』渓水社，2008年。
　　カンファレンスの理論と，書くことの段階に沿った授業実践の分析・考察を収めて

いる。カンファレンス指導の基本を知るうえで有益な著作である。

吉田茂樹『対話による文章表現指導の研究』渓水社，2012年。

　　実践に基づいた対話による学習過程の実際を具体的に知ることができる。短歌・俳句を含めた複数のジャンルの実践を考察している。

引用・参考文献

大内善一「文章表現教育の向かう道」田近洵一編『国語教育の再生と創造』教育出版，1996年，100〜113ページ。

大西道雄『作文の基礎力を完成させる短作文指導』明治図書，1991年。

木村正幹『作文カンファレンスによる表現指導』渓水社，2008年。

志水宏吉「「要約の暴力」について」『教育学年報　10』世織書房，2004年，237〜259ページ。

塚田泰彦編『国語教室のマッピング』教育出版，2005年。

成田雅樹「書くこと（作文）の学習指導の目的，目標と内容に関する研究の成果と展望」『国語科教育学研究の成果と展望Ⅱ』学芸図書，2013年，105〜112ページ。

林巨樹「文章のジャンル」『現代作文講座1』明治書院，1977年，97〜141ページ。

府川源一郎・高木まさき・長編の会編『認識力を育てる「書き換え」学習　小学校編・中学校編』東洋館出版社，2004年。

フレッチャー，ラルフ＆ポータル，ジョアン，小坂敦子・吉田新一郎訳『ライティング・ワークショップ』新評論，2007年。

森田信義「書くことの学習」『中学校高等学校国語科教育研究』学芸図書，2010年，67〜71ページ。

Swales, J. M., *Genre analysis*, Cambridge University Press, 1990.

コラム⑦

生活綴方

　「生活綴方」は，昭和戦前期の小砂丘忠義等が発行した『綴方生活』という雑誌にかかわる活動に根源をもつと見られる，日本独自の貴重な教育実践である。当時の小学校教師を中心とする読者を通して，全国の子どもの綴方（戦後でいう作文）が，『綴方生活』の子雑誌に当たる『鑑賞文選』，後継誌『綴方読本』に投稿されていた。小砂丘をはじめ野村芳兵衛，小林かねよ，峰地光重といった「綴方教師」とも言われる人たちが，綴方作品を巡って評を記し，言葉の教育にかかわるさまざまな文章を綴ることによって子どもたちを指導し励ましながら，綴方に関心をもつ全国の人々をつないでいったのである。

　掲載された作品は，必ずしも模範文というわけではなかった。きれいで通りのよい言葉ではなく，普段使っている言葉で，事柄を詳しく書くことによって，その子がその子であるとわかるように書くことが求められていた。戦時期には生活綴方関係者への思想的取り締まりもあり姿を薄くするが，戦後に復興され，その活動は『作文と教育』（日本作文の会）に引き継がれている。

　生活綴方は，子どもが自由な発想を自分の言葉で綴り，作品集である文集を元に学級や学校，さらには地域を越えて交流することで，子どもたちと共に大人もさまざまなことを知り，考え学び合う活動でもあった。一方で生活綴方は，ありのままを書かせる現実暴露的なもの，気持ちや生活を書いてばかりで文章表現を軽視するものと受け止められる向きもあった。書くことの学習において先行する重要な実践である随意選題（芦田恵之助），『赤い鳥』（鈴木三重吉）との関係で，「自己を書く」「綴方の芸術性」という観点から比較されることもある生活綴方だが，その本質は，文章を書こうとする自己の意識に加えて他者の意識が高くもたれていたことにある。そこには言葉そのものの他性も捉えられていたと見られる。書くことによって物事を見る力を高め，自分を振り返りながら他の人とつながりをもち，新たな関係性や考え方を創造していこうとするその実践は，現在求められる教育に通ずる高い価値をもつ。甚大な災害や深刻な問題が起こった時に，子どもたちが自分の言葉で文を綴ること，そこから生まれ広がりゆく学びが注目されている現代に，貴重な示唆を与える教育実践といえるだろう。

第11章
読むことの指導①
——説明的文章——

〈この章のポイント〉

　説明的文章には，理科的・社会科的な内容のものが多い。それゆえに，教師にとっては国語科として何をどう教えればいいのかがわかりにくい教材である。また学習者にとっても，面白みに欠け，学習の意義を実感しにくい教材として捉えられがちである。説明的文章の指導の主たる目標として，論理的な思考や表現の育成が求められるが，教育内容としての「論理」はどのような観点で抽出できるのか。本章では，第１学年～第２学年で説明の基礎を，第３学年～第４学年で情報配列を，第５学年～第６学年で論証構造を中心として教材研究法の基本を学び，また主な指導法についても学ぶ。

1　説明的文章の教育目標と内容

１　説明的文章とは何か

　「説明的文章」は，日本の国語教育において独自に用いられる特殊な用語でありジャンルである。教科書に掲載されている説明的文章教材には，理科的な内容や社会科的な内容，論説文に近いものなど，さまざまなものが含まれる。

　例えば第５学年～第６学年用の説明的文章には，「森林のおくりもの」（東京書籍『新編 新しい国語 五』2015年）のように自然環境が題材になっているものがあり，そこには「木材」「燃料」「ダムの役割」など森林から受ける恩恵についての情報が書かれている。これを読んで児童は何を学習するのか。「森林から受ける恩恵」について理解することは当然学習活動に含まれるだろうが，それが国語科の主たる教育目標にはならない。社会科でも自然環境は教育内容に含まれており，そこでも同様に，「森林から受ける恩恵」等が含まれている。教科によって自然環境が異なることなどないので，ともすると同じ情報が複数の教科で扱われることになる。

　しかし説明的文章教材にとって，この場合の自然環境は教材内容であって，教育内容ではない。児童はこの教材を使って自然環境そのものを学ぶのではなく，それについて説明している筆者の「書きぶり」を学ぶのである。書き出しに工夫はあるか，「木材」「燃料」「ダムの役割」はなぜこの順序で書かれているのか，筆者の意見はどこにあるか，等に着目して読むことが主たる学習活動

第Ⅱ部　初等国語科の学習指導

となる。

　では説明的文章とは何を指すのか。文学的文章と対照させながら，その基本的な特質をあげてみよう。

　第一に，説明的文章は，ある事柄や題材について説明あるいは論証を行っている論理的な文章だということである。文学的文章は，基本的に物語の筋が時系列で展開されるが，説明的文章は，時系列ではなく論理による展開となる。読者に知らせたり読者を説得したりすることを目的とした文章であるため，情報配列や論証などの工夫が含まれることになる。

　第二に，説明的文章は，読むための教材であるだけでなく，表現力育成のための教材でもある。論理的な表現や構成を読むだけでなく，それらを自らの表現に生かすことも指導内容に含まれる。この点が，文学的文章の指導と大きく異なる。そのため教材研究では，児童の表現に生かすことを視野に入れながら，文学的文章とは異なる観点で教材の特性を分析していく必要がある。

2　説明的文章の教育目標と2つのタイプ

　先述した通り，説明的文章は論理的な表現や構成にその特質がある。これを踏まえれば，説明的文章の教育目標は「論理的文章の読解を通して，児童の論理的思考や論理的表現を育成すること」であると総括できる。さらに段階的に示すなら，説明的文章の教育目標は以下の3点に大別されよう。

⑴情報を読み取り，理解する。

　　どのような事柄が書いてあるのかを捉え，要点や要旨を捉える。

⑵情報の書かれ方を理解し，評価する。

　　筆者の工夫や論理的な表現および構成を理解する。また，それらの効果や筆者の意図との関係を考えることによって，論理的思考を育成する。説明的文章の教育においては，この⑵が最も中心となる。

⑶情報のまとめ方や生かし方を学ぶ。

　　⑵で理解したことを，自身の表現活動に生かす。つまり，情報発信者として，情報を選択し論理的に表現することを学ぶ。他教科においても情報をまとめ発信する学習活動が行われているが，国語科ではとくに論理的な表現や展開について学ぶことになる。

　ここまで何度も「論理的」という語が出てきたが，説明的文章における「論理」とは，一体何を指すのか。新学習指導要領には，「構造と内容の把握」（説明的な文章）にかかわる指導事項として，「順序」「段落相互の関係」「事実と感想，意見」といった内容が列挙されている。これらの指導事項が，「論理」とどうかかわっているのか。なぜこれらのことを明確にして読むことが，論理的文章を把握したことにつながるのか。説明的文章の教材研究において教育内容

▷1　論　証
ある判断や主張が妥当であることを，事実や前提から推論する過程のことをいう。本節においては，説明的文章の筆者の主張を支え導いているさまざまな手続きを指すことになる。

▷2　要点・要旨
要点とは文章中の重要な箇所のことであり，要旨は文章全体の骨子のことを指す。説明的文章の指導においては，まず段落から要点を抜き出し，それをもとに要旨をまとめさせる活動がよく行われている。

を抽出するためには，「論理的」な表現や構成とは何かについて理解するための具体的な観点が必要である。それがある程度規約的に定まっていないと，教材研究の方法に迷うだけでなく，児童に興味関心をもたせるような授業の構想も難しいであろう。そのためにまず，説明的文章の分類とそれぞれの目的について確認することからはじめたい。

「説明的文章」が意味する範囲は広く，記録文や説明書などの実用的な文章だけでなく，意見文や評論といった論証構造を含む文章なども含まれる。ここでは市毛勝雄（1997）の分類を参考に，説明的文章の内容を概観したい。

説明的文章は大きく「報告型」と「論説型」に分けることができる。「報告型」は，一つの事柄について調査・報告するもので，読者にその事柄を具体的に知らせることを目的としている。記録・観察文や報告文などはこの型に入る。読者に知らせることが目的であるため，一つの事柄について詳述するだけでなく，読者が理解可能になるよう，情報を選択し配列するといった工夫が必要となる。つまり，情報伝達のための表現の工夫や情報の配列に，筆者の論理が反映されることになる。

一方「論説型」は，一つのテーマについて筆者の意見や主張を述べることを主たる内容とする文章である。テーマに関する事実や出来事などの報告も含まれるが，それに対する筆者自身の意見や主張を述べることが目的となる。つまり，論説型説明文は読者を説得することを目的とする文章であり，そのための論証構造が含まれる。筆者の主張だけでなく，その根拠となる具体例や証明等，さまざまな形の論証が示され，そこに筆者の論理が表れることになる。

以上，「報告型」と「論説型」の2つのタイプをあげた。もちろん，説明的文章の内容によっては明確に分類しにくいものもある。ここで重要なのは，文章の目的が異なれば，そこに含まれる論理の形式も当然異なるという点である。報告型には，複数の情報をどのように配列するかという点に，また論説型には，論証構造に筆者の主たる論理を読み取ることができる。つまりこれらが，「論理的」であることを構成している具体的な観点となる。もちろん，論理的な表現や思考は，情報配列や論証構造以外にもさまざまな形式で文章中に示されているため，児童に読ませるべき表現を抽出するためには，より分析的に教材研究を行う必要がある。ただしその際には，情報発信者としてどのような論理的表現を身につけさせるかという，教育目標(3)からの視点も重要となるであろう。

2　説明的文章の特質と教材研究

ここでは，説明的文章の特質を第1学年～第2学年・第3学年～第4学年・

第Ⅱ部　初等国語科の学習指導

第5学年〜第6学年に分けて述べる。説明的文章には，文章の目的に応じた筆者の論理が表れていると先述したが，同時にそこには読者である児童の発達段階を想定した形式がとられている。各発達段階で取り上げるべき論理とは何か，また教材研究のポイントについて，それぞれの段階に分けて述べる。

1　第1学年〜第2学年教材の特質と教材研究

第1学年〜第2学年，とくに入門期[3]の説明的文章には，共通する特徴がある。ここでは第1学年生用の説明的文章の例として，①「くちばし」（光村図書『こくご 一 上 かざぐるま』2015年），②「じどう車くらべ」（光村図書『こくご一 下 ともだち』2015年）という教材をあげる。それぞれの文章の一部を以下に抜粋する。

①	さきが するどく とがった くちばしです。 これは，なんの くちばしでしょう。 これは，きつつきの くちばしです。 きつつきは，とがった くちばしで，きに あなを あけます。 そして，きの なかに いる むしを たべます。
②	バスや じょうよう車は，人を のせて はこぶ しごとを して います。 そのために，ざせきの ところが，ひろく つくって あります。 そとの けしきが よく 見えるように，大きな まどが たくさん あります。 トラックは，にもつを はこぶ しごとを して います。 その ために，うんてんせきの ほかは，ひろい にだいに なって います。 おもい にもつを のせる トラックには，タイヤが たくさん ついて います。

①では，まずくちばしの形態を述べ，その後に機能を述べている。②では，①とは反対に先に機能を述べ，その後に形態を述べるという順序になっている。①形態→機能，②機能→形態，という順序の違いはあるが，①②どちらも形態と機能[4]という2つの情報が共通して述べられていることがわかる。

なぜ入門期の説明的文章には，このような共通性があるのか。それは，形態と機能という情報が，「説明」という行為の最も基礎的な要素となっているからである。例えば「説明」の意味に比較的近い語として「記述」がある。「記述」は，事実，つまりあるがままを言葉で伝えることを意味するのに対し，「説明」は，ある事実がなぜその様であるのかについての理由や根拠を述べることを意味する。形態という「外見からわかる情報」だけでなく，なぜそのような形態をとっているのかについての機能，つまり「外見からだけではわからない情報」とを組み合わせたものが「説明」なのである。

こうした理由から，入門期の説明的文章には，「説明」の基礎的要素として形態と機能という2つの情報が共通に含まれている。動物や自動車は，児童にとって身近な題材として選ばれているにすぎず，教育内容の中心ではない。ま

▷3　入門期
小学校の「入門期」にはさまざまな考え方があり，入学して間もない数か月のことを指す場合もあれば，1年生全体の期間を指す場合もある。本節では，後者の意味で用いる。

▷4　形態と機能
実際の指導では，形態には「かたち」「つくり」，機能には「はたらき」「しごと」といった用語が使われる。

た，この形態と機能の要素は，第3学年〜第4学年や第5学年〜第6学年の説明的文章に含まれる「論証」の基礎にもなっている。論証とは，概括的にいえば「主張（判断）」とそれを支える「根拠」から成る。主張といういわば表に示されるものと，それを支える根拠の関係は，外見を示す形態と，何故そうなっているのかの理由を示す機能との関係と対応する。つまり，①や②の説明的文章は論証につながる「論理の入門」としての特徴をもっており，入門期の説明的文章の教材研究ではこの点を押さえることが重要である。

２　第3学年〜第4学年教材の特質と教材研究

　ここでは，情報配列に着目して教材研究のポイントを示す。第3学年〜第4学年の説明的文章にかかわる指導事項について，新学習指導要領では「段落相互の関係」「中心となる語や文」といったキーワードがあげられている。つまり，第3学年〜第4学年の説明的文章を教材研究する際には，これらのキーワードに対応する具体的な部分を各教材から抽出する必要がある。本項ではそのための観点として，「情報配列」を示す。どのような情報がどのように配列されているかに着目して教材研究を行うことで，「段落相互の関係」「中心となる語や文」が，筆者の意図との関係で捉えることが可能になると考えるからである。以下，「魚の身の守り方」（教育出版『新版　国語 3　上』1994年）を例にして具体的に述べる。

　「魚の身の守り方」は，魚たちがいろいろな方法で敵から身を守っていることを読者に知らせる「報告型」説明文である。7つの形式段落に分けられ，以下のような文章構成になっている（丸数字は，形式段落番号を示す）。なお，ここでは論述の都合上，導入とまとめの段落以外の段落内容について，「A：説明の対象」「B：形態」「C：機能」に分けて示す。

①	導入（海の中の魚たちは，いろいろな方法で敵から身を守っている。）		
	A：説明の対象	B：形態	C：機能（身の守り方）
②	いわし，さんま	背中が青緑色で腹が銀色	周囲の色と区別がつきにくく，敵から見つかりにくい。
③	かれい，ひらめ	体の色や模様を周囲に合わせて変化させる。砂をあおいで体を隠す。	周りと見分けがつかなくなり，敵の攻撃から身を守る。
④	ふぐ，はりせんぼん	体をふくらませる。体に生えている針を立たせる。	敵を脅して身を守る。
⑤ ⑥	（一部の）魚の子ども	実際の目よりも大きな目玉模様を持つ。また，そ	敵を尻込みさせる。敵の攻撃をそらす。

| | | の目玉模様は体の後ろにある。 | |

↓

| ⑦ | まとめ（このように，魚たちはいろいろな方法で敵から身を守っている。） |

　第1学年〜第2学年の項でも述べた通り，魚の種類は題材であって，中心的な教育内容ではない。ここでは，「魚の身の守り方」の説明が，なぜ②〜⑥の順序なのかという点に着目する。上記の情報のうち，「B：形態」すなわち身を守る方法に注目して整理してみる。

　これらの流れから，基本的には身を守る方法の単純なものから複雑なものへと情報が並べられているといえよう。ここで注意すべきなのは，②〜⑥は情報としては同時に存在しており，はじめから順序が決まっているわけではないという点である。これらの順序は，わかりやすく伝えるという筆者の目的による，意図的な配列なのである。

　さらに検討を進めると，⑤⑥の情報はなぜ後の位置にあるのだろうか。単純から複雑へという順序であるならば，目玉模様は最も複雑な方法ということになるが，自在に変化させることができるわけではない。ここで，「魚の身の守り方」という題目に立ち戻ってみよう。「C：機能」，つまりそれぞれの身の守り方が，敵にどのような影響を与えるのかという点で，②〜⑥の情報を整理し直してみる。

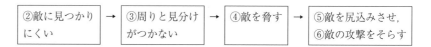

　②③の場合，敵に見つからないようにしているものの，見つかってしまえば身を守ることができない。これに対し④は，見つかっても攻撃をすることで身を守ることができる。しかし⑤は，攻撃そのものを回避する身の守り方になっており，またもし攻撃されたとしてもそれをそらすことができる（⑥）。つまり，敵からの攻撃を回避する力の弱いものから強いものへという順序になっていることがわかる。さらにいえば⑤⑥は，まだ子どもであるにもかかわらず（子どもだからこそ，ともいえるが）生まれた時からそのような性質が備わっており，魚のもつ生来の知恵を感じさせる内容になっている。

　このように分析してくると，筆者は単純な身の守り方から複雑な身の守り方へと配列しているだけでなく，より重要でかつ児童が興味や驚きをもって読むような情報を後に配列していることがわかる。児童にわかりやすく伝えるとい

う目的のために，数ある複数の情報を意図的に配列した結果，このような順序になっているのである。

　以上，情報配列に着目して「魚の身の守り方」を分析してきた。どのような情報がどのように配列されているか，またなぜそのような配列が採用されたかを分析することは，自ずと「中心となる語や文」に着目することになり，また「段落相互の関係」を考えることにもつながる。

　加えて，情報配列を理解することは，論理的な表現の育成にもつながる。書くことの単元では，調べたことを報告したり記録したりする文章が取り上げられる。複数の情報を，どのように選択し配列すれば読者に伝わるのかを考えることは，記録文や報告文を論理的・説得的に書くために重要である。説明的文章を情報配列で教材研究し，また指導内容にも反映させることで，論理的表現の育成を目指した説明文学習になる。

　なお情報配列には，先に述べた「易から難へ」「情報の重要度の低いものから高いものへ」という配列パターン以外にも，「時間的順序」「空間的順序」「原因結果へ（あるいはその逆）」「一般から特殊へ（あるいはその逆）」「問題解決順」などがある（森岡，1991）。段落相互の関係をどう捉えるかを具体的に理解するためにも，こうした配列パターンを知っておくことは有益である。

［3］　第5学年～第6学年教材の特質と教材研究

　第5学年～第6学年では，「文章全体の構成」を捉えたり「論の進め方」を精査したりすることが指導事項にあげられている。このこととも関連して，第5学年～第6学年では「論説型」説明文が多くなる。よってここでは，第5学年～第6学年教材の例として論説型説明文を取り上げ，その特質と教材研究のポイントについて述べる。

　先述したように，論説型説明文には筆者の主張が示され，読者を説得するためのさまざまな工夫や論証が含まれている。このことを踏まえると，教材研究の際には，筆者の主張がどこに書かれているかをまず把握することが重要になる。しかし実際に教材研究を行ってみると，特定しづらい場合も多い。「生き物は円柱形」（光村図書『国語 五 銀河』2015年）を例にみてみよう。文章構成を次ページに示す（丸数字は形式段落番号，太字は「筆者」によるもの）。

　①～⑪のなかで筆者の主張が述べられているところはどこか。おそらく，①，⑩，⑪あたりで迷うのではないだろうか（実際，現職教師に尋ねる機会を何度か得たが，毎回この3点で意見が分かれた）。説明的文章の指導に関する先行研究を検討すると，どれも間違いではないようである。①は，説明的文章の冒頭に示された筆者の主張である。まだ論証を経ていない段階で示されているため，いわば仮説としての役割を文章中で果たしているといえる。これに対し⑩

第Ⅱ部　初等国語科の学習指導

は，論証を経たうえでの主張の提示なので，まとめとしての役割を担っている。⑪は，いわば文章全体の結びのような役割となっており，筆者がこの文章を書いた背景や意図のような情報を示している。先行研究や教師用指導書などでは，これらはいずれも「結論」という用語で説明されていることが多い。つまり，質の異なる複数の「結論」が存在しているがゆえに，筆者の主張がどこにあるかが特定しづらくなるのである。

①「生き物は円柱形だ」という筆者の見解の提示	
円柱形であることの証明	②うで，あし，首，胴体，体全体もほぼ円柱形である。（例示）
	③ミミズ，ヘビ，ウナギ，ネコやイヌのあしや胴体，木の幹や枝，草のくきなども円柱形である。（例示）
	④しかし，チョウや木の葉などは円柱形ではない。（例外の提示）
	⑤チョウも木の葉も，その形態の一部を除けば円柱形の集まりである。（例外への反論）
円柱形の理由	⑥円柱形には理由があるに違いない。円柱形にはどのような良さがあるか。
	⑦新聞紙を使った，円柱形の強さの実験。（直接的な証明）
	⑧円柱形の強さについての説明（チョウ，木の葉の例）。（例示）
	⑨円柱形の速さについての説明（ミミズ，マグロの例）。（例示）
⑩円柱形は強く，速い。だからこそ，生き物の体の基本となっている。	
⑪生き物は実に多様であり，その多様さを知ることはとてもおもしろい。	

こうした現状を踏まえ，本項では，論証に直結しているもの，論証に導かれて提示されているものを「筆者の主張」とみなすことを提案する（上記の説明文では⑩がそれにあたる）。なぜなら，論説型説明文の場合，筆者の論理は論証過程に表れるのであり，それを読みとることが論理的思考力・表現力につながるからである。また，新学習指導要領における「文章全体の構成」の把握や「論の進め方」の精査等と，具体的に関連することになる。

以上のことを踏まえると，⑪は「筆者の主張」からは外れることになる。本論（②～⑩）を直接受けた内容とは言い難いからである。また，主張につながる根拠や情報を段落相互の関係で捉えるという点から考えると，①よりも「まとめ」として位置づく⑩の方が児童にとって理解しやすいだろう。児童に論理を読ませるためという，指導上の便宜からの提案である。

筆者の主張を特定したら，次に把握すべきはその主張を支えている根拠，つまり論証の構造である。②～⑨が論証部（この場合，本論でもある）だとすると，まず大きくいくつに分かれるかを考える。これは，論理をまとまりで捉えるために必要な観点である。児童のみならず教師も「論理を読む」ということに不慣れな場合が多い。まずは大きなまとまりで情報をつかみ，それぞれの中身に含まれる論証を検討していくという方法をとる。

第11章　読むことの指導①

　本教材の場合，論証部は内容的に②～⑤と⑥～⑨の２つに分けることができる。前者は「生き物は円柱形である」（①）ということを証明する内容であり，後者は「円柱形であることの理由は何か」（⑥）という問いに答える内容になっている。②③では，具体例をあげて仮説を証明する，「例証」という論証方法が用いられている。④⑤では，予想される反論を述べ，それに反論している。⑥では実験による直接的な証明，⑦⑧では例証が用いられている。つまり本教材の論証過程においては例証が最も多く用いられ，他に「予想される反論への反論」や，実験による証明が用いられていることがわかる。筆者が自身の主張を説得的に述べるために採った論証方法であり，ここに筆者の論理を見出すことができる。例証は，小学校の説明的文章に比較的多く用いられている。教材研究によって抽出し筆者の工夫として児童に読みとらせることができれば，児童が論理的な文章を書く際にも意識して表現に生かすことができるだろう。

　以上，論説型説明文の教材研究として，筆者の主張の把握と論証の把握について述べてきた。もちろん，書き出しの工夫や文相互の関係，まとめ方など，教材研究の観点は他にもあるが，紙幅の関係上ここでは論証方法にあえて限定して述べた。「はじめ・なか・おわり」「序論・本論・結論」「起・承・転・結」といった従来の構成の観点からの教材研究では，論理的表現の指導につなげることが難しいからである。児童の論理的思考や論理的表現を育成するためには，「論理」の中身を説明文のなかで具体的に特定し読みとることが必要である。従来の構成の観点からのみでは，内容的・意味的な展開を理解することはできても，なぜそれが筆者にとって論理的・説得的であるために必要だったかを考えることは難しい。論証方法という観点で教材研究を行うことによって，筆者の論理をより具体的な形で抽出し，また表現指導につなげていくことが可能になる。ただし，「例証」「証明」といった論証を表す用語は，まだそれほど一般的に理解され定着・活用されているとはいいがたい。また，児童にどの程度こうした用語を「読む」「書く」の学習活動で用いるかという点についても，議論の必要がある。

3　説明的文章に関する学習指導

1　三読法に基づく学習指導

　説明的文章の学習指導は多様にあるが，おそらく最も実践が多く行われ定着している学習指導法が，「三読法」であろう。「三読法」とは，解釈学に基づく読みの指導法で「通読・精読・味読」という三段階で読みの学習を行うものである。具体的には，以下のような学習指導過程をとることが多い。

▷5　例　証
例を示して主張・判断の妥当性を証明することであり，論証方法の一つである。具体例によって証明することになるため，最も読み手に伝わりやすく理解されやすい方法とされている。

▷6　通読・精読・味読
主として文学的教材の読解指導に用いられる「三読法」を構成している用語。「通読」は文章の内容把握，「精読」は内容や表現の精緻な読解，「味読」は文章への感想をもち評価を行う段階を指す。三読法は，説明的文章の読解指導の用語としても使われている。

131

（1） 書かれてある内容を理解し，文章全体の構成をつかむ（通読）

　文章構成には「序論・本論・結論」「起・承・転・結」などの分け方や用語があるが，児童に文章構成を理解させるために多く用いられている概念が「はじめ―なか―おわり」である。文章全体を３つに分け，導入や筆者の問いは何か（はじめ），どのような主張や結論が述べられているか（おわり），そのためにどのような方法がとられ，またどのような説明がなされているか（なか）等，全体を大きくつかませる段階である。また，書かれてある内容を理解させつつ，児童がその説明的文章にどのような問いや関心をもったかについても把握し学習課題に組み込むことなども含まれる。

（2） 表現の工夫や論理を読む（精読）

　(1)が教材内容を中心とした読みだとすると，(2)では表現や論理を中心とした読みが行われる。筆者がどのような情報を取り上げどのように配列しているか，筆者の問いや主張に対しどのような論証を用いて結論に導いているか，接続表現や文末などを含めた説明の仕方に工夫はあるか等，筆者の論理がどのように表現されているかを読む段階である。各段落に小見出しなどをつけてそれぞれの要点を捉え，段落相互の関係を考えさせるといった学習活動も，論理展開を読ませるための指導法としてよく採用されている。

（3） 筆者の工夫や論理を評価する（味読）

　(1)や(2)の学習をもとに，文章を評価する段階である。(2)で指摘したような情報配列や表現の工夫を行った筆者の意図について考えたり，説明の手順などが適切かどうか，段落相互の関係についての論理的整合性を考えたりする活動などが含まれる。筆者のものの見方や考え方を理解するだけでなく，それを評価しながら自分の考えをもち，また表現へと発展することもある。このように(3)の段階では，読者の立場から批判的に読むこと，また情報発信者の立場から表現につなげることを意識して読むことが想定されている。

２ 児童の興味・関心をどう高めるか

　上記の学習指導法で最も問題になるのは，児童の興味・関心をどう高めるかということであろう。筆者の論理や表現の工夫を読むこと，批判的に読むこと等は，社会において主体的に情報を選択し，言語によって論理的に思考・表現できるようにするために重要な学習内容である。しかし，児童にとって「論理を読む」ことは必ずしも身近な活動とはいえず，学習意欲を喚起しにくい場合が多い。先述した「小見出し付け」や「要点を抜き出して要旨をまとめる」といった活動は，児童にとって目的が見出しにくいだけでなく，同様の活動が学年をこえて繰り返される場合もあり，授業自体が活性化しにくいこともある。

　また，「論証」「批判」といった論理的思考・表現に直結する用語を多用した

第11章　読むことの指導①

り，直接的にそれを志向するような学習活動を設定したりすることは，児童に説明的文章に対する苦手意識をもたせることにつながってしまう。児童の学習意欲を高めつつ，論理的思考・表現に導いていくような学習活動の工夫や設定が必要である。ここではその一部の例として，「複数教材の比較」と「意味マップ法」の2点を取り上げる。

(1) 複数教材の比較

　単一教材を読むだけでは，その文章の特徴を特徴として認識することは難しい。複数教材を比較しながら読むことで，共通性や違いを指摘しながらそれぞれの表現や構成の特徴を把握することができる。どのような教材を比較するかについては，同一テーマのものを比較する，同一の構成のものを比較する，という大きく2つの方法があるが，実践例が多いのは前者であろう。例えばタンポポについて説明している2つの説明的文章を比較し，構成や書きぶりにどのような違いがあるかを発見させていくことで，情報配列や表現の工夫を学ばせていく。また，環境問題などを扱った説明的文章を比較すると，取り上げられている情報の内容は同じであっても，その配列が筆者の主張や意図によってそれぞれ異なる場合がある。比較して共通性や違いに気づき，また筆者の主張との関係を考えていくことで，主体的・分析的に論理を読むことにつなげていく。

(2) 意味マップ法（語に着目した指導法）

　「意味マップ法」（塚田，2001）とは，説明的文章を読む前に，そこに書かれている中心的なトピックについての児童の既有知識を予めマッピングし，その後説明的文章に含まれる語の関係や構造をマッピングしていくという活動を行うことで，文章理解を促す方法のことである。ここではその理論的な背景や具体的な手順等について詳述することができないが，既有知識を顕在化して新たな文章を読むことは，論理的思考の育成において重要である。論理的思考には，既知の情報を用いて未知の情報を類推し理解しようとする思考が含まれる。意味マップの作成によって可視化された既有知識を手がかりとしながら説明的文章を読むことで，未知の情報を類推し既有知識との関連づけが行われることが期待される。また，説明的文章で用いられている主要な語と語のつながりをマッピングで表すことは，筆者がどのような情報をどのような順序や関係でつなげているかという文章構造の理解にもつながる。

　これら2つの指導法以外にも，児童の興味・関心を高める方法は多数開発されている。それらの多くに共通するのは，論理を読む活動が，確認ではなく発見的・分析的に行われ，交流する活動が設定されている点である。また，表現活動に発展させることで，読むべき論理をある程度限定するとともに，読んだことが役に立つという実感をもたせている点も，多くの実践に共通している。

133

複数の情報を読み目的に照らして取捨選択し，情報を生かしながら論理的・説得的に他者に伝える力が求められている。児童の学習意欲を高めることと，系統的な論理的思考力・表現力の育成との両立が今後も一層重要になる。

Exercise

①　第1学年～第2学年の説明的文章を読み，目に見える事象が書かれてある部分と，目に見えにくい事象が書かれてある部分とに分けてみよう。それぞれの事象の順序や表現の違いなどについて，分析してみよう。

②　第3学年～第4学年の説明的文章のなかから報告型説明文を一つ取り上げ，情報がどのような順序で配列されているかについて分析してみよう。また，なぜそのような配列がなされたのか，筆者の意図について考えてみよう。

③　第5学年～第6学年の説明的文章の中から論説型説明文を一つ取り上げ，筆者の主張がどこにどのように示されているか特定してみよう。また，その主張を説得的に導くために，どのような情報の示し方や説明の工夫がなされているかについて分析してみよう。

📖次への一冊

森田信義『説明的文章教育の目標と内容──何を，なぜ教えるのか』渓水社，1998年。
　　説明的文章の指導について体系的に理解したい人におすすめ。「論理を読む」ことの実例がわかるだけでなく，育成すべき読みの力の系統性についても述べられている。
河野順子・国語教育湧水の会『入門期の説明的文章の授業改革』明治図書，2008年。
　　入門期指導に特化した内容となっており，理論編と実践編に分かれる。児童の論理的思考と発達の問題がわかるだけでなく，実践編では児童の実態とそれに応じた指導の実際がよくわかる。
市毛勝雄『説明文教材の授業改革論』明治図書，1997年。
　　説明的文章の結論部を，「おわり」ではなく「まとめ」と「むすび」に分けて捉えることは，表現活動につなげるうえでも，他教科での読みに生かす点でも重要である。「まとめ」と「むすび」の違いや意義を本書で学ぶことができる。

引用・参考文献

阿部昇『授業づくりのための「説明的文章教材」の徹底批判』明治図書，1996年。
市毛勝雄『説明文教材の授業改革論』明治図書，1997年。

小田迪夫他編著『二十一世紀に生きる説明文学習——情報を読み，活かす力を育む』東
　　京書籍，1996年。
渋谷孝『説明文教材の新しい教え方』明治図書，1999年。
塚田泰彦『語彙力と読書——マッピングが生きる読みの世界』東洋館出版社，2001年。
森岡健二『文章構成法』（改訂版）東海大学出版会，1991年。

コラム⑧

論理（トゥルミン・モデル）

　トゥルミン・モデルとは，日常の議論を行うに際し，どのような要素をいかなる順序で配置することが，蓋然性を低めた妥当性のある主張を引き出すことにつながるのか，という観点から考案された議論の論証モデルのことをいう。この論証モデルは，英国の分析哲学者スティーブン・トゥルミン（Toulmin, S. E.）によって考案され，図コラム⑧-1のような6要素の連接による構造をもつ。

　すなわち，「ある事実Dがある場合，Bという裏づけによってWという理由が考えられるので，Rという例外が存在しない限り，一般的（Q）にはCになるだろう」という一連の陳述である。これは三角ロジックや日本の教育現場で見られる「根拠・理由・主張」の3要素による意見表明とはまったく異なっているが，その理由の一つは次のような点にある。

(1) 議論がなぜ必要なのか。それは確定していない曖昧さが論じようとする対象にあるからである。逆にいえば，確実に確定していることについて議論をする必要はない。議論の余地は，本来，不確実なところに生じる。

(2) 曖昧さがない事実から出発し，そこに確定的な理由を付したとしても，導かれる結論は説明でこそあれ議論ではない。

(3) したがって，議論には不確実な要因と，しかし，それを妥当ならしめるための要因の両方が求められる。一見矛盾するこの両者を一つのモデルのなかでうまく機能させるためには「根拠・理由・主張」の3要素では不十分で，Dから始まる6つの要素とその連接が必要なのだ。

　議論には，確定した説明ではないからこそ不確かさを軽減する要素が必要とされるのであり，単なる曖昧な推測や憶測でもないがゆえに，導かれる主張にはそれなりの妥当性があるのである。

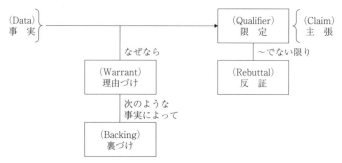

図コラム⑧-1　Toulminの論証モデル原型
出所：Toulmin, S. E. (1964) *The Uses of Argument*, First paperback Edition, Cambridge University Press.

第12章
読むことの指導②
——文学的文章——

〈この章のポイント〉
　文学的文章の指導は日本においても海外においても多くの研究の蓄積がある。現在ではそれらの研究を踏まえて，文学的文章の指導の目的は子どもたちが大人になった時に，自分の力で文学的文章を読めるようにすることだとされている。本章では文学的文章の指導の具体として，並行読書，言語活動，共有を学ぶ。

1　文学的文章の教育目標と内容

1　文学的文章を読む目的

　文学的文章の教育目標は文学的文章を自分で読む力を育てることである。人は生きていくなかでさまざまな体験をする。その時に，自分の置かれている状況を自分以外の視点から見ることを，物語を読むことで学んだならば，生きることに役立つのではないだろうか。文学作品を読むことによって，自身の置かれている状況を客体化して捉え，解決する術を探るきっかけをつかむことも往々にしてある。文学作品を必要としない人生もあるかもしれないが，文学の効用を知っていることで救われる局面もあるだろう。

　また，物語は文学作品以外のさまざまなものに含まれている。映像作品やゲームなどに含まれている物語を楽しむこともあるだろう。このような物語の効用や楽しみを知っている大人に育てることが文学的文章の教育目標である。

　大きく人生全体を見渡して，教育目標を掲げたが，実際の教育現場ではどのような目標をもてばよいのだろうか。

　一つは文学作品を楽しむことである。まずは，子どもたちが文学作品を読むことは面白いことであるという経験をすることが目標になるだろう。教室で文学的文章を楽しんで読んだ経験がなければ，教室外で文学作品を手に取ろうと考えることはないだろう。

　もう一つは読み方を教えることであろう。これまでは，教師が教材を解釈した内容を発問によって，子どもたちに理解させるという方法が授業の手法として広く行われていた。この手法で指導することによって，子どもたちが教材以

▷1 本章では読みの方法としているが，近年「読みの方略」とその指導に関する研究が盛んになっている。読みの方略とは読者が文章に基づきながら意味を構築していく過程のなかで意識的に行う一連の行動である。

外の文学作品も読めるようになると考えられていたのである。教科書を読むことで学んだ読みの方法[1]が容易に転移し，他の文学作品を読む場合にもそれらの方法がいかされると考えられていたのである。しかし，実際には教師が教科書教材を読み取った「正しい」解釈が子どもたちに伝達されるにとどまり，必ずしも読む力とはなっていなかったという反省がある。

また，「正しい」解釈にも落とし穴がある。もともと，文学的文章は読み手によって解釈の幅ができるような特徴をもっている。そのため，唯一絶対の「正しい」解釈があるわけではない。「正しい」解釈ができるようにすることがだいじなことではない。自分の人生にその文章を役立てることができる読者を育てることが重要なのである。それは，文学的文章に限らず，あらゆるすべての文章を読む力を育てる目標である。

2 文学的文章の教育目標

文学作品に含まれている思想が重要だった時代には，その思想を理解することが文学教育の目標となっていた。ここで，少し時間をさかのぼって，日本において文学教育がどのように論じられてきたかを見ることにしよう。

戦後，文学的文章を学校で教育することについて，日本中世文学の研究者だった西尾実と言語学者の時枝誠記の間に論争がおこった。西尾・時枝論争と呼ばれている。この論争で西尾実が「形象が文学の本質である」という立場から文学教育論を展開したのに対し，時枝誠記は「文学は言語である」という立場から論を展開していた。この論争以降，文学教育を自明のものとするのではなく，文学教育の意義に関して検討されるようになった。論争の後，多くの文学教育論，実践論が生まれることとなった。問題意識喚起の文学教育（荒木繁），状況認識の文学教育（大河原忠蔵），十人十色の文学教育（太田正夫），関係認識・変革の文学教育（西郷竹彦）等があるが，これらは作品に含まれた思想面に注目して指導を行う文学教育論であった。

以上のような歴史的経緯を踏まえ，海外の文芸批評理論を受容することによって，文学教育論は1970年代以降変化した。大きく分けると文学作品の構造や形式を分析する理論と読者論に代表される文学の受容理論である。前者は文学教材の分析方法を子どもたちに伝達することによって，文学作品を読み解いていく術を身につけさせるという実践となり，後者は文学作品を読むことを個人的な行為と比較して，教室という場で文学作品を受容するという行為の意義を考えた実践へと発展していった。

現在は読むことの力を育てることが目標となっている。そのためには，文学的文章を読む方法を子どもたちに身につけさせることも必要になる。それもまた，多くの文学的文章を読むという経験なしには，定着させることは難しい。

文学的文章を読む方法を明示的に指導したうえで，その方法を使って文学的文章を読むことを繰り返すことによって読む方法が子どもたちに定着するのである。

③　文学的文章の教育内容

　新学習指導要領には，国語科の内容が示されている。小学校新学習指導要領の国語の第2は「各学年の目標及び内容」となっている。学年は第1学年〜第2学年，第3学年〜第4学年，第5学年〜第6学年に分かれており，それぞれに目標と内容があげられている。内容はさらに〔知識及び技能〕と〔思考力，判断力，表現力等〕に分かれている。文学的文章という文言は新学習指導要領のなかにはない。しかし，文学的文章にかかわる内容は含まれている。次にあげるものがそれである。

〔第1学年及び第2学年〕
〔思考力，判断力，表現力等〕
C　読むこと
⑴
イ　場面の様子や登場人物の行動など，内容の大体を捉えること。
エ　場面の様子に着目して，登場人物の行動を具体的に想像すること。
オ　文章の内容と自分の体験とを結び付けて，感想をもつこと。
カ　文章を読んで感じたことや分かったことを共有すること。
⑵言語活動例
イ　読み聞かせを聞いたり物語を読んだりして，内容や感想などを伝え合ったり，演じたりする活動。
〔第3学年及び第4学年〕
〔思考力，判断力，表現力等〕
C　読むこと
⑴
イ　登場人物の気持ちなどについて，叙述を基に捉えること。
エ　登場人物の気持ちの変化や性格，情景について，場面の移り変わりと結び付けて具体的に想像すること。
オ　文章を読んで理解したことに基づいて，感想や考えをもつこと。
カ　文章を読んで感じたことや考えたことを共有し，一人一人の感じ方などに違いがあることに気付くこと。
⑵言語活動例
イ　詩や物語などを読み，内容を説明したり，考えたことなどを伝え合ったりする活動。
〔第5学年及び第6学年〕
〔思考力，判断力，表現力等〕
C　読むこと

第Ⅱ部　初等国語科の学習指導

> (1)
> イ　登場人物の相互関係や心情などについて，描写を基に捉えること。
> エ　人物像や物語などの全体像を具体的に想像したり，表現の効果を考えたりすること。
> オ　文章を読んで理解したことに基づいて，自分の考えをまとめること。
> カ　文章を読んでまとめた意見や感想を共有し，自分の考えを広げること。
> (2)言語活動例
> イ　詩や物語，伝記などを読み，内容を説明したり，自分の生き方などについて考えたことを伝え合ったりする活動。

　指導事項については，第1学年〜第6学年へと系統性が意識されている。例えば，カの指導事項を第1・2学年から第5・6学年へと読んでいくと，第1学年〜2学年では「文章を読んで感じたことや分かったことを共有」し，第3学年〜4学年では「一人一人の感じ方などに違いがあることに気付」き，第5学年〜6学年高学年では「自分の考えを広げること」となっている。実際に指導する場合にも気をつけたい点である。

　言語活動例はあくまで例であり，各指導事項は言語活動を通して指導されることになっている。学習指導要領［平成20年改訂］であげられていた指導事項や言語活動と同様であるため，すでに参考になる実践が多数蓄積されている。

2　文学的文章の特質と教材研究

1　文学的文章の特質

　文学的文章の特徴はいろいろとあるが，一番の特徴は，多様な解釈をみちびけるような書き方がなされていることであろう。例えば，パソコンのソフトやスマホのアプリのマニュアルのようなものが，さまざまな解釈が可能であったら，どうなるだろうか。おそらく，読み手は混乱し，操作の方法をあやまってしまうだろう。これでは，マニュアルの意味がない（むしろ，今では，マニュアルなしでも操作できるように作られているだろうか）。他にも多様な解釈が可能であっては困る文章は多数ある。研究成果を報告する文章，新聞記事，国語科以外の教科書の文章などもそうだろう。

　多様な解釈を生む部分，書かれていない事柄は研究者によって，空所と名づけられている。この空所の存在が他の文種と文学的文章の違いを生んでいる。文学的文章の空所は，正しい解釈でうめられるものではなく，多様な解釈をさそう文学ならではのしかけなのである。

　さまざまに読む力は設定できるが，文学にはいくつかの要素がある。文学的要素は例えば，舞台設定，視点，筋（プロット），登場人物などがあげられるだ

▷2　空所とは，文章に書かれていない読者が想像で補う部分のことである。空隙，空白と訳されている場合もある。

ろう。舞台設定とはいつごろのどのような世界のお話なのか。視点とは，その物語はどこから語られているかを指すものである。通常，文学作品では視点は一つに固定されているのではなく，移動するものである。筋（プロット）はあらすじのことである。登場人物はどのような立場でどんな人柄なのだろうかといったことである。

　これらを発問によって，読み取らせることが最終目的なのではない。教師の教材研究によって，「正解」を設定し，そこへ発問で誘導していくことは避けなければならない。その「正解」は多様なありうる解釈のうちの一つにすぎないからである。子ども自身が教室外でも文学的文章を読みながら，これらの文学の要素に注意を向けながら，自力で楽しんで読むことができるようになることが目標である。

　文学的文章には多くの約束事がある。例えば，「泣いた赤鬼」という，はまだひろすけの童話がある。鬼といえば，本来の昔話の世界ではおそろしい存在である。以前の子どもたちはそのイメージから「泣いた赤鬼」という題名を聞いただけで，「あのおそろしいはずの鬼がなぜ泣くのか？」という疑問をもつ。現代の子どもたちは「鬼とはおそろしいものだ」という約束事を知らないために，題名に反応することはほとんどないのである。よく似たものに「オオカミはぶたを食べる」といったものがあるが，これも物語のなかの約束事である。このような約束事の存在に注意を向けながら読む経験を積み重ね，子どもたちは文学的文章の読み方を知るのである。

2 主体的に読む力を育てるための教材研究

　教材研究の目的は教師が子どもたちの多様な読みを受け止めることができるようになることにある。

　実際の授業場面においては次のようなこともおこる。教科書教材の「ごんぎつね」を読んで，交流しているグループのなかで子どもが「兵十の母はうなぎを食べられなかったから死んでしまった」という発言をした。その話し合いを聞いていた授業の見学者が疑問をもった。「子どもの反応は間違っているのではないだろうか」と。しかし，「うなぎを食べる」という行為を，現在の価値観で「ごちそうを食べる」とうけとるのではなく，「うなぎを食べることによって栄養を取る」と考えれば，どうなるだろうか。兵十の母親はうなぎのおかげで病気に負けることなく，死ぬことはなかったかもしれない。その意味では，うなぎを食べられなかったから死んでしまったのである。そして，そのようにごんは考えたからこそ，兵十に贈り物をして，償おうと考えたのではないだろうか。もし，うなぎを最後のごちそうと考えるならば，ごんの後悔はここまで深くはなかったかもしれないと考えるのも一つの解釈である。

子どもに，うなぎの効用が十分に理解されていたかどうかはわからないが，教師は「兵十の母は病気で死んだ」ということだけを唯一の正解と捉えることによって，子どもの気づきを広げることができない可能性もあった。

新学習指導要領の指導事項において，場面の移り変わりや描写や叙述などを読むことが重視されるのは，登場人物の体験を子どもたちに追体験させるためである。「相手の身になって考える」とは，文学的文章を読むときに，自分にひきつけて理解するのではなく，作品のなかに入り込んで，登場人物になりきって考えることである。子どもたちに「想像させる」といった場合，叙述をもとに何を想像できればよしとするか，教師の側ではっきりさせる必要がある。従来の登場人物の気持ちばかりを問う指導では，必ずしも叙述をもとに想像させるのではなく，いたずらに「自分だったら」と自分に登場人物をひきつけて解釈することになっていた。書かれている叙述をもとに想像できることは何かということを意識した教材研究が求められる。

教師が叙述から具体的に想像し，教材研究した内容をすべて子どもたちが読める必要はない。しかし，とくに読みでつまずく部分に気を付ける必要がある。「わらぐつのなかの神様」には次のようなくだりがある。「そこへ，お母さんも台所をすませて，赤くなった手をふきふき，こたつへ入ってきました」。現在の子どもたちには，この意味するところはわかるだろうか。現在の子どもたちの母親は，冬に手を赤くして食器を洗うことはないだろう。比較的理解が容易だと思われた場面でも精査すれば，読みでつまずく部分は存在するのである。

では，大工さん＝おじいさんは，なぜ，おみつさん＝おばあさんに雪下駄を買ってくれたのだろうか。「おみつさんがほしがったから」という答えで満足していないだろうか。

おみつさんがほしがったにしても，必要のないものは買ってくれないだろう。雪下駄はなぜ必要だったのだろうか。おみつさんのお母さんのせりふ「物ねだりをしたことのないおみつのことだから，買ってやりたいのはやまやまだけどね。―まあ，おまえが町へよめに行くようなことにでもなったらね」が手がかりとなる。雪下駄は町の生活には必要なものなのである。町の舗装された道ではわらぐつよりも雪下駄のほうが適している。物語のラストでおじいさんが帰ってきて，雪下駄をならしていることからも了解されよう。「わらぐつのなかの神様」は「村の娘が町へおよめに行く話」とも読めるのである。

以上のように叙述をもとに想像して教師が読み，子どもたちに指導する場合には，選択する。どこまでが自分の力で読めるべきところで，どこが説明が必要で，多様な解釈が生まれる部分はどこだろうか。「どうして雪下駄が必要だったのか」や「なぜ，大工さん＝おじいさんは雪下駄を買ってくれたのだろ

うか」に答えられることが目標ではない。子どもたちが物語を問いをもちなが
ら読める手だてをうつ必要がある。その手だてをうつための教材研究が求めら
れるのである。

3 文学的文章に関する学習指導

1 文学的文章の言語活動——言語活動の見本を作る

　文学的文章の教育目標は以前にのべたが，学習指導においては，子ども自身
が学習のめあてをもてることが必要である。指導者側の教育目標とは別に子ど
も自身が学習のめあてをもち，学習することによって，教育目標が達成される
のである。

　学習のめあての提示にも工夫が必要である。毎回授業の始めに学習のめあて
を提示するのではなく，一つの単元を通じて，何を学習するのかという目標を
子どもたちが明確にもつことが必要である。

　学習のめあてを板書するという方法で，子どもたちに学習目標を提示する方
法は一般的である。教室によっては，めあてをいっせいに読み上げることも行
われているだろう。しかし，言語活動を行う場合には，めあてを音読する方法
だけで子どもたちに指導すべき言語活動を理解させることは難しい。

　子どもたちに具体的な言語活動を理解させる方法として，教師が子どもたち
に行わせたいと思っている言語活動を実際に行って見本を見せる方法が有効で
ある。この方法には二つの利点がある。

　一つは，子どもたちに行わせようとしている言語活動を教師自身があらかじ
め行ってみることによって，子どもたちのつまずきを予測することができると
いう点である。つまずかないように手だてをうつことができる。もう一つは，
子どもたちに学習のゴールである言語活動の見本を提示することができるとい
う点である。日々，子どもたちと接している教師自身が目の前の子どもたちの
実態に合わせた教材を自作することは効果的である。

　よい見本を作るだけではなく，悪い見本も指導として有効である。子どもの
感想などを取り上げて，学級全体で悪い例として共有することは，適切とはい
えない。取り上げられた子どもが感想を書くことに抵抗を感じる可能性がある
からである。しかし，毎日子どもたちと接している教師が，不適切な例を自作
して，学級全体で共有することは有効である。

　実際に言語活動の見本を作るという作業によって，評価の規準が教師自身に
とっても具体的により明らかになるという利点もある。現在では，評価規準の
明確化が求められている。ただ，子どもたちにだけ言語活動をさせるのではな

く，教師自身が同じ言語活動を行ってみることは多くの利点があるのである。単元の過程のなかで話し合ったり，メモをとったりするような言語活動においても見本を示していくことは有効である。

　ここで具体的に言語活動の例を示して考えてみたい。言語活動は何をするかと問われて，「帯を作る」と答えるのではなく，帯に何を書かせるかが重要である。下は第３学年〜第４学年の教材を想定した言語活動の例である。

〈「ちいちゃんのかげおくり」の帯〉

場面の移り変わりによってちいちゃんの気持ちが変化している内容を書く。（指導事項エ）	感想を書く（指導事項オ） 「なぜかというと」（感想の根拠を書く。指導事項オ）

　教科書教材で上のような言語活動を行った後，平和をテーマとした物語を読んで同様に行うのである。学習のめあてとして「『ちいちゃんのかげおくり』を読んで帯を作ろう」では，帯に何を書くのかは不明である。しかし，教師の側で前もって新学習指導要領の指導事項や教科書のてびきを参照して見本を作製することによって，子どもたちによりリアルに理解させることができるのである。

　言語活動の開発は，言語活動の種類の開発（いつも帯を作るという言語活動にならないように），言語活動の質の開発（同じ帯でも何を書かせるか），並行読書材の開発（並行読書で何を読ませるか）の３点を意識して開発していかなければならない。

［2］　並行読書──近年再評価された方法

　子どもたちが主体的に学ぶためには，子どもたちに選択する余地があることが必要である。文学的文章を主体的に読むためには，子どもたちが読みの方法や作品の選択をできることが必要である。

　読む力は読むことによって育てられるということから考えれば，読書量を増やしていかなければならないことは，明らかなことである。語彙は主に読むことによって増えることからも読書量を増やすことは指導上，重視していかなければならない。そこで一つの方法として並行読書が採りいれられるようになった。

　並行読書とはもともとは，単元学習において広く行われていた方法であった。近年では，子どもたちの主体的な学習を進める方法として再評価され，広く行われている。並行読書とは，当該単元の指導のねらいをよりよく実現するために，共通学習材（通常は教科書教材）と関連させて，本や文章を読むことを

第12章　読むことの指導②

位置づける指導上の工夫のことである。これまでにも複数教材を使用した実践は行われてきている。例えば，「比べ読み」という手法はとくに文学作品の読みの指導において，広く用いられている。「比べ」という言葉からもわかるように教科書教材と他の作品を比較することに重点を置いた指導である。「重ね読み」も同様に教科書教材と重ねて読むことによって，教材の理解を進めようとするものである。

これらの方法と近年の並行読書が異なる点は，並行読書のほうがより子どもたちの読みの力を育てることに重点をおいた方法であるといえる。「比べ読み」や「重ね読み」は教科書教材をより理解するための方法として開発されてきた歴史がある。並行読書は子どもたちが教科書教材で読む方法を知り，並行読書材で実地にその方法を活用するというものである。

並行読書材の選択は子どもの実態に合わせた形で行うことが望ましい。子どもたちの個人差の大きな学級では，並行読書材の選択によって個人差に対応することができる。並行読書では，子どもたちが自身で黙読することだけを指導するのではなく，積極的に読み聞かせを取り入れると効果的である。自力で読める子どもであっても，読み聞かせを好むものである。

教科書教材の「きつねのおきゃくさま」や「にゃーご」の理解のために，絵本「おまえ，うまそうだな」を読み聞かせしたことが効果を発揮した例もある。これらに共通する点は，はじめは捕食しようと近づいた登場人物が捕食される側の登場人物になつかれることによって，捕食せずに終わるという点である。あらすじのレベルで共通する物語を複数読むことで，物語の約束事を理解していくのである。物語にはいくつかの共通するパターンのようなものがあると理解することができれば，他の物語を読む時に，どのパターンにはまっているかを予測しながら読む。その予測があたることもはずれることも読む楽しみである。

教科書教材で身につけた読みの方法を並行読書をするときに子どもが自身で判断して活用できるように指導することで，実生活で活用できる読みの力となる。第3学年〜第4学年の指導事項にもあるように「一人一人の感じ方に違いがあることに気付く」ためには，子どもたちの感じ方に多様性があるほうが望ましい。しかし，同じ教科書教材を読んだだけでは，感じ方に多様性はうまれにくい。並行読書は多様な感じ方をうむためのよい方法でもある。

3　並行読書材の考え方

並行読書ではシリーズ作品を読むことがひろく行われている。シリーズでもシリーズごとに特性があり，特性を踏まえた指導を行えば，効果的である。例えば，がまくんとかえるくんの登場する「お手紙」のシリーズと小学生のすみ

れちゃんが活躍する「わたしはおねえさん」のシリーズを比較すると前者はとくに登場人物の成長は描かれないが，後者は描かれているという違いがある。「海の命」の命シリーズでは登場人物の関連性はまったくない。また，平和，友情といったテーマやきつねの出てくる話，おもしろい商売について書いてある話など共通した要素に注目して，並行読書材を集めることもある。

並行読書材の考え方を図を用いて示す。

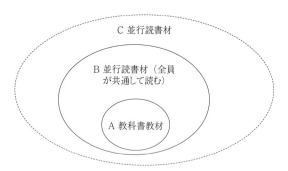

図12-1　並行読書材の考え方

「A 教科書教材」に関しては，子どもたちの全員がそれぞれに一冊ずつ持っており，手軽に読むことができる。「B 並行読書材」は全員が共通して読むものである。「C 並行読書材」は必ずしも全員が読むものではない。

例えば，「椋鳩十の作品を読んで紹介する」という単元を組む場合，共通に読まれる「A 教科書教材」は「大造じいさんとがん」になる。椋鳩十作品のうち，比較的読みやすいものや紹介しやすい6作品を子どもたちに示す。その6作品が「B 並行読書材」となる。一方で教室のなかに椋鳩十コーナーを設けて，子どもたちが手に取れるようにしておく。AとBが実線で示される一方，Cが破線で示されるのは，子どもによってその範囲が異なるからである。多数の作品を手に取る子どももいれば，一つの作品を何度も繰り返して読む子どももいるだろう。そのような選択が読者自身でできることも読む力の一つである。

4　共　有

今回の学習指導要領では交流に代わって，共有というキーワードが登場してきた。交流は行動としての側面が強調されがちだが，共有は考えを共有するなど認知的な側面を強調した用語である。

教室という場で文学作品を受容するという行為において，とくに交流が注目されてきた。交流では自他の違いに気がつくことが重要であり，互いに同じ感想や読みをもつことが重要なのではない。相手の読みに安易に同調してしまうことも避けなければならない。そのためには，子どもたちに多彩な読書材を提

供することが必要になる。子どもたちが同一の教科書教材を受容しているだけという状態では感想や読みに多様性が出ることは難しいだろう。子どもたちがそれぞれの興味関心を育て，多くの文章にふれていることによって，子どもたちの読みに多様性が生まれるのである。

　その多様な読みを子どもたち同士で交流して共有することが，教室で行う意味のある活動なのである。

⑤　文学的文章の指導の実際

　「小学校国語科映像指導資料〜言語活動の充実を図った『読むこと』の授業づくり〜」では，12事例が紹介されている。事例7の教材は「白いぼうし」（あまんきみこ）である。言語活動は「ふしぎのとびら」を作成して，物語を紹介するというものである。「ふしぎのとびら」は次の3つの部分からなっている。

(1)　いちばんのふしぎ……自分が選んだお話の面白さを説明するために最もふさわしい不思議を取り上げる。

(2)　ふしぎ解き明かし……不思議な出来事が起きる仕掛けを説明し，不思議を解き明かす。「いちばんのふしぎ」の場面とのつながりを考えて叙述を引用したり説明したりすることで，場面の移り変わりを捉えることができるようにする。

(3)　松井さんのひとりごと……不思議な出来事に遭遇した主人公「松井さん」の思いを想像して書く。松井さんの言動や気持ちについての叙述を根拠に書くことで，性格や気持ちの変化をつかめるようにする。

　この実践事例では，教科書教材である「白いぼうし」が並行読書材の考え方のA，シリーズ全22作品中7作品をBの並行読書材とし，残りの作品をCとしている。

　言語活動の見本も作成されており，指導事項に即して言語活動例の部分が作成されている。評価の観点や基準なども詳しく書かれている。ネットで簡単に見ることができる。

　ほかにも多くの実践事例が出版されている。授業づくりの手がかりは多く提供されている。先行の実践から学ぶことは授業づくりの第一歩である。子どもたちが自分の力で楽しんでさまざまな文学的文章を読めるような授業づくりを目指してほしい。

Exercise

① 文学的文章の教材と教科書のてびきを読んで，言語活動を考えてみよう。

② 複数の教科書に採用されている教材（「ごんぎつね」「大造じいさんとがん」など）のてびきを読んで比べて見よう。新学習指導要領と見比べてどの指導事項を意識したてびきだろうか。

③ 文学的文章の教科書教材を読んで，言語活動を設定したら，並行読書材を探して読んでみよう。一つの教材文に対して，シリーズものものセット，同じ作者の作品のセット，テーマが共通する本のセットなどいくつかのセットを考えてもよい。

④ 並行読書をしたら，実際に言語活動を行ってみよう。子どもが意欲的に取り組めるものになっているだろうか。

⑤ 言語活動をしながら，どのような力がついたと感じるだろうか。最初に考えていた力だけではなく，ほかにもどんな力がついただろうか。

📖次への一冊

塚田泰彦『読む技術——成熟した読書人を目指して』創元社，2014年。
　　読書科学の最先端の研究成果を専門用語を使用せず，平易に説いた本。現在の国語教育に不足している点も指摘されていて，これからの国語教育を考えるうえでも，自身を読書人として自己形成するうえでも必読書。

松本修『文学の読みと交流のナラトロジー』東洋館出版社，2006年。
　　文学的文章の指導の目的として，交流を設定した書物である。何のために交流を行うかについて，実際の授業場面が分析されている。

山元隆春『読書反応を核とした「読解力」育成の足場づくり』溪水社，2014年。
　　自立した読者を育てるための方法が論じられている。とくに絵本の活用に関しても多くの紙幅を費やしており，文学的文章の指導に絵本が有効であることを説得的に論じている。

濱田秀行『他者と共に「物語」を読むという行為』風間書房，2017年。
　　「物語」を協働的に読む授業を分析した著書である。現在の国語科における「物語」を読むことに関する研究がレビューされているため，後半の授業分析に関して初学者もわかりやすい。

小学校国語科映像指導資料〜言語活動の充実を図った「読むこと」の授業づくり〜
　http://www.nier.go.jp/kaihatsu/pdf/kokugo_eizo_siryo_data.pdf
　　指導案，言語活動などはネットで簡単に閲覧することができる。映像に関しては各都道府県，市町村の教育委員会に送付されており，コピーガードもないため，手軽にコピーして見られるようになっている。

引用・参考文献

塚田泰彦『読む技術——成熟した読書人を目指して』創元社，2014年。

八田幸恵『教室における読みのカリキュラム設計』日本標準，2015年。

松本修『文学の読みと交流のナラトロジー』東洋館出版社，2006年。

山元隆春「読みの『方略』に関する基礎論の検討」『広島大学学校教育学部紀要第Ⅰ部』16，1994年，29〜40ページ。

山元隆春「国語カリキュラムにとって文学はなぜ必要か——現代米国の文学教育論を手がかりとして」『広島大学大学院教育学研究科紀要』第二部第65号，2016年，99〜108ページ。

山元隆春『読書反応を核とした「読解力」育成の足場づくり』溪水社，2014年。

小学校国語科映像指導資料〜言語活動の充実を図った「読むこと」の授業づくり 2016年。http://www.nier.go.jp/kaihatsu/pdf/kokugo_eizo_siryo_data.pdf（2017年8月4日閲覧）

第 III 部

初等国語科を取り巻く問題（領域）

第13章
入門期の指導

〈この章のポイント〉

　初等国語科は第１学年に入学する４月からはじまる。この時期を入門期と位置づけた場合，この時期に特有の国語科の課題は何かについて学ぶ。児童の言語生活は入学前から入学後へと連続しているため，幼稚園などでの就学前教育の実態を踏まえて，義務教育がはじまる小学校での学習スタイルに習熟できるよう一人ひとりの言語生活の支援方法を解説する。

1　入門期をどう捉えるか

1　小１プロブレムと幼小の連携

　近年，義務教育がはじまる小学校第１学年が抱えている問題に，「小１プロブレム」と呼ばれる状況がある。小学校に入学したばかりの児童が，授業中に教室を立ち歩いたり，集団行動を取れなかったり，また人の話が聞けなかったりすることが数か月以上続いてなかなか収まらない事態を指している。これまでは入学後しばらくでこのような事態は収まっていたという。ここには，小学校入学間もない頃は，保育園や幼稚園さらには家庭での生活との連続で考えなければならない特有の問題があるということである。この問題を念頭に置けばなおのこと，入門期をどう捉えるか，そしてどう対応するかは重要な課題となる。ただ，この問題は特定の教科を超えていわば学校生活全般に及ぶため，ここでは，この問題の言語生活にかかわる部分を取り上げて，入門期を理解するための視点を示すことにしたい。

　例えば幼稚園教育要領（平成29年）には，５つの内容領域が示され，その一つとして「言葉」が取り上げられている。「言葉」の目標は「経験したことや考えたことなどを自分なりの言葉で表現し，相手の話す言葉を聞こうとする意欲や態度を育て，言葉に対する感覚や言葉で表現する力を養う」と記されている。言語生活全般を視野において，さまざまな言葉をめぐる指導内容を日常的で自然な活動を通して準備できるようにすることが目標である。しかし，ここにある「相手の話す言葉を聞こうとする意欲や態度」には現在大きな課題が残されていることになる。あるいはまた，「２内容」の最後の（10）に「日常生

153

第Ⅲ部　初等国語科を取り巻く問題（領域）

活の中で，文字などで伝える楽しさを味わう」という項目がある。しかし，この項目も文字の読み書きの習得それ自体を指導内容として直接指示したものではない。そのため，文字の指導についてはそれぞれの判断でさまざまな対応が行われ，小学校入学の４月時点（６歳）でかなりの児童がひらがなやカタカナの読み書きができる状況にある。このことからも，入門期の指導では，就学前の日常生活での文字の習得の実態を視野に入れて対応する必要がある。また国語科は母語の教育であり，日本語を話し聞く能力については入学前に相当程度の発達が見込まれる。例えば，物語が創作できるようになるのは小学校第３学年～第４学年以降であるが，４～５歳児ですでに口頭での「物語り」の能力はかなり発達しており，大人が活用する物語の知識を十分使いこなしていることがわかっている（内田，1986参照）。こうした言語能力の発達の実態を踏まえると，国語科入門期はとくに幼小の連携に十分配慮し，適切で効果的な指導を工夫することが求められる。

2　入門期とは

　では，入門期をいつまでとみるか。これについては定説はないが，１年生入学時点から１～２か月は少なくともその時期とみて対応することになる。学校での学習習慣が身につくための準備期間と考えるとよいが，個人差も大きい。教科書によっては，単元に対応するかたちで夏休み前までの期間を想定しているものや，１年間を入門期としているものもある。

　国語科の入門期ではまず文字の読み書きの習得が主な学習内容となるが，ひらがなの読み書き（五十音図）だけでなく，カタカナや漢字の入門的な指導は一定の期間を視野に入れて対応することが望ましい。少なくとも最近の実態としては，入学時点でひらがなの読みは90％前後の児童がすでに習得している状況にある。こうした事実からも，入学前の習得の実態に目を向けて，担当する学級の児童の習得状況を，ひらがな・カタカナ・漢字について確認する必要がある。教科書では，ひらがなも清音・濁音・半濁音・特殊音節と，一から順を追って学んでいくページ構成となっている。これは，幼稚園では文字の読み書きを「教えなくてもよい」ことになっているからであるが，前述のとおり，実際は何らかのかたちで多くの子どもがかなり進んだ習得状況にある（天野，1986参照）。なお，カタカナの習得のページになると，初出は夏休み以降になることが多く，しかも清音・濁音・半濁音・特殊音節などが順に提出されることは少なく，同時に提出されることもあり，負担が大きい。漢字（象形文字・漢数字）の初出の時期もまたこれにほぼ重なってくる。文字の習得の実態と教科書での文字の提出状況とのギャップには十分注意する必要がある。

　国語科入門期では，いうまでもなく，文字の読み書き以外にも話すこと・聞

くことについて目標にしなければならない指導内容がある。そこで，予め，入門期の指導内容の概略を示し，その後，順次具体的に指導内容と指導方法および学習者の実態について解説する。

入門期では何を教えるかということであるが，輿水実（1962/70, 260～261ページ）によれば，入門期の〈発達段階と目標〉は次のようになっている。

(1) まず学校生活になれさせて，そうした社会的訓練をすること。

(2) つぎに絵などを見させて話をさせること。

(3) それを通して発声訓練・発音訓練をすること。

(4) 図形の識別などによって視覚の訓練をすること。

(5) 文字を書くための準備として手のほうの訓練をすること。など

半世紀前の解説であり，ここにある「訓練」という表現がこの時期の指導を特徴づけると言えなくもないが，今日では，小1プロブレムの問題もあり，学習者の意欲や関心を高める工夫を前面に出して，楽しみながら学ぶ姿勢を習慣化することが大切にされている。

大熊徹は「入門期指導のねらい」を次のように述べている（田近・井上編，2010, 210ページ）。

① 児童が安心して先生や友達になんでも話せるなごやかな学級環境を構成すること。

② 文字力・語彙力・表現力など児童の言語生活のばらばらな状態を調整すること。

③ 読む・書く・聞く・話すといった総合的な言語活動を通して，文字力・書写力・基本文型・語彙力・発音などきわめて基礎的な力を身につけさせること。

④ 入門期以降の国語学習は，「読み」や「作文」など，かなりはっきりした目標を持っているため，その準備としての読みの基礎力や作文の基礎力などを身につけさせること。

［3］ 入門期の指導内容

入門期の指導内容をここで一覧しておく（新学習指導要領の内容領域別に，第1学年～第2学年での記載内容も考慮して，とくに入門期の必要事項と判断したものを列記する。表現は一部変更した）。

第Ⅲ部　初等国語科を取り巻く問題（領域）

〈知識及び技能〉
・音節と文字との関係に気づき，姿勢や口形，発声や発音に注意して話すこと。
・ひらがなの読み書きや助詞「は」「へ」「を」の使い方を習得すること。句読点の役割に気づくこと。
・言葉には意味による語句のまとまりがあることに気づくこと。身近なことを表す語句を増やすこと。
・語のまとまりや言葉の響きなどに気をつけて音読すること。
・読み聞かせを聞くこと。
・姿勢や筆記具の持ち方を正しくして書くこと。

〈思考力，判断力，表現力等〉
A　話すこと・聞くこと
・身近なことや経験したことなどから話題を選んで，声の大きさや発音に注意して話すこと。
・相手の話を聞く態度を身につけること。
B　書くこと
・簡単な単語や文を書くこと。
・身近な題材や経験したことを選んで，簡単な文を書くこと。
C　読むこと
・事柄の順序などをもとに，短い文章の内容の大体をとらえること。
・文章の中の大切な語に注意すること。
・本に興味を持つこと。

　教科書での取り扱い内容も，概略は以上のような内容に準じているが，一例として，教育出版（平成29年）の１年上の単元構成を簡略に整理してみる。

〈４月〉
　導入（扉）（３時間７頁）：挿絵を見ながら想像したり話したりする。語形法での文字の提示あり。
　話す聞く（６時間６頁）：挿絵をもとに場面に合わせたあいさつや自己紹介をする。読み聞かせをとおして読書への関心を高める。
　書く（１時間２頁）：運筆に慣れ，簡単なひらがなを書く。
　話す聞く（１時間２頁）：「あいうえお」の適切な発音を学ぶ。
　書く（１時間２頁）：母音や簡単なひらがなの読み方書き方を理解する。
　読む書く（２時間２頁）：しりとり遊びでことばをさがしたり書いたりする。
〈５月〉
　話す聞く（３時間２頁）：挿絵をもとに，話題を見つけて話したり，相手の話を聞いたり反応したりする。
　書く（２時間２頁）：清音・濁音・半濁音の違いを理解して書く。主述と文末を意識して文を書く。
　読む書く（２時間２頁）：語句のまとまりに気づき，読み書きする。
　読む（３時間４頁）：登場人物の様子を考えて，音読する。
　読み書き（２時間２頁）：促音の読み方書き方を理解する。句読点の使い方を理解する。
　読書（３時間２頁）：読みたい本を探して紹介する。（助詞「を」を学ぶ。）
　読む書く（２時間２頁）：かるたを作ってことば集めをする。（主述に気をつけて文を書く。）

156

> 読む（2時間4頁）：五十音図でひらがなのまとめの学習をする。
> 書く（4時間2頁）：経験したことを絵や文で書いて読み合い，感想を述べる。

　以上が入学後2か月分の内容である。ひらがなはすべて学び，話すこと聞くことの基本と読み書きの連続的な学びによる語彙の拡充や文型意識が意図されている。読書の入門のページも用意され，他者意識のもとで多様な言語活動を積極的に行えるようにすることが目標とされている。

　ここにある内容を具体的に指導するときの注意点などを，次に解説する。

2　入門期のカリキュラムと指導上の注意点

1　入門期の指導内容と習得の実態

　文字の習得状況を例にあげて，考えてみる。

　日本語の表記システムは，ひらがな・カタカナ・漢字を中心に数字や記号を含めるとかなり複雑である。児童は，教科書のページが想定しているような清音・濁音・半濁音などの順でこのシステムを覚えるとは限らない。すでに大半の児童はひらがなが読める状況にある。このため，教科書のページに沿って，体系的に習得する時間を改めて確保しながら，一人ひとりの習得状況の調整を行うことになる。また児童は単体としての文字（ひらがな）を記号として覚えた後，単語の複雑なつづりの規則を習得しなければならない。そこで，このつづりの規則を習得する段階についてみてみる。塚田（2008）では，児童が幼稚園の時期からどのような発達段階を経て，日本語の文字をつづる力を身につけていくかを調べている。次のような発達段階が想定されている（5〜7ページ）。

> 〈日本語つづりの発達段階〉
> 　（最終の第7段階のつづり字「チューリップ畑」をもとにそれぞれの段階の典型例を示し，さらに具体例を調査データから選んで記載した。）
>
> 　段階1　ひらがなつづり未習得段階　（チューリップ畑　→　ちりふ）
> 　　　　　さる　→　さる（下線の字形が未記入ないし未習得）
> 　段階2　ひらがなつづり（清音・濁音・半濁音）習得段階　（チューリップ畑
> 　　　　→　ちりぷばたけ）
> 　　　　　ゆきだるま　→　ゆきらるま（下線が誤字）
> 　　　　　きんぎょ　→　きんきょ（下線が清音段階）
> 　段階3　ひらがなつづり（特殊音節）習得段階　（チューリップ畑　→　ちゃ
> 　　　　りっぷばたけ）
> 　　　　　すこっぷ　→　すこ□ぷ（□の特殊音節文字の脱落）
> 　　　　　ひこうき　→　ひこおき（長音の誤記）

第Ⅲ部　初等国語科を取り巻く問題（領域）

段階4　カタカナつづり（清音・濁音・半濁音）習得段階　（チューリップ畑
　　　→　ちゅうりポバたけ）
　　　ちゅうりっぷ　→　ちゅうりポ（チューリップの音転写の混乱）
段階5　カタカナつづり（特殊音節）習得段階　（チューリップ畑　→　チュウ
　　　リプばたけ）
　　　ドッチボール　→　ドーチボール（促音の誤記）
段階6　ひらがな・カタカナ併用つづり習得段階　（チューリップ畑　→
　　　チューリップばたけ）
　　　バーベキュー　→　バーベきゅ，バーベキュう（ひらがなとカタカナ
　　　の混用）
段階7　漢字つづり未習得段階　（チューリップ畑　→　チューリップ畑）
　　　汽車　→　き車（一部の漢字使用）

　調査の結果では，発達段階としてはほぼこの7つの段階に沿った習得の過程を経ることが実証された。ただ，教科書では児童はこの段階1から順に学習をはじめることになっている。教科書に沿って学習を進める場合には，一人ひとりの習得状況を確認することが教師の不可欠の仕事になる。とくに特殊音節の文字つづりの習得はハードルが高いことがわかっており，入念な対応が必要になる。

　なお，児童が文字を学ぶ場合の「文字の提出方法」には，音声法と語形法と呼ばれるものがある。

▷1　ワード・メソッド，
センテンス・メソッド
　音声法と語形法の問題と重なる部分もあるため，注意を要する。この問題については，音節と文字の関係の問題を超えて，単語だけを単独で提出するか，文を提示して単語を学ぶかたちとするかという対立軸も生まれる。ワード・メソッドかセンテンス・メソッドかである。この対立は，文章を理解したり表現したりする場合の原理的説明としてどちらを優先するかという問題ともつながっている。センテンス・メソッドの用語は，垣内松三によって原理的な支持が明確に表明され，サクラ読本（昭和8年国定教科書）の入門教材「サイタ　サイタ　サクラガサイタ」が代表的な事例となった。

　「平がなは日本語の音節を表す文字であるから，音節の正確な発音をまず指導し，それを表す文字体系として指導すべきだ」とするのが「音声法」であり，単語，語句，文の読みから指導を始める「語形法」と対立する。……しかし，入門期における実際の指導場面では，短い文や語句を読む活動を行いながら，それらの音読・発音指導の過程で音節への自覚を誘発して，平がな文字の指導と結合することも広く行われている。したがって，読み書き，話す聞くなどの学習活動の連鎖からみると，両者は次の二つのコースとして一体的に捉えられる。　○「音節―平がな」→語→語句→文　○　文→語句→語→音節→平がな（田近・井上編，1984，273ページ）

　教科書では，この2つの対応が混在していることがある。音節と文字の対応だけでなく，単語と文との併用を通して，語意識と文意識を喚起することも目的だからである。なお，現在では入門期の文字提出のページは，多くがセンテンス（文）として提示されているとみていい。▷1

2　話すこと・聞くことの指導

　自分で話すことは比較的容易でも，入門期の児童は人の話を聞くことが苦手である。教室での基本的習慣として聞く姿勢を身につける指導が欠かせない。

とくに学校の教室という新たな談話空間で，教師と児童という関係を明確に意識して話したり聞いたりできなければならない。

① 先生あのね

先生に向かって自己紹介したり，経験した出来事について話したりすることが「教えたり学んだりする」教育的関係を自覚する出発点に位置づけられる。この活動は，同時に教室での社会生活に参加する第一歩であり，相手意識や仲間意識のもとで話したり聞いたりすることの入門となる。教室で隣同士で話すときや，運動場で大きな声で話すときなど，時間と場所を少しずつ意識した話し方の練習も組み込むことが必要になる。

② 発音・発声の練習

学校のさまざまな場面で話しはじめる児童一人ひとりの発音や発声の仕方にも注意していく必要がある。幼児語を話したり，発音や発声の仕方について矯正が必要な場合には，専門的な知見に基づいた指導を行うことになる。

③ 読み聞かせ

読み聞かせの機会を増やし，読み聞かせの方法も変化させながら，お話を聞く楽しみが生まれる工夫をする。国語科の教師は，児童が絵と文字・文章との対応を意識できる読み方を心がけることも大切である。教師による読み聞かせが本への興味・関心を高めることにもなる。家庭での言語生活，とくに保護者による読み聞かせの有無などを確認する機会をもつとよい。児童の興味・関心の在り処を知る手がかりとなるからである。

３ 読むこと・書くことの指導

① 文字の読み書き

上述したように，文字の読み書きは入門期の主要な指導内容となる。鉛筆の持ち方や運筆，あるいは字形や文字のつづり方も，正しい書き方を念頭において，児童一人ひとりの意欲に寄り添いながら丁寧な指導を心がけなければならない。このときの習慣化次第ではその後の矯正が難しくなるからである。また，正誤の観点から教師が一方的に誤りを正していく指導になりがちである点は注意を要する。児童は文字にしろ，つづりにしろ，試行錯誤を繰り返して練習する過程が重要なのであり，十分時間を取った指導が求められる。

② 単語意識

入門期ではすでに知っている日本語の言葉（単語）を想起しながら，読み書きの学習を行うことが多い。しりとりなどで既知の語を想起しつつ，文字として書き，新しい単語を増やしていくという学習は重要である。ここでも楽しく学ぶ習慣が身につくとよい。

③ 文意識

第Ⅲ部　初等国語科を取り巻く問題（領域）

　4月時点で，文や文章を読むことは頻度を増すが，絵や図形などを頼りに意味内容を理解するための準備段階であることを忘れないようにしたい。話したり聞いたりする活動を行う教科書のページは，口話での文や文章を書記の文や文章と対応させていく機会でもある。自然に日常の談話として行っている活動が，書記言語の学習に結びつく工夫をすることが必要になるが，入門期では，カードや図形，絵などを紙媒体で準備して，理解と表現の活動を補助することも多い。

④　作文活動

　文意識は「は」「へ」「を」といった助詞の使い方とセットで喚起することになる。句読点という記号も導入される。1文を意識した作文を書く練習を行うことになるが，この場合も，児童が経験したことや思い出したことに結びつく工夫をすることで，書くことの楽しさを知り，書く意欲を高めることが重要である。作文活動への導入として，事前に口頭作文での練習を行ったり，絵日記のように単語や文やお話が場面としてまとめて想起できる書く活動も行われる。

▷2　口頭作文
　「入学当初からひらがなの指導と併行して行う口頭作文は二つの意義を持つ。一つは，本格的な作文指導の準備段階としての意義である。口頭作文は，文字が書けない段階においても，児童の表現意欲を封じ込めてしまわないために，何らかの手だてが必要との考えから生まれた。表現することの意義や面白さに気づかせるとともに，自分自身のことばを発見させることが目標である」（深川，1983，10～11ページ）。

3　一人ひとりに寄り添って

　入学時点の学力の習得状況には大きな個人差がある。この事実に気づき，個別の配慮ができるのは担任である。とくに，問題となる実態への対応（適切な鉛筆の持ち方，発音の矯正，書字の乱れの改善など）は，丁寧に行う必要がある。また，児童の家庭や地域での言語生活にも目を配り，学校という環境の特殊性に慣れ，学校生活を楽しく出発できるよう，教師が一人ひとりに優しく言葉がけをしたり，クラスの仲間への語りかけ方の例を実演したりして，学びの空間が児童の心のよりどころへと変化するようにすることである。

Exercise

①　幼稚園児や小学校第1学年の児童が実際に書いた文字や文章を探して，書くことの実態を確認してみよう。

②　小学校入学時点で担任教師として，学級経営の視点から，話すこと聞くことの指導内容と指導上の問題点を整理してみよう。

③　教科書の入門期での書くことの単元を紹介し，課題などについて話し合ってみよう。

第13章 入門期の指導

📖次への一冊

卯月啓子・首藤久義『ことばがいっぱい １年生』東洋館出版社，1997年。
　　「国語学習の幸せなスタート」を願って，楽しく実りある国語学習の具体例を「実
　　践編」と「原理編」に分けて解説している。
内田伸子『ことばと学び』金子書房，1996年。
　　言葉の獲得と発達に関する専門的知見を平明に解説し，とくに教育する側から配慮
　　すべき入門期の要点を明確に述べている。
天野清『子どものかな文字の習得過程』秋山書房，1986年。
　　文字の読み書きの習得過程について，学術的にまとまった説明が行われている。

引用・参考文献

内田伸子『ごっこからファンタジーへ』新曜社，1986年。
興水実編『国語指導法事典』明治図書，1962/1970年。
高橋太郎・本間繁輝・古藤洋太郎・依田逸夫他『ちからを伸ばす　入門期の国語教室』
　　日本書籍，1982年。
田近洵一・井上尚美編『国語教育指導用語辞典』教育出版，1984年，第四版2010年。
塚田泰彦『リテラシー学習の再構築のための創発的綴りの体系的研究』平成18・19年度
　　科学研究費補助金研究成果報告書，2008年。
常木正則『一人前レベルの国語科学習指導知識・技術』教育出版，2011年。
深川明子『入門期読み方教育の開拓』明治図書，1983年。

コラム⑨

小中連携

　小・中学校での学習を切り離して捉えるのではなく，義務教育段階にある9年間全体を見通した学習指導を考えることは重要なことである。校種は異なれど，対象となる学習者は同じであり，小学校6年間で学び得た知識や思考法が土台となって，そのうえに中学校での学習が築かれるからである。

　例えば，小学校の頃に説明的文章の学習で学んだ「はじめ，なか，おわり」という概念は，中学校の授業で「序論，本論，結論」となる。さらに，それぞれのまとまりが細分化され，より詳細で複雑な「段落」というまとまりに分けられることを知り，筆者の意図を想像したり，学び得た工夫を取り入れながら文章表現をしていったりする土台となる。

　中学校での学習は，小学校の頃に比較して，より複雑で抽象的なものであることが多いため，中学校での学習が小学校のものと重複してしまったり，基礎となる知識がないままに学習が進められてしまったりすると，確かな学びは保証されない。小中での国語の学びが円滑かつ確実に接続される必要がある。

　小学校の教員は，中学校で扱う学習材や学習語彙について知り，「小学校で何をどこまで学んでおくべきか」「今どこまで学んでおくことが，中学校での学びをより確かなものにするか」という視点から指導計画を立てていく必要がある。

　一方，中学校の教員は，「目の前にいる学習者が小学校時代にどのような学習経験を積んできたのか」「どのような学習語彙をもっているか」などについて，その実態をつぶさに捉えたうえで指導計画を練る必要がある。

　具体的には，他校種の学習指導要領や教科書を読み，学習内容を理解したり，小中での連絡会や研究会等を通して，他校種の教員と情報交換をしたりするという手段がある。また，中学校第1学年の学習者を対象に，これまでの学習経験を振り返るようなアンケートを実施する方法も有効である。

　学習者自身が小中での学びの深まりを実感するためには，小学校の頃に扱った学習材を中学校でもう一度扱うという方法も効果的である。同じ作品を初読時とは異なる視点から読み深めることで，学習者が自身の学びの深まりや広がりを実感することができる。

　系統性のある指導計画が，学習者のなかの学びを確かなものとし，これらの学びの積み重ねこそが，「深い学び」につながる。校種ごとに単独で指導計画を練るのではなく，一人の学習者の学びを長いスパンで捉え，それぞれの発達段階に合わせた指導計画を用意し，確かな学びを得られるようにしたい。

第14章
メディアリテラシー・ICT の指導

〈この章のポイント〉

　本章では，国語科における情報活用能力の育成について学ぶ。情報活用能力は，現代社会を生きるうえで重要な能力の一つであり，国語科でもその育成を担う必要がある。本章では，情報活用能力を，①メディアリテラシー，②情報リテラシー，③ICT リテラシーの3つに整理する。これらのリテラシーは，メディアやテクノロジーをめぐる活動に埋め込まれている。授業においては，具体的な活動におけるメディアやテクノロジーとの付き合い方を念頭に置きながら，児童がこれらのリテラシーを身につけられるよう，学習をデザインする必要がある。

1　21世紀の社会に求められる「リテラシーズ」

　1　「リテラシー」から「リテラシーズ」へ

　21世紀以降，さまざまなデジタル・テクノロジーが子ども・若者にとってますます身近なものになり，メディアをめぐる状況も著しく変化している。テレビや新聞など，既存のマスメディアはその効力を失い，「Twitter（ツイッター）」や「Line（ライン）」「Facebook（フェイスブック）」などのソーシャルメディアが日常的なコミュニケーションから言論形成に至るさまざまな場で，重要な役割を果たしている。

　このような時代の変化は，「リテラシー」という言葉の意味をも変化させてきた。現在，私たちの周囲には，本章で扱う「メディアリテラシー」「ICT リテラシー」から，「科学リテラシー」「ヘルスリテラシー」まで，たくさんの「リテラシー」があふれている。本章でも扱う「メディアリテラシー」「情報リテラシー」「ICT リテラシー」も，その一部を構成している。では「リテラシー」とはいったい何だろうか。『大辞林（第3版）』では，「読み書き能力。また，ある分野に関する知識やそれを活用する能力」（松村，2006）と説明されている。おそらく，現在あふれているさまざまな「○○リテラシー」は，後者の「ある分野に関する知識やそれを活用する能力」の意味で用いられているのだろう。

　つまり，これまであらゆる人々が身につけるべき，たった一つのものとして

第Ⅲ部　初等国語科を取り巻く問題（領域）

想定されていた「リテラシー（literacy）」＝「読み書き能力」や「教養」が解体され，分野ごとにさまざまに存在する「リテラシーズ（literacies）」＝複数の「知識・能力」になったのである。ここには，複雑化した現代社会を生きるうえでは，単に，文字を読み書きできる能力を身につけるだけでは不十分であり，図表や写真などの視覚的なテクストを「読む」能力や，ICT機器を使いこなす能力，その他，さまざまな社会的活動に参加するための幅広い知識・能力が必要となることが暗に示されている。

2　学習指導要領における「リテラシーズ」

　このような現状を踏まえ，現在の学習指導要領では，「教科等横断的な視点に立った資質・能力」の一つに「情報活用能力」が位置づけられた（第1章総則第2の2(1)）。また，中央教育審議会による答申では，情報活用能力育成のために国語科が具体的に担うべき役割として，次のような内容があげられた（中央教育審議会，2016，別紙3-1）。

① 　様々なメディアによって表現された情報を理解したり，様々なメディアを用いて表現したりするために，信頼性・妥当性なども含め，情報を多面的・多角的に吟味したり，多様なメディアの特徴や効果を理解して活用したりするために必要な力を育成すること。
② 　出典を明示するなど，情報を引用する際に必要なきまり等を理解して守ること。
③ 　ローマ字学習と情報機器の基本的な操作に関する学習とを関連付けて実施すること。
④ 　アクティブ・ラーニングの視点に立った学習活動において，ICTを効果的に活用した学習が行われるようにすること。必要に応じ，検索や発表資料の作成など，情報収集や情報発信の手段としてICTを活用する機会を設けること。

　「情報活用能力」という一つの能力として括られている，これらの内容には本章で扱う3つのリテラシー——メディアリテラシー，情報リテラシー，ICTリテラシー——すべてが含まれている。そこで本章では，以下，これらの内容に沿って，国語科の授業においてそれぞれのリテラシーについて扱う場合のポイントを紹介していきたい。

▷1　リテラシー／リテラシーズ
従来，リテラシーは特定の集団に共有された実践の集合体として想定されていたが，現代の社会は人々に幅広い資質・能力を要求するようになった。つまり，1セットの「リテラシー」ではなく，他領域にわたる「リテラシーズ」が要求されるようになったのである（NCTE，2016）。NCTEは，21世紀の社会が，読み手や書き手に求めるようになったこととして，テクノロジー・ツールを使用する能力を発展させることや，協働的・文化横断的に問題を解決することなどをあげている（同上）。

▷2　視覚的なテクスト
　新学習指導要領では，「C読むこと」の教材の留意事項として「説明的な文章については，適宜，図表や写真などを含むものを取り上げること」が示された（第3の3(3)）。このように，視覚的なテクストを「読む」活動は，国語科の「読むこと」の学習に位置づけられている。

▷3　情報活用能力
「情報活用能力」とは，「世の中の様々な事象を情報とその結び付きとして捉え，情報及び情報技術を適切かつ効果的に活用して，問題を発見・解決したり自分の考えを形成したりしていくために必要な資質・能力」である（小学校学習指導要領解説総則編 第3章第2節の2(1)イ）。なお，中央教育審議会答申では，「情報活用能力は，様々な事象を言葉で捉えて理解し，言葉で表現するために必要な言語能力と相まって育成されていくものであることか

2　メディアリテラシー

1　国語科におけるメディアリテラシー

　国語科が担うべき情報活用能力のイメージとして，筆頭にあげられているのは，「情報を多面的・多角的に吟味」するために必要な能力，および，「多様なメディアの特徴や効果を理解して活用する」ために必要な能力である（上記①）。これを踏まえ，中学校の学習指導要領では，中学校第3学年〔思考力，判断力，表現力等〕の指導事項の一つに「文章を批判的に読みながら，文章に表れているものの見方や考え方について考えること」（「C　読むこと」(1)イ）が位置づけられた。これにともない，小学校においても，このような批判的・分析的な情報の読み方の導入的な指導が行われることになる。例えば，小学校第5学年及び第6学年の指導事項「目的に応じて，文章と図表などを結び付けるなどして必要な情報を見付けたり，論の進め方について考えたりすること」（〔思考力，判断力，表現力等〕「C　読むこと」(1)ウ）をその具体例としてあげることができる。また同学年の言語活動例では，複数の文章の比較読み（同(2)ア）や複数の文献資料の活用（同(2)ウ）があげられている。つまり，複数の資料を比較する活動のなかで，(1)言語テクストと視覚テクストとを関係づけ，また，(2)論の進め方に焦点を当てて思考することによって，分析的・批判的な読み方につながる考え方を育てることが求められているのである。これら，情報やメディアに対する批判的・分析的な理解に基づきそれらを活用するためのリテラシーは，これまでメディアリテラシー[4]と呼ばれ，そのあり方を議論されてきたものである。

2　批判的・分析的な距離の取り方を学ぶ
──メディアリテラシーの授業の実際

　現在使用されている国語科の教科書には，メディアリテラシーに関する教材が複数掲載されている。そのうちの一つ，令和2年版の国語科教科書にも掲載されている下村健一「想像力のスイッチを入れよう」（光村図書『国語　五　銀河』）を主教材として活用した授業を例に，国語科の授業におけるメディアリテラシー学習の実際を見てみよう。

　ここでは，阿部千咲教諭（横浜市立大鳥小学校・当時）によって実践された「これからメディアとどのように関わっていくべきか　資料を読んで自分の考えをもち，6年生に伝えよう」を取り上げる。本単元の目標は，「メディアとのかかわり方について自分の考えをもつために，いろいろな資料の要旨をとらえた

ら，国語教育や各教科等における言語活動を通じた言語能力の育成の中で，情報活用能力を育んでいくことも重要である」と注記されている（中央教育審議会，2016，37ページ，注74）。

▷4　メディアリテラシー
メディアリテラシーについて中村純子（2015）は，「メディアが形作る『現実』を批判的（クリティカル）に読み取るとともに，メディアを使って表現していく能力」とする菅谷明子（2000，vページ）の定義を引用しつつ，「日常生活で活用するメディアの情報を吟味分析し，自らの情報発信に活用する能力である」という定義を付け加えている（中村，2015，213ページ）。

り，事実と感想・意見などの関係を押さえたりして読み，さらに自分の考えとの共通点や相違点を踏まえて友達と交流して自分の考えを広げたりする」ことである（横浜市立大鳥小学校，2015）。主教材そのものが，メディアから発信される情報に接するためのポイントを示した説明的文章であることから，教材文の筆者の考えを踏まえながら，児童自身が「今後メディアとどのように関わっていくか」をもてるよう，単元全体が構想されている（表14-1）。

　もちろん，メディアとの付き合い方に関連した文章を読んだからといって，そこからすぐに，自分自身とメディアとのかかわりについての考えをもてるわけではない。そこで本単元では，メディアとのかかわりについて考えをまとめ，それをポスターセッションで第6学年に紹介するという言語活動が設定されている。内閣府の調査によれば，インターネットの利用率は小学生から中学生にかけて20ポイント近く上昇し，中学生では8割以上の生徒がインターネットを利用するようになっている（内閣府，2016）。このような時期にある第6学

表14-1　指導計画（阿部実践）

時	学習活動と内容
1	新聞記事で取り上げられている出来事について知っていることや，それはどの媒体から得た情報なのかなど自分とメディアとのかかわりについて話し合う。
2	ポスターセッション活動について知り，単元全体の見通しや学習の進め方について計画を立てる。
3	「想像力のスイッチを入れよう」を読み，事例と意見の関係を捉えて筆者の主張をポスターにまとめる。
4	○教材文にサイドラインを引き，文章構成をまとめ，要旨を捉える。
5	教材文を読み，筆者の考えに対する自分の考えをポスターにまとめる。後半はメディアとの関わり方について書かれた文章を読み，事例と意見にサイドラインを引く。 ○筆者の考えに共感・納得・疑問の観点で感じたことをグループで交流する。 ○グループ交流のなかで考えたことや新たな疑問を加えて自分の考えをまとめる。 ○メディアとの関わり方について書かれた文章を読み，取り上げている事例と意見にサイドラインを引く。
6	メディアとの関わり方について自分の意見をもつために，必要な文章や資料を読み，自分のワークシートにまとめる。後半はメディアとの関わり方について書かれた文章を読み，事例と意見にサイドラインを引く。 ○資料を読み，読み取った事実と意見，自分の考えをワークシートに書き込む。 ○メディアとの関わり方について書かれた文章を読み，取り上げている事例と意見にサイドラインを引く。
7	調べた資料をもとにメディアとの関わり方についての考えを交流し，ポスターにまとめる。 ○筆者の考えに共感・納得・疑問の観点で感じたことをグループで交流する。
8	○グループ交流のなかで考えたことや新たな疑問を加えて自分の考えをまとめる。
9	メディアとの関わり方について第6学年へ伝える会の準備をする。
10	ポスターセッションを行い，学習の振り返りをする。

出所：横浜市立大鳥小学校（2015）より「筆者」作成。

第14章　メディアリテラシー・ICTの指導

年の児童に向けて，第5学年の児童が教材文を含むさまざまな資料をもとに，メディアとの付き合い方を考え，その考えを伝える場をデザインすることは，現代のメディアと児童とのかかわりを考えるうえで，意義がある。

　また，本実践における重要なポイントとして主教材の他に，他社の教科書教材を含む多数の参考図書・資料の活用があげられる。阿部教諭は，本実践を行うにあたり「メディアとの付き合い方」に関する情報を，多面的・多角的に吟味するための資料を多数用意していた。説明的文章の授業では，筆者の考えを正しく理解することに重きが置かれており，授業の流れのなかで，児童が筆者の考えを批判的・分析的に読むことは難しい。これはメディアリテラシーに関する説明的文章でも同様である。そのため，情報を多面的・多角的に吟味したり，批判的・分析的に情報と接したりすることが目指されているにもかかわらず，文章に書かれている筆者の主張を児童が鵜呑みにしてしまうという逆説が生じる。もちろん，児童の実態によっては，説明的文章に書かれた筆者の主張に対して批判的・分析的な距離を置くことそのものが困難な場合もある。

　そこで本単元では，メディアリテラシーに関する多くの参考図書・資料の情報や考えに接することで，筆者の考えから距離を置くきっかけとなるようデザインが施されている。主教材として提示された一つの説明的文章に対して批判的・分析的な距離を置くことは難しくとも，複数の参考図書・資料に示された情報や考えを見比べることで，主教材に示された筆者の考えを相対的に捉えることができる。そしてこのことは，筆者の主張に距離を置きながら，自分自身の考えを形成することへとつながるだろう。国語科におけるメディアリテラシー学習では，このように，児童がさまざまな情報や考えと出会いながら，徐々に，メディアや情報との距離の取り方を身に付けていけるような授業デザインが求められている。

3　情報リテラシー

1 　国語科における情報リテラシー

　現代社会に必要な情報活用能力を考えるうえで，メディアリテラシーとあわせて重要なリテラシーの一つが，情報リテラシーである。

　国語科が担うべき情報活用能力の②（前述）には，「出典を明示するなど，情報を引用する際に必要なきまり等を理解して守ること」があげられており，現在の学習指導要領においても，引用に際して必要なきまり等についての指導事項が明確に示されている。一つは，第3学年及び第4学年の〔知識及び技能〕である。現在の学習指導要領では，〔知識及び技能〕に「情報の扱い方に

▷5　情報リテラシー
『図書館情報学用語辞典（第4版）』では，情報リテラシーを，「さまざまな種類の情報源の中から必要な情報にアクセスし，アクセスした情報を正しく評価し，活用する能力」と定義し，その内容には，⑴情報へのアクセス，⑵情報の評価，⑶情報の活用があるとしている。また，情報リテラシーは，1990年代後半から世界各地で提唱されている「新しい能力」（松下，2010）において重要な位置を占めており，そのなかで，テクノロジーの活用も含めた新たな資質・能力としての意味を獲得している（石田，2016）。

第Ⅲ部　初等国語科を取り巻く問題（領域）

▷6　地域の施設の活用
新学習指導要領の総則では，学校図書館の計画的な利用と合わせて，「地域の図書館や博物館，美術館，劇場，音楽堂等の施設の活用を積極的に図り，資料を活用した情報の収集や鑑賞等の学習活動を充実すること」（第3の1(7)）とされている。本実践では，地域にある施設（三菱みなとみらい技術館）を児童が訪問し情報を収集するとともに，調べ学習の成果として作成した「意見ボード」を施設に掲示した。

▷7　速読
通常，速読とは，文章を早く読むことを意味するが，ここでは読みのスキルの一つであるスキミング（skimming）を意味する言葉として用いている。スキミングとは，キーワード等に着目しながら，文献等の資料全体に目を通し，文章全体の概要をつかむスキルである。牧恵子（2014）は，このような読み方を「あらまし読み」（牧，2014，51ページ）と呼ぶ。

▷8　摘読
文章中から必要な情報のみを取り出すことを目的として，拾い読みをすることである。読みのスキルの一つであるスキャニング（scanning）に相当する。牧（2014）はこのような読み方を「探し読み」（牧，2014，51ページ）と呼ぶ。

関する事項」という項目が示されているが，その内容として「比較や分類の仕方，必要な語句などの書き留め方，引用の仕方や出典の示し方，辞書や事典の使い方を理解し使うこと」（(2)イ）がある。また第5学年及び第6学年の〔思考力，判断力，表現力等〕「B書くこと」の指導事項では，第3学年及び第4学年で学習した知識・技能を活用し，「引用したり，図表やグラフなどを用いたりして，自分の考えが伝わるように書き表し方を工夫すること」（(1)エ）が求められている。

情報リテラシーには，「情報へのアクセス」「情報の評価」「情報の活用」の3つの側面が含まれるが，これらは「情報の活用」に関する知識・技能であるといえよう。「情報へのアクセス」については，学校図書館との連携による指導が求められている。「指導計画の作成と内容の取扱い」では，国語科の指導にあたって学校図書館などを目的をもって計画的に利用するとともに，「その際，本などの種類や配置，探し方について指導するなど，児童が必要な本などを選ぶことができるよう配慮すること」（第3の2(3)）とされている。

2　情報に出会うための言葉を見つける
──情報リテラシーの授業の実際

では，国語科の授業における情報リテラシー学習の実際とはどのようなものだろうか。以下，橋本佳子教諭が横浜市内のA小学校で実施した単元「持続可能な社会の実現に向けて，調べて分かったことや考えたことを意見ボードにまとめて，技術館利用者に伝えよう」（第6学年・「読むこと」）を事例として，国語科における情報リテラシー育成について考えてみたい。

橋本教諭は，石田秀輝「自然に学ぶ暮らし」（光村図書『国語　六　創造』）を主教材，牛山泉「未来に生かす自然のエネルギー」（東京書籍『新編新しい国語六』）を副教材として，本単元を実施した。本単元の前に行われた理科での調べ学習で確認した「調べ学習の手順」（図14-1）を掲示するとともに，「速読」「摘読」の方法についてスキル学習用の問題プリントを用いたトレーニングを行っている。そのうえで，「持続可能な社会の実現」に向けて，自分の考えをもつために主教材と副教材を比べ読むとともに，自分自身で調べてわかったことを「意見ボード」に書くという活動を行った。

この活動の後，子どもたちが個人での振り返りを踏まえてグループで行った話し合いでは，子どもたちがグループでの話し合いを踏まえて，「どの本を読むかは『題名』『さくいん』『目次』を見て，自分がしらべたいことに関係のあるワードがあったらその本を使う」という意見が出された。また，本単元開始以前に，橋本教諭が子どもたちに「自分の課題を解決するために本で調べるときは，これまで，どうやって本を選んできた？　本の何を読んでいる？　見ている？」と尋ねたところ，子どもたちからは「題名」「目次」「見出し」「絵と

第14章　メディアリテラシー・ICTの指導

か写真」が挙がり，これに対して，橋本教諭は，第3学年の学習の際に指導された「つめ」を子どもたちに思い起こさせるとともに，「さくいん」「キャプション」という用語を示したという。また，橋本教諭は，説明的文章の学習において「キーワード」が重要であることを毎回確認しており，今回の単元においても，「調べ学習の手順」（図14-1）を児童とともに作成する際，「キーワード」という用語を示している。

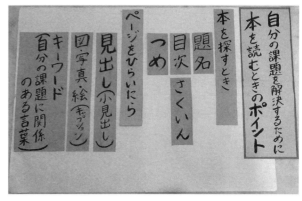

図14-1　「調べ学習の手順」

児童の振り返りに示された「題名」「さくいん」「目次」は，おそらく，自分たちがそれまでにもっていた知識（「題名」「目次」）と新たに提示された知識のなかで子どもたちに必然性をもって受け止められたもの（「さくいん」）との両方が見られる。もちろん，ここに「キーワード」という用語が反映されていないように，児童が活動上，必然性を見出しにくく，児童の学習に結びつかない用語が存在することも事実であり，どの用語が学ばれるのかについては，個人がいかにその学習活動を経験するかに依存している。そのため，情報リテラシーに関する学習は，1回の授業で取り上げるだけでは不十分であり，国語科のみならず各教科の学習のなかで，繰り返しとりあげる必要があるだろう。

3　自分の言葉で「コツ」を語り直す
――情報リテラシーにおける情報モラル

橋本教諭の実践に見られるように，情報リテラシーに関する知識・技能を子どもたちに提示し，それを具体的な活動のなかで活用する場を設けることは，情報リテラシー育成のための重要な第一歩となる。さらに，振り返りの場のなかで，「自分はどのような知識・技能を活用することができたのか」を考え，言語化する場を設けることは，児童自身が「当たり前」にもっているリテラシーや新たに習得したリテラシーをメタ的な視点で見つめ直す機会を提供することにもつながる。このような機会は，情報モラルに関する学習を考えるうえで非常に重要である。

国語科では，出典の明示などの引用に関する指導（著作権に関する指導）や，インターネットや学校図書館等を活用して適切な情報を探す指導（情報の信頼性・妥当性に関する指導）などが情報モラルの指導にあたるとされてきた。このように国語科において，情報モラルは情報リテラシーと密接な関係にあるため，情報リテラシーに関する教育・学習を通じて，情報モラルの育成が図られ

▷9　情報モラル
「小学校学習指導要領解説総則編」によれば，「情報モラル」とは「情報社会で適正な活動を行うための基になる考え方と態度」である（第3章第3節の1(3)）。「情報モラル指導カリキュラムチェックリスト」（国立教育政策研究所教育課程研究センター，2011）ではその内容を，(1)情報社会の倫理，(2)法の理解と遵守，(3)公共的なネットワーク社会の構築，(4)安全への配慮，(5)情報セキュリティの5つに分類している。

▷10　著作権
著作権とは，著作物を他人に無断で使用されないことを保障する権利である。著作物とは「思想や感情を創作的に表現したもの」（福井，2015，11ページ）であり，著作権法ではその例として，小説・脚本・講演など，音楽（歌詞・楽曲），舞踊・無言劇，美術，建築，図形，映画，写真，プログラムの9つがあげられている。「情報モラル指導カリキュラムチェックリスト」（国立教育政策研究所教育課程研究センター，2011）では，(1)情報社会の倫理に関する内容として，著作権等の知的財産に関す

169

第Ⅲ部　初等国語科を取り巻く問題（領域）

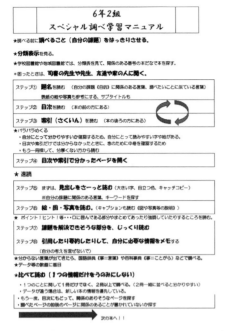

図14-2　「6年2組スペシャル調べ学習マニュアル」

る教育を位置づけており、国語科における引用指導もここに位置づけられると考えられる。

▷11　プログラミング的思考
「小学校学習指導要領解説　総則編」では、「プログラミング的思考」を、「自分が意図する一連の活動を実現させるために、どのような動きの組合わせが必要であり、一つ一つの動きに対応した記号を、どのように組み合わせたらいいのか、記号の組合わせをどのように改善していけば、より意図した活動に近づくのか、といったことを論理的に考えていく力」（第3章第3節の1(3)）と定義している。

▷12　総合的な学習の時間
新学習指導要領では、「総合的な学習の時間」の内容の取扱いに際して配慮すべきこととして、次のように

るようにすることが望ましい。

　ただし、情報モラルを育成するためには、単に、情報にアクセスしたり活用したりする場を設けるだけでは不十分である。重要なのは、児童がこれまで「当たり前」にもってきた情報への態度や考え方を見つめ直すことである。橋本教諭の実践では、前述の単元での情報リテラシー学習の後、複数の教科での調べ学習を通じて児童が見出した知識・技能を、「わたしの調べ学習を作ろう！」ワークシートにまとめさせている。図14-2は、児童が記載した内容をもとに作成された、クラスの「調べ学習マニュアル」である。図14-2では、ステップ⑤の見出しに関する記述にカッコ書きで「（大きい字、目立つ字、キャッチコピー）」と書かれていたり、「比べて読む」の1番目に同じくカッコ書きで「（2冊一緒に並べると分かりやすい）」など、教師によって提示された知識・技能に付け加えるかたちで、児童自身が自分にとって有用であると思われる知見を付け加えたり、自分自身の言葉で語り直している様子を見ることができる。このように、児童が自分自身の言葉で、情報に接するための「コツ」を語り直していくプロセスには、情報モラルと不可分の関係にある情報リテラシーを考えるうえで重要な学習の局面が含まれている。

4　ICT リテラシー

1　情報活用能力と ICT リテラシー

　今回の学習指導要領の主な改訂ポイントは、新たに ICT リテラシーの学習が導入されたことにあるといっても過言ではないだろう。とくに、育成すべき情報活用能力として「コンピュータでの文字入力等の習得」「プログラミング的思考の育成」があげられ、各教科等の特質に応じて、これらの学習活動を計画的に実施することが求められたこと、また具体的に教科の「指導計画の作成と内容の取扱い」のなかにこれらの内容が盛り込まれたことの意味は大きい。

　国語科においても、「第3　指導計画の作成と内容の取扱い」において、児童への指導にあたって「児童がコンピュータや情報通信ネットワークを積極的に活用する機会を設けるなどして、指導の効果を高めるように工夫すること」（2(2)）が求められている。また具体的に、第3学年で行われるローマ字指導に合わせてコンピュータでの文字入力を習得させ、総合的な学習の時間で行わ

れる探究学習の基盤となるような ICT リテラシー，情報リテラシーとの関連をもたせるよう配慮すべきであると示されている。

　これらを踏まえると，国語科においては，まず第3学年において，コンピュータでの文字入力を中心とした基礎的な ICT リテラシーの学習を行うとともに，第4学年から第6学年にかけて，具体的な学習活動のなかで，児童が実際に，コンピュータや情報通信ネットワークを活用する機会を提供することが重要である。もちろん，第3学年において ICT リテラシーの学習を行うためには，それ以前に，児童がコンピュータ等の ICT 機器や情報通信ネットワークを用いることで何ができるのかを具体的にイメージできることが必要である。そのため，第1学年〜第2学年においても，種々の機会に，児童がさまざまな ICT 機器にふれる機会を提供することが求められる。

　このような機会を提供するためには，学校内の ICT 環境を整えるのみならず，学校外の人的・物的資源を活用することが必要となる。「小学校学習指導要領解説総則編」では，「加えて，情報活用能力の育成や情報手段の活用を進める上では，地域の人々や民間企業等と連携し協力を得ることが特に有効であり，プログラミング教育等の実施を支援するため官民が連携した支援体制が構築されるなどしていることから，これらも活用して学校外の人的・物的資源の適切かつ効果的な活用に配慮することも必要である」（第3章第3節の1(3)）と記されている。

[2]　テクノロジーを用いて社会・文化的活動にかかわる
──国語科における ICT リテラシー

　それでは，子どもたちの ICT リテラシーの育成を目的とした国語科の授業の実際を見てみよう。ここでは，小水亮子教諭（横浜市立白幡小学校・当時）によって実施された総合的な単元「みんなに学校のすてきなところを紹介しよう〜プログラミングで『動く通信』を作ろう〜」を取り上げる。本単元は，小水教諭が担当する第4学年1組の児童を対象として実施された単元である。本学級では，総合的な学習の時間のなかで，白幡小学校の80周年イベントを知らせ，盛り上げることを目的とした学習活動「80周年盛り上げ隊！」を行ってきており，本単元も年間を通じたその学習活動の一部を構成している。児童は，本単元に入る前に，「総合的な学習の時間」を中心に，「80周年キャラクター」を作る単元を行っており，そのなかで「ハッピー」という名前のハチのキャラクターを創造していた。本単元では，地域に縁のある IT 系企業から派遣された講師によるプログラミングの組み方に関する授業を踏まえ，メッセージ（文字），キャラクター（イラスト），写真，音声およびそれらを組み合わせた動きを活用しながら，白幡小学校の魅力を伝える「動く通信」を作ることがねらい

示されている。
「探究的な学習の過程においては，コンピュータや情報通信ネットワークなどを適切かつ効果的に活用して，情報を収集・整理・発信するなどの学習活動が行われるよう工夫すること。その際，コンピュータで文字を入力するなどの学習の基盤として必要となる情報手段の基本的な操作を習得し，情報や情報手段を主体的に選択し活用できるよう配慮すること」（第3の2(3)）。国語科においては，第3学年において，このうち後半に示されている配慮すべきこととの関連をもたせた学習が行われることが求められている。

とされた。「動く通信」は，メッセージ300〜400字／枚×5〜6枚のスライドから成るスライドショー作品である。児童らは本単元で，「ハッピー」が白幡小学校の魅力を伝えるようなスライドショーになるよう，メッセージ（文字），キャラクター（イラスト），写真，動画およびそれらをタイミングよく動かすためのプログラミング（動作）を組み合わせて作品を作ることが求められた。

　前述したように新学習指導要領では，情報活用能力にあたるICTリテラシーとして，(1)コンピュータでの文字入力等，情報を主体的に活用するための基盤となる知識・技能と(2)プログラミング的思考をあげていた。本単元の大きな特徴は，総合的な学習の時間と国語科とを関連づけることによって，同一単元のなかで，(1)(2)の双方を取り上げることができた点にある。「動く通信」を作るためには，(1)(2)双方の知識・技能が必要となるが，本単元では，国語科の学習において(1)を，総合的な学習の時間において(2)を焦点化した学習を行うことで，「動く通信」を作るという学習活動が構成されている。

　本単元の大きな特徴は，「自分たちが通う小学校の80周年記念イベントを知らせて，盛り上げたい」「自分たちが作ったキャラクターを使った『動く通信』を作って，自分たちの学校のすてきなところを紹介したい」という児童の気持ちに沿って，このような総合的な学習が行われ，そのなかで，ICTリテラシーの学習が位置づけられている点である。その例として，国語科で行われるべきICTリテラシーの一つとしてあげられている，コンピュータによる文字入力を取り上げてみよう。本単元では，まず，児童たちそれぞれが伝えたいと思う「すてきなところ」に沿って，インタビューなどを用いた調べ学習を行ったあと，ワークシートを用いて手書きで，300〜400字／枚×5〜6枚のメッセージを下書きした。その後，実際にタブレットのプログラミング用アプリを用いて，文字入力を行った。児童は，はじめに，プログラミングの学習で習ったことを活用して，「ハッピー」のイラストを画面上の好きな場所に挿入した後，「ハッピー」の近くに吹き出しのイラストを置き，その吹き出しのなかに，下書きとして書かれたメッセージを文字入力した（図14-3）。

　ここでは，2つの意味で，コンピュータによる文字入力が，ICTを用いた活動全体のなかに埋め込まれているといえる。第一にそれは，「80周年記念イベントを知らせて，盛り上げたい」という児童の思いから生み出された，「『動く通信』をつくる」という活動のなかに埋め込まれている。文字入力は，あくまで「動く通信」を作るために必要な知識・技能の一つにすぎない。第二にそれは，テクノロジーを用いた社会・文化的活動のなかに埋め込まれている。コンピュータによる文字入力は，決し

図14-3　タブレットによる文字入力

第14章　メディアリテラシー・ICTの指導

て，それ自体が単独の知識・技能として存在しているわけではない。タブレット上の検索サイトにおけるクエリ[13]の入力，文書作成ソフトを用いた手紙の作成など，そこには，具体的な目的，道具としてのテクノロジー，そしてテクノロジーを用いる主体がある。そしてこれらの目的，道具としてのテクノロジー，主体もそれぞれ社会・文化のなかに埋め込まれている。ICTリテラシーとは，それぞれのテクノロジーの社会・文化的意味を理解したうえで，これらを使いこなす資質・能力を意味する。そうであるとすれば，コンピュータの文字入力にしても，検索サイトを活用した情報検索にしても，あるいはそれ以外のICT機器操作にしても，それぞれのテクノロジーが埋め込まれた社会・文化的活動に配慮しながら，授業を構想していくことが肝要である。

▷13　クエリ
クエリ（query；質問・問い合わせ）とは，データベース検索において，情報を取り出すために行うデータベースへの指令・処理要求のこと。通常，文字列で表現される。

Exercise

① 現在の国語科教科書には，どのようなメディアリテラシー教材が掲載されており，また，どのような教材をメディアリテラシーのための学習材として活用できるだろうか。実際の教科書を見ながら考えてみよう。

② 情報リテラシー学習においては，学校図書館のみならず「地域の図書館や博物館，美術館，劇場，音楽堂等の施設の活用」も求められている。これらの施設の活用によって，どのような学習が可能になるかを考えてみよう。

③ 『NHKアーカイブス』「NHKクリエイティブ・ライブラリー」（http://www.nhk.or.jp/archives/creative/）を見てみよう。これらのコンテンツを使って，どのようなICTリテラシーの学習ができるだろうか。考えてみよう。

📖次への一冊

浜本純逸監修，奥泉香編『メディア・リテラシーの教育——理論と実践の歩み（ことばの授業づくりハンドブック）』溪水社，2015年。
　　国語科では，これまでもメディアリテラシーに関する理論や実践が数多く蓄積されてきた。本書ではこれらの歩みを一望し，これまでに見出された知見と残された課題を知ることができる。

Hobbes, R. & Moore, D. C., *Discovering Media Literacy: Teaching digital media and popular culture in elementary school*, Corwin, 2013（ホッブズ，R. & ムーア，D. C., 森本洋介監訳，上松恵理子・斎藤俊則・菅原真悟・中村純子・村上郷子・和田正人訳『メディア・リテラシー教育と出会う——小学生がデジタルメディアとポップカルチャーに向き合うために』弘前大学出版会，2016年）．

米国では，デジタルネイティブの子どもたちへの教育のあり方について積極的な議論が行われてきた。本書では，小学生に教えるべき教育内容および教育法が具体的に示されている。

塩谷京子編著『すぐ実践できる情報スキル50――学校図書館を活用して育む基礎力』ミネルヴァ書房，2016年。
　　学校図書館と連携した情報リテラシー学習について知るための1冊。小学校から中学校までの9年間を見通し，どの段階で，どのような力を身につけるべきかが示されていて参考になる。

筑波大学附属小学校　情報・ICT活動研究部『筑波発　教科のプロもおすすめするICT活用術』東洋館出版社，2016年。
　　ICT活用を考えるためには，さまざまな種類の活用場面・ツールを知ることが有用である。本書では全教科のさまざまな活用事例が取り上げられており，ICT活用を考える際の手がかりとなる。

引用・参考文献

石田喜美「大学図書館における情報リテラシー教育の可能性―現代社会におけるリテラシー概念の拡張と「つながる学習（Connected Learning）」」『情報の科学と技術』66，531-537，2016年。

国立教育政策研究所教育課程研究センター「情報モラル教育実践ガイダンス」2011年。http://www.nier.go.jp/kaihatsu/jouhoumoral/（2017年8月2日閲覧）

菅谷明子『メディア・リテラシー――世界の現場から』岩波書店，2000年。

中央教育審議会「幼稚園，小学校，中学校，高等学校及び特別支援学校の学習指導要領等の改善及び必要な方策等について（答申）（中教審第197号）」2016年。http://www.mext.go.jp/b_menu/shingi/chukyo/chukyo0/toushin/1380731.htm（2017年8月2日閲覧）

内閣府「平成27年度　青少年のインターネット利用実態調査」，2016年。http://www8.cao.go.jp/youth/youth-harm/chousa/h27/jittai_html/index.html（2017年8月2日閲覧）

中村純子「メディア・リテラシー」髙木まさき・寺井正憲・中村敦雄・山元隆春編『国語科重要用語事典』明治図書，213，2015年。

日本図書館情報学会用語辞典編集委員会編『図書館情報学用語辞典（第4版）』丸善，2013年。

福井健策『18歳の著作権入門』筑摩書房，2015年。

牧恵子『学生のための学び入門――ヒト・テクストとの対話からはじめよう』ナカニシヤ出版，2014年。

松下佳代『〈新しい能力〉は教育を変えるか――学力・リテラシー・コンピテンシー』ミネルヴァ書房，2010年。

松村明編『大辞林（第3版）』三省堂，2006年。

横浜市立大鳥小学校『国語科学習指導案』横浜市立大鳥小学校，2015年。

NCTE「Literacy/Literacies（CCC Poster Page4）」2016年。http://www.ncte.org/library/NCTEFiles/Resources/Journals/CCC/0622-dec2010/CCC0622Poster.pdf（2017年8月2日閲覧）

コラム⑩

インクルーシブ教育

　現在，わが国の教育政策において，障害のある子どももできる限り通常学級で学ぶインクルーシブ教育システムの構築が進められてきている。教育現場でも，多様な学習上の困難をもつ子どもたちが共に授業を受けることを前提としたさまざまな取り組みが行われるようになってきた。このような流れのなかで子どもに直接に向き合う教師として忘れてはならないことは，提案されているさまざまな手段や方法を，一人ひとりの子どもの学びにとって適したものかどうかという観点から考えて適用すべきだということである。

　教育の理念として，全員の学びやすさが目指され，その理念に基づく具体的な手段や方法が提案されたとしても，その手段や方法を行うことによって，必ずしも全員の力がつくとは限らない。教師が授業で何より目指すべきは，誰もが力をつける授業であり，そのための手段や方法は一つであるとは限らない。そこで，自分の授業を振り返る際には，たとえ全員が楽しそうに参加している授業であっても，その教科でつけたい力から考えて，授業で取り組んだ手段や方法が全員の力（その時点で十分な力のない子どもも含めて）をつけるために適切なものといえたのかを冷静に省みることが必要になる。このためには，例えば国語科の指導においては，教師自身が各教材を扱うのに必要な力（教材研究力）を常に高めるとともに，教材を通して子どものわかり方を把握していく力が求められる。その際，授業の対象となる子どもたちのなかに，特別な支援や指導が必要な子どもが含まれているとすれば，その子どもの特性に応じたかかわり方の専門性の視点も必要になる。この点に関しては，適切なアセスメントやその子の特性に熟知した専門家を交えたケースカンファレンスを通して，なぜ今，その子にその支援や指導が必要なのかなど，対応のあり方を折々に確認し，授業づくりに生かしていくための努力が求められる。

　授業によって，一人ひとりの子どもに力をつけていくためには，子どもの困難の表面的な解決に目が眩んではならず，その背景をみながら手段や方法を判断していくべきだろう。同時に，共に学ぶ，力のある子どもの力も，さらにつけていかなければならない。教師は確実に子どもに力をつける存在でありたい。

175

第15章
初等国語科教育の課題と展望

〈この章のポイント〉
　本書のまとめとして，これからの予想される社会と教室の変化から国語教育の課題を展望する。それらの課題に対応するためにも学び続ける教師の重要性と，これから意識して取り組むべき点について考える。

1　これから予想される社会や教室の変化

1　社会の変化を見据える

　国語教育は子どもたちの学校や日常生活を豊かにするための基盤である。また将来生きていくために必要な資質や能力や教養を養うためにもある。ここでは，子どもたちの将来について考えてみることにしよう。

　現代の社会が変革するスピードは想像以上に速い。みなさんも子どもの頃にはまったく見かけなかったものや想像もしなかったことが，今では普通に身の回りにあるという経験があるだろう。

　グローバル経済社会や情報通信環境の変化によって子どもたちが働いたり生活したりする世界は，今後ますます変わっていくことが予想されている。ロボットやAIにできることが広がりつつあるなかで，人間にしかできないことは何だろうか。環境問題や国際的な紛争なども増えつつあるなかで，多くの人々が知恵を出し協力しあわなければならない時にどうすればよいのだろうか。

▷1　人工知能のこと。野村（2016）の第14章はAIが進展した社会における教育の問題も取り上げており参考になる。

　これまでの教育ではこのような変化への対応が難しいという危機感から世界各国で教育改革が進められている。国によって多少の違いはあるものの次の点が重視されているという（松下，2010，2ページ）。

▷2　これらの(1)から(4)の能力は「キーコンピテンシー」や「21世紀型能力」などと呼ばれたりもする。国立教育政策研究所（2016）も参考になる。

(1)　基本的な認知能力（読み書き計算，基本的な知識・スキルなど）

(2)　高次の認知能力（問題解決，創造性，意志決定，学習の仕方の学習など）

(3)　対人関係能力（コミュニケーション，チームワーク，リーダーシップなど）

(4)　人格特性（自尊心，責任感，忍耐力など）

177

第Ⅲ部　初等国語科を取り巻く問題（領域）

これらの点を国語科が担う言葉の面から考えてみたい。

(1)は昔から重視されてきたものである。国語教育に関していえば，文字や漢字を覚えたり，教科書をすらすら読めたりできるようにするものである。暗記やトレーニングによって言葉の技術を磨くものといえる。

(2)はより応用的で実用的なものである。問題解決の方法は一つとは限らない。前例のない問題を解決するためには言葉が重要となることはいうまでもない。創造性や意志決定も同様である。また学習の仕方を学ぶことは自立して学ぶための土台である。そのためには学習経験を次に活かすことが重要であり，振り返りが必要となる。そこではやはり言葉が鍵となるだろう。これら(2)の能力を磨くことが主体的に学ぶアクティブ・ラーニングの質を向上させる。そればかりでなくアクティブ・ラーニングのなかでもこれらの能力が磨かれていくのである。

(3)は，複数の人間が協力して行う能力である。(2)の問題解決や意志決定にも大きく関わるものである。これまでも国語科では話すこと・聞くことの指導を中心に，他者と関わる力の育成を進めてきている。もちろん国語科だけで育成するものではないが，国語科でもさらに重視されていくことは間違いない。

(4)は自尊心・責任感・忍耐力などであるが，これらは将来にわたって他者と関わりながら自立して生きていくための人としての基盤である。自分のやることに自信をもち，多少のことにはめげずに他者と関わり続けることが重要である。国語の授業を通してもしっかりと育まれなければならない。

このような世界各国で重視されつつある(1)から(4)は，国語の授業においても大切にしていかなくてはならないだろう。

②　教室の変化に対応する
——外国人子弟の増加，インクルーシブ教育やICT教育の推進

次に教室での変化に目を向けてみよう。グローバル化の進展によって日本の教室でも日本語が話せない子どもが年々増加傾向にある。新学習指導要領の総則第4の2(2)イにおいて日本語の習得に困難のある児童への指導が明記されるようになった。また小学校第3学年から外国語活動が始まり，国語科との連携も図られるようになっている。このように国語だけでなく多言語や多文化のなかで学ぶことが増えつつある。

さらにインクルーシブ教育も進んでおり，特別な支援が必要となる子どもたちが教室で一緒に学ぶ教室も増えている（原田，2017）。現在の教室では多様な子どもたちが一緒に学ぶのである。

またICT教育やメディアリテラシー教育がさらに推進され情報機器を授業に使うことも増えるだろう。現在の社会でこれだけ情報機器が活用されている

▷3　日本語指導が必要な外国籍児童は2014年には約2万9000人，日本国籍の児童も約7万8000人いる（文部科学省「「日本語指導が必要な児童生徒の受入状況等に関する調査（平成26年度）」の結果について」，2015年。http://www.mext.go.jp/b_menu/houdou/27/04/1357044.htm）

▷4　第3学年〜第4学年では「外国語活動」，第5学年〜第6学年では「外国語科」となっている。外国語科の学習指導要領「3　指導計画の作成と内容の取扱い」には「(1)オ　言語活動で扱う題材は，児童の興味・関心に合ったものとし，国語科や音楽科，図画工作科など，他の教科等で児童が学習したことを活用したり，学校行事で扱う内容と関連付けたりするなどの工夫をすること」とされている。

ことを考えれば，国語教育においても新しいメディアや機器と無縁ではいられないはずである。

以上のように学校の様子も変わりつつある。昔ながらの黒板に向かって教科書を読むだけの授業から学校は明らかに変化している。そのようななかで国語教育はどのように進められればよいのだろうか。

みなさんは本書においてさまざまな国語教育の手法や考え方について学んできたことだろう。ここまでみてきた社会や教室の変化を念頭に置いて，これからとくに大切だと思う指導や，教師になったらぜひ取り組んでみたい授業について考えてみてほしい（章末のExercise①）。

2　学び続ける国語教師になるために

1　学び続けることの重要性

ここまでみてきたように社会の変化は極めて速い。子どもたちは学校を出てからもますます継続的に学び続けていかなければならない。学び方を学ぶのは，それがアクティブ・ラーニングにつながるからだけでなく，こういった社会の変化に対応するためである。

一方で教師にとっても「自分が教わってきたように教えること」が難しい時代になってきたといえる。社会や教室の変化に対応するためには，教師も常に学び続けることが求められる。そのため国語科教育法を大学で履修するだけでなく，国語や言葉に関することを広い視野から主体的に学んでほしいし，教職に就いてからもそれを続けてほしい。「言葉の教え方」を学ぶだけでなく，「言葉」そのものも学び続けてほしいのである。

2　大学の時にぜひやっておいてほしいこと

学び続ける教師の第一歩として，今からやっておくとよいことをあげておく。興味のあるところからで構わない。ぜひ挑戦してほしい。

① 読　書

昔からいわれてきたことだとは思うが，量だけでなく，できるだけ多様なジャンルの本を読むことをお薦めする。国語の教科書には児童文学だけでなく，科学や社会的な内容なども掲載されている。国語科は文学や言語に関することを扱うだけではない。学生時代から自分の興味の幅を徐々に広げておくことが大切である。

そのためには大学図書館だけでなく，近くの図書館や書店ものぞいてみるのがよいだろう。インターネット上にもさまざまな書店がある。紙の本だけでな

第Ⅲ部　初等国語科を取り巻く問題（領域）

く電子書籍にもふれておいてほしい。読書は自分の言葉を磨くのにも絶好の機
会である。ぜひ生涯にわたって楽しく付き合ってほしい。

② さまざまな体験

　大学の内外には大小さまざまなプロジェクトがあることだろう。ぜひ積極的
に参加したり，自分自身でプロジェクトを起こしたりしてほしい。そのような
活動のなかで協働して物事を成し遂げ，言葉やコミュニケーション能力を磨く
ことが重要である。近年の国語教育では言語活動が重視されており，言葉を
使って何かを達成することが大切にされている。教師自身が「人と何かを一緒
にやる」「言葉を通して協働で物事を成し遂げる」という経験を豊富にもって
いてほしい。

　旅行もいいだろう。さまざまな地域に行って見聞を広げたり，普段出会わな
いような人とコミュニケーションしたりすることは楽しいだけでなく，成長の
きっかけにもなる。また各地には文学館などもある。旅行のついでに立ち寄
り，そこで取り上げられている作家の本を読んでみるとよいだろう。実際に作
者ゆかりの地で作品を読むと，いつもとは違った読書が楽しめる。

　さまざまな経験のなかで言葉を使い，言葉を磨き，そしてときどき自分の言
葉を振り返ってみるとよいだろう。

③ 国語教育への関心

　本書ではここまで国語教育の指導方法を数多く示してきたが，この他にもた
くさんの方法がある。方法だけでなく，国語教育の考え方もさまざまに存在す
る。時代によって方法や考え方も変化していく。教師になって自分で教材研究
や指導法の研究をするためにも，大学生の時から国語教育に関心をもつことが
必要である。

　そのためには，大学図書館にどのような国語教育関係の入門書，指導法の解
説書，辞書・事典，雑誌があるのかをざっとみておくことから始めてみるとよ
いだろう。書店を訪れたり，ネット上の書店などで国語教育関係の書籍を検索
したりするのもよい。興味のあるものを見つけたら手にとって目を通してみて
ほしい。

　本書では，各章の最後に〈次への一冊〉を付してあるので，これらの文献か
ら探すとよいかもしれない。もちろんすべてを読む必要はない。目次を見て興
味のある章だけを眺めたりするだけでもかまわない。国語教育の書籍や雑誌に
はどのようなものがあり，どんなことが書かれているのかがイメージできるだ
けでも，教師になってから役立つだろう（章末の Exercise②）。

　国語教育に関する研究会も多くある。附属学校の公開研究会もあれば，全国
レベルで開催されるものや，地域で開催されるものまでさまざまなものがあ
る。学生が参加できるものもある。国語科教育法の担当教員に尋ねたり，イン

第 15 章　初等国語科教育の課題と展望

ターネットで検索したりするとよいだろう。実際の授業が見られる研究会もあ
るので，機会があれば一度は参加してみることをお薦めする。教師たちが互い
にどのように学び合っているのか，その熱心な姿をぜひみてほしい。

　このように③は「言葉の教え方」を磨くものである。長く続く国語の教師の
第一歩として，今から大学の授業以外でも主体的に学び始めてほしい。そして
将来にわたって学び続ける教師になってもらいたい。

Exercise

①　本書の各章のなかから，自分が小学生の時には経験してこなかったような
　指導方法や，教師になったらぜひ挑戦してみたい授業について話し合ってみ
　よう。
②　図書館や書店に行ったり，インターネットを検索したりして，国語教育に
　関してどのような書籍や雑誌があるのかを探ってみよう。見つけた本の内容
　やこれから読んでみたい本などについて話し合ってみよう。

📖次への一冊

【国語教育入門書】
森田信義他『新訂・国語教育学研究の基礎』溪水社，2010年。
　　国語教育の各領域を一通りわかりやすく解説している。各領域での卒論のテーマな
　　ども書かれており卒業研究でも役立つ。学習指導要領［平成20年改訂］に対応して
　　いるため，新版が出ているのであればそちらを参考にするとよい。
【事典類】
高木まさき・寺井正憲・中村敦雄・山元隆春『国語科重要用語事典』明治図書，2015年。
　　国語教育の主要な用語や概念が詳しく説明されており，参考文献も充実している。
　　国語教育をさらに学びたいのであれば手元に置くとよいだろう。
日本国語教育学会『国語教育総合事典』朝倉書店，2011年。
　　国語教育に関する用語の解説だけでなく，基礎的な理論や具体的な指導方法も書か
　　れたまさに総合事典である。ただし高価なため，必要な時にすぐに調べられるよう
　　に図書館の所蔵を確認しておくとよいだろう。
【雑誌類】
『教育科学国語教育』明治図書。
『実践国語研究』明治図書。
『月刊国語教育研究』日本国語教育学会。
　　いずれの雑誌も月刊誌であり国語教育の最新情報やさまざまな実践が幅広く掲載さ
　　れている。最新号だけでなくバックナンバーをみるのもおもしろい。『月刊国語教
　　育研究』だけは会員配布だが大学図書館などに所蔵されていることも多い。

第Ⅲ部　初等国語科を取り巻く問題（領域）

引用・参考文献

国立教育政策研究所『資質・能力［理論編］』東洋館出版社，2016年。

鈴木みどり『メディア・リテラシーを学ぶ人のために』世界思想社，1997年。

野村直之『人工知能が変える仕事の未来』日本経済新聞出版社，2016年。

原田大介『インクルーシブな国語科授業づくり──発達障害のある子どもたちとつくる
　　アクティブ・ラーニング』明治図書，2017年。

松下佳代『〈新しい能力〉は教育を変えるか』ミネルヴァ書房，2010年。

コラム⑪

教師の成長

　私は大学院生の時，大学の附属中学校で国語を教えていた。附属中の先生と私は同じクラスで教えていたにもかかわらず，生徒の読みの深まりや話し合いへの取り組み方はまったく異なっていた。本コラムでは，教師が授業中にどんな発話をしていたか，という点にその理由を探ってみたい。

　文学の授業では，文章を読んで生徒がもった疑問や教師が作った問いを話し合うことが中心となる。ラデル（1994）によれば，教師が発する問いには(1)文章に書かれていることを思い出させる問い，(2)文章に書かれていることを解釈しなければ答えられない問い，(3)文章に書かれていることと既有知識を組み合わせて新しい意味を創造しなければ答えられない問い，(4)物語世界に入って自分の価値観を持ち込まなければ答えられない問い，以上４つの水準がある。彼の研究では，読みの深まりにつながる(2)や(3)の問いだけでなく，話し合うことそれ自体の楽しさにつながる(4)の問いを発することが，生徒からいつまでも記憶される優れた教師に共通してみられる特徴だった。

　かつての私は，読みを深めるために大切だと考えた問いをワークシートに用意して話し合いをさせていた。一方，附属中の先生は，まず生徒に自分の感じたことを自由に書かせることから始めていた。つまり，私と附属中の先生では，生徒が(4)の問いを追究できる学習環境をつくっていたか否かという点に違いがあったと考えられる。なお，ラデルの研究では，(1)から(4)の方向で話し合いが展開する傾向があったのに対し，附属中の先生の授業では，(4)を中心にして，その答えを支える根拠として，(1)から(3)の問いが用いられる傾向にあった。この違いは，生徒が話し合いを通して読みを深めることに力点を置くか，話し合うことにともなう楽しい経験それ自体に力点を置くか，という違いによると解釈できる。授業で何を目的として，どんな問いを発していたか，という言語事実が教師としての成長を測る一つの指標になると思われる。

参考文献

Ruddell, R. B., "The development of children's comprehension and motivation during storybook discussion," Ruddell, R. B., Ruddell, M. R., & Singer, H., *Theoretical models and processes of reading*, 4th edition, International Reading Association, 1994, pp. 281-296.

付録①

学習指導案がもつ意義と指導案作成の実際

1　学習指導案

　学習指導案とは，緻密な教材研究に基づく授業の具体的な展開計画案のことを指し，実際には，指導目標を達成するために効果的に配列された学習活動および当該の活動を円滑に進めるための指導上の留意点から主として構成される。本稿では，とくに教育実習を念頭に置いた場合，学習指導案を作成するうえでどのような点に留意すべきかを概説的に述べるとともに，具体的な展開例や実際の指導案を示すことで作成の指針を示してみたい。

2　学習指導案を作成することの意味

　一般に，学習指導案の意義は，授業者の意図や計画を知るための指針，あるいは教師の目標や教材解釈等，授業では直接現れない部分を明らかにすることにあるとされる。授業は流動的な過程であるから，実際に授業を実施するなかで指導案の作成時には浮かばなかった説明や活動を思いつくことも多いが，あらかじめ計画を立てることによって授業者の意図を論理的に明示することが可能になり，授業中に考えた案との比較もできるようになる。また，授業者が教材の特性をどのように把握し，そこから何をどのように教えるかを学習指導案に示すことによって，教師も参観者も考え方を理解し授業の分析および改善にも役立てることができるのである。こうした点で授業をより良く精緻に実施するために，学習指導案を作成することは意義が大きいといえよう（渡部，2011）。

　しかし，実際の授業には，教材解釈の多様性や学習者個々人の既習知識の幅の度合いを含め，種々の要因が複雑に関与するがゆえに，いくら精緻に学習指導案を作成してみたところで，必ずしもその通りに授業が展開するとは限らない。実際，柴田好章（2000）は，「授業案どおりに授業を運ぶことにとらわれすぎると，予測し得なかった子どもの反応や偶発的な出来事などに適切に対応することがむずかしくなる。授業の中で，学習者，授業者は，互いに影響しあいながら動的に変化している」と述べている。けれども，だからこそ，授業設計の段階で緻密に案を考えることが意味をもつのではないだろうか。たとえ指導案には書かれなくても，精緻に授業の展開を考えていくなかで考えた内容は，予想外の反応を学習者が見せた場合の対応選択肢の一つになりうる可能性がある。また，そうした潜在的な授業展開の構想は，作成された指導案の記述とも相俟って，対応可能な選択肢の幅を広げることにもつながるはずである。事前の綿密で周到な準備は，机上の計画素案ではあっても，そうした意味で意義があるのである。

3　指導案作成の展開例と各項目の内容

　では，次に学習指導案を作成する場合の展開例と各項目の内容について略述しよう。以下に示す例は，標準的な指導案に含まれる項目とその内容である。

付録①

①単元名：授業で扱う単元名

②単元の目標：単元を実施するに当たり，何を目標にするのかを記す。

③単元について：主として「教材観」「児童の実態」「展開の構想」から成る。「教材観」は当
　該教材が持つ意義や価値を，また「児童の実態」は当該クラスの児童が持つ知識の様子や学
　習への意欲等について記す。それらを承けて具体的な授業展開の概要を記すのが，「展開の
　構想」である。

④単元での評価規準：「展開の構想」によって示された授業のなかで，どのような力を子ども
　たちに身につけてほしいのかを具体的な成長の姿として文章に表したもの。例えば，「詩の
　情景を想像することを通して，作者の思いを捉え，自分の思いや考えを重ねながら詩を読む
　ことができる」「比喩表現や倒置法，反復が用いられていることに気づくことができる」の
　ように記す。

⑤単元の指導計画と評価規準：指導計画では単元全体を何時間で扱うのかを「次」という単位
　ごとに示し，主な学習活動を書く。また，評価規準では④を承けて単位ごとのより具体的な
　評価の基準と評価方法を示す。

⑥本時の指導：単元の指導計画の「次」中に位置づけられる，ある一授業時間の詳細な計画表
　を指し，「本時のねらい」「構想」「本時の展開」「板書計画」「ワークシート」等から構成さ
　れる。

4　学習指導案の実際

　以上のような点を踏まえながら，ここでは実際の学習指導案の例（上記⑥の「本時の展開」
例）を抽出し示してみたい。なお学習指導案には備考欄や予想される学習者の反応を別記する
欄をともなうものから，フローチャート形式，スクランブルド形式のものに至るまで数種類の
ものがあるが，以下には初等教員養成系の大学で用いられている形式の一例を示す。

本時の展開（2/3時間）

時	○学習活動　・予想される児童の反応	●教師の指導・支援　◎評価
導入 （5）	○前回読んだ『詩』の内容を振り返りながら音読をする。	●前時の話し合いの想起
展開 （35）	○郵便屋さんが来ない日でも届けられる手紙とはどんな手紙か考える。 ・そんな手紙があるのかな。・何だろう。 ・メールかな。 ○詩の空欄（①②③）に入る言葉を考える。また，その言葉を選んだ理由も考える。（ワークシート） ①雲→時間がゆっくり流れていく 　電車→穏やかな感じがしたから。	●詩の1連だけが見えるように提示する。 焦点化　視覚化 ●手紙が何通きているか確認する。 ●空欄に入る言葉とその言葉を選んだ理由を考えさせる。言語化 ◎どんな手紙が来ているのか想像しながら空欄に入る言葉を詩の中の言葉を根拠にして考えることができ

185

	②雪，落ち葉→まいおりるところが想像できるから。 ③子ども，子猫，犬→おなかがすいたと声に出しそうだから。 ○近くにいる友達と考えを交流する。 ○空欄の言葉を知る。 ・作者はこんなふうに考えたのか。	る。【ワークシート】 ●空欄の言葉の正解，不正解ではなく，作者の入れた言葉を知るということに重点をおく。 ●作者も，自分たちと同じように身の周りにある何気ないものから詩を作ったということに気付かせる。
★	<div align="center">みんなにこの手紙が届いたら，どんなことを感じるだろう。</div>	
	○「ゆっくり　過ぎる　雲のかげ」という手紙が届いたらどんなことを感じるか全員で考える。その後，個人で「庭にまいおりる　たんぽぽの　わた毛」からどんなことを感じるか考える。（ワークシート） ・ゆったりとしている時間。 ・平和な感じ。 ・春がきたこと。　・新しい命。	●詩の情景を想像しながら考えるようにさせる。 ◎詩の情景を想像し，手紙からどんなことを感じたのか言葉に表すことができる。【ワークシート】
	○後の２通の手紙からどんなことが感じられるか全員で考える。 ○この詩の中での手紙とは何か考える。 ・普段何気なく見ているものから送られてくる。 ・身の周りのものから送られてくる。 ○音読をする。	●日常の何気ない風景が自分たちに語りかけているものがあるということに気付かせる。 ●第３連で作者の言いたいことが強調されていることに気付かせる。 ●詩の情景や作者の思いを考えながら音読するよう投げかける。
終末 （5）	○自分にはどんな手紙が届けられているか考える。	

参考文献

柴田好章「授業案 Lesson Plan」『教育工学事典』実教出版，2000年。

渡部洋一郎「教育実習の課題と留意点」『新版　中学校高等学校国語科教育法』おうふう，2011年。

＊上記の参考文献のほか，教育実習に関する実際の取り組みをわかりやすく解説した本として以下のようなものがある。近年の教育実習改革や動向について詳しくまとめられており，学習指導案の作成ポイントについても具体的な言及があるため，参考になる。

　　有吉英樹・長澤憲保編『教育実習の新たな展開』ミネルヴァ書房，2001年。

付録②

学習指導要領

　学習指導要領は，小・中・高等学校の教育課程編成の基準を示した文部科学省の告示文書である。言い換えれば，教師が何を，どの順番で教えるかを示したガイドラインである。今日的な言い方をすれば，児童生徒がいつ，何をできるようになればよいかを示したガイドラインである。昭和22年に初めて作成され，その後，小学校についていえば，昭和26年，昭和33年，昭和43年，昭和52年，平成元年，平成10年，平成20年と改訂の告示が出された。昭和33年告示以降は，「試案」の文字が消えて，教育課程編成の基準としての法的拘束力が強まった。約10年おきに改訂されてきた理由は，時代の変化や子どもたちの状況，社会の要請等を踏まえるためである。平成29年，人工知能（AI）の飛躍的進化などの社会構造の変化を背景に改訂が告示された。小学校学習指導要領は「総則」「各教科」「特別の教科　道徳」「外国語活動」「総合的な学習の時間」「特別活動」の全6章からなる。

　「第2章各教科」の一つである小学校学習指導要領「第1節国語編」は，「第1　　目標」「第2　　各学年の目標及び内容」「第3　　指導計画の作成と内容の取扱い」の3つからなる。これまでの改訂でも「経験主義」（昭和22年／昭和26年），「基礎学力」（昭和33年），「能力主義」（昭和43年），「ゆとり」（昭和52年），「基礎・基本」（平成元年），「生きる力」（平成10年），「確かな学力」（平成20年）など，各改訂を特徴づけるその時代のキーワードがあった。今回の改訂では，授業改善の視点として示された「児童の主体的・対話的で深い学び」（アクティブ・ラーニング）が大きなキーワードだといえるだろう。

　平成20年改訂と比べたときの大きな違いとして，3領域の言語活動（話すこと・聞くこと，書くこと，読むこと）を先に配置して言語事項（伝統的な言語文化と国語の特質）を後に配置した構成から，言語事項に相当する「知識及び技能」を先に配置して言語活動に相当する「思考力，判断力，表現力等」を後に配置した構成へと変化していることが指摘できる。これは，過去の学習指導要領に目を向ければ，昭和52年改訂と類似している。

小学校学習指導要領　国語

第1　目　標

　言葉による見方・考え方を働かせ，言語活動を通して，国語で正確に理解し適切に表現する資質・能力を次のとおり育成することを目指す。

(1)　日常生活に必要な国語について，その特質を理解し適切に使うことができるようにする。

(2)　日常生活における人との関わりの中で伝え合う力を高め，思考力や想像力を養う。

(3)　言葉がもつよさを認識するとともに，言語感覚を養い，国語の大切さを自覚し，国語を尊重してその能力の向上を図る態度を養う。

第2　各学年の目標及び内容

〔第1学年及び第2学年〕

1　目　標

(1)　日常生活に必要な国語の知識や技能を身に付けるとともに，我が国の言語文化に親しんだり理解したりすることができるようにする。

(2)　順序立てて考える力や感じたり想像したりする力を養い，日常生活における人との関わりの中で伝え合う力を高め，自分の思いや考えをもつことができるようにする。

(3)　言葉がもつよさを感じるとともに，楽しんで読書をし，国語を大切にして，思いや考えを伝え合おうとする態度を養う。

2　内　容

〔知識及び技能〕

(1)　言葉の特徴や使い方に関する次の事項を身に付けることができるよう指導する。

　ア　言葉には，事物の内容を表す働きや，経験したことを伝える働きがあることに気付くこと。

　イ　音節と文字との関係，アクセントによる語の意味の違いなどに気付くとともに，姿勢や口形，発声や発音に注意して話すこと。

　ウ　長音，拗音，促音，撥音などの表記，助詞の「は」，「へ」及び「を」の使い方，句読点の打ち方，かぎ（「　」）の使い方を理解して文や文章の中で使うこと。また，平仮名及び片仮名を読み，書くとともに，片仮名で書く語の種類を知り，文や文章の中で使うこと。

　エ　第1学年においては，別表の学年別漢字配当表（以下「学年別漢字配当表」という。）の第1学年に配当されている漢字を読み，漸次書き，文や文章の中で使うこと。第2学年においては，学年別漢字配当表の第2学年までに配当されている漢字を読むこと。また，第1学年に配当されている漢字を書き，文や文章の中で使うとともに，第2学年に配当されている漢字を漸次書き，文や文章の中で使うこと。

　オ　身近なことを表す語句の量を増し，話や文章の中で使うとともに，言葉には意味による語句のまとまりがあることに気付き，語彙を豊かにすること。

　カ　文の中における主語と述語との関係に気付くこと。

　キ　丁寧な言葉と普通の言葉との違いに気を付けて使うとともに，敬体で書かれた文章に慣れること。

　ク　語のまとまりや言葉の響きなどに気を付けて音読すること。

(2)　話や文章に含まれている情報の扱い方に関する次の事項を身に付けることができるよう指導する。

　ア　共通，相違，事柄の順序など情報と情報との関係について理解すること。

(3)　我が国の言語文化に関する次の事項を身に付けることができるよう指導する。

　ア　昔話や神話・伝承などの読み聞かせを聞くなどして，我が国の伝統的な言語文化に親しむこと。

　イ　長く親しまれている言葉遊びを通して，言葉の豊かさに気付くこと。

　ウ　書写に関する次の事項を理解し使うこと。

　　(ア)　姿勢や筆記具の持ち方を正しくして書くこと。

　　(イ)　点画の書き方や文字の形に注意しながら，筆順に従って丁寧に書くこと。

　　(ウ)　点画相互の接し方や交わり方，長短や方向などに注意して，文字を正しく書くこと。

　エ　読書に親しみ，いろいろな本があることを知ること。

〔思考力，判断力，表現力等〕

A　話すこと・聞くこと
(1)　話すこと・聞くことに関する次の事項を身に付けることができるよう指導する。
　ア　身近なことや経験したことなどから話題を決め，伝え合うために必要な事柄を選ぶこと。
　イ　相手に伝わるように，行動したことや経験したことに基づいて，話す事柄の順序を考えること。
　ウ　伝えたい事柄や相手に応じて，声の大きさや速さなどを工夫すること。
　エ　話し手が知らせたいことや自分が聞きたいことを落とさないように集中して聞き，話の内容を捉えて感想をもつこと。
　オ　互いの話に関心をもち，相手の発言を受けて話をつなぐこと。
(2)　(1)に示す事項については，例えば，次のような言語活動を通して指導するものとする。
　ア　紹介や説明，報告など伝えたいことを話したり，それらを聞いて声に出して確かめたり感想を述べたりする活動。
　イ　尋ねたり応答したりするなどして，少人数で話し合う活動。
B　書くこと
(1)　書くことに関する次の事項を身に付けることができるよう指導する。
　ア　経験したことや想像したことなどから書くことを見付け，必要な事柄を集めたり確かめたりして，伝えたいことを明確にすること。
　イ　自分の思いや考えが明確になるように，事柄の順序に沿って簡単な構成を考えること。
　ウ　語と語や文と文との続き方に注意しながら，内容のまとまりが分かるように書き表し方を工夫すること。
　エ　文章を読み返す習慣を付けるとともに，間違いを正したり，語と語や文と文との続き方を確かめたりすること。
　オ　文章に対する感想を伝え合い，自分の文章の内容や表現のよいところを見付けること。
(2)　(1)に示す事項については，例えば，次のような言語活動を通して指導するものとする。
　ア　身近なことや経験したことを報告したり，観察したことを記録したりするなど，見聞きしたことを書く活動。
　イ　日記や手紙を書くなど，思ったことや伝えたいことを書く活動。

　ウ　簡単な物語をつくるなど，感じたことや想像したことを書く活動。
C　読むこと
(1)　読むことに関する次の事項を身に付けることができるよう指導する。
　ア　時間的な順序や事柄の順序などを考えながら，内容の大体を捉えること。
　イ　場面の様子や登場人物の行動など，内容の大体を捉えること。
　ウ　文章の中の重要な語や文を考えて選び出すこと。
　エ　場面の様子に着目して，登場人物の行動を具体的に想像すること。
　オ　文章の内容と自分の体験とを結び付けて，感想をもつこと。
　カ　文章を読んで感じたことや分かったことを共有すること。
(2)　(1)に示す事項については，例えば，次のような言語活動を通して指導するものとする。
　ア　事物の仕組みを説明した文章などを読み，分かったことや考えたことを述べる活動。
　イ　読み聞かせを聞いたり物語などを読んだりして，内容や感想などを伝え合ったり，演じたりする活動。
　ウ　学校図書館などを利用し，図鑑や科学的なことについて書いた本などを読み，分かったことなどを説明する活動。

〔第3学年及び第4学年〕
1　目　標
(1)　日常生活に必要な国語の知識や技能を身に付けるとともに，我が国の言語文化に親しんだり理解したりすることができるようにする。
(2)　筋道立てて考える力や豊かに感じたり想像したりする力を養い，日常生活における人との関わりの中で伝え合う力を高め，自分の思いや考えをまとめることができるようにする。
(3)　言葉がもつよさに気付くとともに，幅広く読書をし，国語を大切にして，思いや考えを伝え合おうとする態度を養う。
2　内　容
〔知識及び技能〕
(1)　言葉の特徴や使い方に関する次の事項を身に付けることができるよう指導する。
　ア　言葉には，考えたことや思ったことを表す働きがあることに気付くこと。

イ　相手を見て話したり聞いたりするとともに，言葉の抑揚や強弱，間の取り方などに注意して話すこと。

ウ　漢字と仮名を用いた表記，送り仮名の付け方，改行の仕方を理解して文や文章の中で使うとともに，句読点を適切に打つこと。また，第３学年においては，日常使われている簡単な単語について，ローマ字で表記されたものを読み，ローマ字で書くこと。

エ　第３学年及び第４学年の各学年においては，学年別漢字配当表の当該学年までに配当されている漢字を読むこと。また，当該学年の前の学年までに配当されている漢字を書き，文や文章の中で使うとともに，当該学年に配当されている漢字を漸次書き，文や文章の中で使うこと。

オ　様子や行動，気持ちや性格を表す語句の量を増し，話や文章の中で使うとともに，言葉には性質や役割による語句のまとまりがあることを理解し，語彙を豊かにすること。

カ　主語と述語との関係，修飾と被修飾との関係，指示する語句と接続する語句の役割，段落の役割について理解すること。

キ　丁寧な言葉を使うとともに，敬体と常体との違いに注意しながら書くこと。

ク　文章全体の構成や内容の大体を意識しながら音読すること。

(2)　話や文章に含まれている情報の扱い方に関する次の事項を身に付けることができるよう指導する。

ア　考えとそれを支える理由や事例，全体と中心など情報と情報との関係について理解すること。

イ　比較や分類の仕方，必要な語句などの書き留め方，引用の仕方や出典の示し方，辞書や事典の使い方を理解し使うこと。

(3)　我が国の言語文化に関する次の事項を身に付けることができるよう指導する。

ア　易しい文語調の短歌や俳句を音読したり暗唱したりするなどして，言葉の響きやリズムに親しむこと。

イ　長い間使われてきたことわざや慣用句，故事成語などの意味を知り，使うこと。

ウ　漢字が，へんやつくりなどから構成されていることについて理解すること。

エ　書写に関する次の事項を理解し使うこと。

(ア)　文字の組立て方を理解し，形を整えて書くこ

と。

(イ)　漢字や仮名の大きさ，配列に注意して書くこと。

(ウ)　毛筆を使用して点画の書き方への理解を深め，筆圧などに注意して書くこと。

オ　幅広く読書に親しみ，読書が，必要な知識や情報を得ることに役立つことに気付くこと。

〔思考力，判断力，表現力等〕

A　話すこと・聞くこと

(1)　話すこと・聞くことに関する次の事項を身に付けることができるよう指導する。

ア　目的を意識して，日常生活の中から話題を決め，集めた材料を比較したり分類したりして，伝え合うために必要な事柄を選ぶこと。

イ　相手に伝わるように，理由や事例などを挙げながら，話の中心が明確になるよう話の構成を考えること。

ウ　話の中心や話す場面を意識して，言葉の抑揚や強弱，間の取り方などを工夫すること。

エ　必要なことを記録したり質問したりしながら聞き，話し手が伝えたいことや自分が聞きたいことの中心を捉え，自分の考えをもつこと。

オ　目的や進め方を確認し，司会などの役割を果たしながら話し合い，互いの意見の共通点や相違点に着目して，考えをまとめること。

(2)　(1)に示す事項については，例えば，次のような言語活動を通して指導するものとする。

ア　説明や報告など調べたことを話したり，それらを聞いたりする活動。

イ　質問するなどして情報を集めたり，それらを発表したりする活動。

ウ　互いの考えを伝えるなどして，グループや学級全体で話し合う活動。

B　書くこと

(1)　書くことに関する次の事項を身に付けることができるよう指導する。

ア　相手や目的を意識して，経験したことや想像したことなどから書くことを選び，集めた材料を比較したり分類したりして，伝えたいことを明確にすること。

イ　書く内容の中心を明確にし，内容のまとまりで段落をつくったり，段落相互の関係に注意したりして，文章の構成を考えること。

ウ　自分の考えとそれを支える理由や事例との関係

を明確にして，書き表し方を工夫すること。
エ　間違いを正したり，相手や目的を意識した表現になっているかを確かめたりして，文や文章を整えること。
オ　書こうとしたことが明確になっているかなど，文章に対する感想や意見を伝え合い，自分の文章のよいところを見付けること。
(2)　(1)に示す事項については，例えば，次のような言語活動を通して指導するものとする。
ア　調べたことをまとめて報告するなど，事実やそれを基に考えたことを書く活動。
イ　行事の案内やお礼の文章を書くなど，伝えたいことを手紙に書く活動。
ウ　詩や物語をつくるなど，感じたことや想像したことを書く活動。
C　読むこと
(1)　読むことに関する次の事項を身に付けることができるよう指導する。
ア　段落相互の関係に着目しながら，考えとそれを支える理由や事例との関係などについて，叙述を基に捉えること。
イ　登場人物の行動や気持ちなどについて，叙述を基に捉えること。
ウ　目的を意識して，中心となる語や文を見付けて要約すること。
エ　登場人物の気持ちの変化や性格，情景について，場面の移り変わりと結び付けて具体的に想像すること。
オ　文章を読んで理解したことに基づいて，感想や考えをもつこと。
カ　文章を読んで感じたことや考えたことを共有し，一人一人の感じ方などに違いがあることに気付くこと。
(2)　(1)に示す事項については，例えば，次のような言語活動を通して指導するものとする。
ア　記録や報告などの文章を読み，文章の一部を引用して，分かったことや考えたことを説明したり，意見を述べたりする活動。
イ　詩や物語などを読み，内容を説明したり，考えたことなどを伝え合ったりする活動。
ウ　学校図書館などを利用し，事典や図鑑などから情報を得て，分かったことなどをまとめて説明する活動。
〔第5学年及び第6学年〕

1　目　標
(1)　日常生活に必要な国語の知識や技能を身に付けるとともに，我が国の言語文化に親しんだり理解したりすることができるようにする。
(2)　筋道立てて考える力や豊かに感じたり想像したりする力を養い，日常生活における人との関わりの中で伝え合う力を高め，自分の思いや考えを広げることができるようにする。
(3)　言葉がもつよさを認識するとともに，進んで読書をし，国語の大切さを自覚して，思いや考えを伝え合おうとする態度を養う。
2　内　容
〔知識及び技能〕
(1)　言葉の特徴や使い方に関する次の事項を身に付けることができるよう指導する。
ア　言葉には，相手とのつながりをつくる働きがあることに気付くこと。
イ　話し言葉と書き言葉との違いに気付くこと。
ウ　文や文章の中で漢字と仮名を適切に使い分けるとともに，送り仮名や仮名遣いに注意して正しく書くこと。
エ　第5学年及び第6学年の各学年においては，学年別漢字配当表の当該学年までに配当されている漢字を読むこと。また，当該学年の前の学年までに配当されている漢字を書き，文や文章の中で使うとともに，当該学年に配当されている漢字を漸次書き，文や文章の中で使うこと。
オ　思考に関わる語句の量を増し，話や文章の中で使うとともに，語句と語句との関係，語句の構成や変化について理解し，語彙を豊かにすること。また，語感や言葉の使い方に対する感覚を意識して，語や語句を使うこと。
カ　文の中での語句の係り方や語順，文と文との接続の関係，話や文章の構成や展開，話や文章の種類とその特徴について理解すること。
キ　日常よく使われる敬語を理解し使い慣れること。
ク　比喩や反復などの表現の工夫に気付くこと。
ケ　文章を音読したり朗読したりすること。
(2)　話や文章に含まれている情報の扱い方に関する次の事項を身に付けることができるよう指導する。
ア　原因と結果など情報と情報との関係について理解すること。
イ　情報と情報との関係付けの仕方，図などによる語句と語句との関係の表し方を理解し使うこと。

191

(3) 我が国の言語文化に関する次の事項を身に付ける
　　ことができるよう指導する。
　ア　親しみやすい古文や漢文，近代以降の文語調の
　　　文章を音読するなどして，言葉の響きやリズム
　　　に親しむこと。
　イ　古典について解説した文章を読んだり作品の内
　　　容の大体を知ったりすることを通して，昔の人
　　　のものの見方や感じ方を知ること。
　ウ　語句の由来などに関心をもつとともに，時間の
　　　経過による言葉の変化や世代による言葉の違い
　　　に気付き，共通語と方言との違いを理解するこ
　　　と。また，仮名及び漢字の由来，特質などにつ
　　　いて理解すること。
　エ　書写に関する次の事項を理解し使うこと。
　　(ア)　用紙全体との関係に注意して，文字の大きさ
　　　　や配列などを決めるとともに，書く速さを意
　　　　識して書くこと。
　　(イ)　毛筆を使用して，穂先の動きと点画のつなが
　　　　りを意識して書くこと。
　　(ウ)　目的に応じて使用する筆記具を選び，その特
　　　　徴を生かして書くこと。
　オ　日常的に読書に親しみ，読書が，自分の考えを
　　　広げることに役立つことに気付くこと。
〔思考力，判断力，表現力等〕
A　話すこと・聞くこと
(1) 話すこと・聞くことに関する次の事項を身に付け
　　ることができるよう指導する。
　ア　目的や意図に応じて，日常生活の中から話題を
　　　決め，集めた材料を分類したり関係付けたりし
　　　て，伝え合う内容を検討すること。
　イ　話の内容が明確になるように，事実と感想，意
　　　見とを区別するなど，話の構成を考えること。
　ウ　資料を活用するなどして，自分の考えが伝わる
　　　ように表現を工夫すること。
　エ　話し手の目的や自分が聞こうとする意図に応じ
　　　て，話の内容を捉え，話し手の考えと比較しな
　　　がら，自分の考えをまとめること。
　オ　互いの立場や意図を明確にしながら計画的に話
　　　し合い，考えを広げたりまとめたりすること。
(2) (1)に示す事項については，例えば，次のような言
　　語活動を通して指導するものとする。
　ア　意見や提案など自分の考えを話したり，それら
　　　を聞いたりする活動。
　イ　インタビューなどをして必要な情報を集めた

り，それらを発表したりする活動。
　ウ　それぞれの立場から考えを伝えるなどして話し
　　　合う活動。
B　書くこと
(1) 書くことに関する次の事項を身に付けることがで
　　きるよう指導する。
　ア　目的や意図に応じて，感じたことや考えたこと
　　　などから書くことを選び，集めた材料を分類し
　　　たり関係付けたりして，伝えたいことを明確に
　　　すること。
　イ　筋道の通った文章となるように，文章全体の構
　　　成や展開を考えること。
　ウ　目的や意図に応じて簡単に書いたり詳しく書い
　　　たりするとともに，事実と感想，意見とを区別
　　　して書いたりするなど，自分の考えが伝わるよ
　　　うに書き表し方を工夫すること。
　エ　引用したり，図表やグラフなどを用いたりして，
　　　自分の考えが伝わるように書き表し方を工
　　　夫すること。
　オ　文章全体の構成や書き表し方などに着目して，
　　　文や文章を整えること。
　カ　文章全体の構成や展開が明確になっているかな
　　　ど，文章に対する感想や意見を伝え合い，自分
　　　の文章のよいところを見付けること。
(2) (1)に示す事項については，例えば，次のような言
　　語活動を通して指導するものとする。
　ア　事象を説明したり意見を述べたりするなど，考
　　　えたことや伝えたいことを書く活動。
　イ　短歌や俳句をつくるなど，感じたことや想像し
　　　たことを書く活動。
　ウ　事実や経験を基に，感じたり考えたりしたこと
　　　や自分にとっての意味について文章に書く活動。
C　読むこと
(1) 読むことに関する次の事項を身に付けることがで
　　きるよう指導する。
　ア　事実と感想，意見などとの関係を叙述を基に押
　　　さえ，文章全体の構成を捉えて要旨を把握する
　　　こと。
　イ　登場人物の相互関係や心情などについて，描写
　　　を基に捉えること。
　ウ　目的に応じて，文章と図表などを結び付けるな
　　　どして必要な情報を見付けたり，論の進め方に
　　　ついて考えたりすること。
　エ　人物像や物語などの全体像を具体的に想像した

り，表現の効果を考えたりすること。
オ　文章を読んで理解したことに基づいて，自分の考えをまとめること。
カ　文章を読んでまとめた意見や感想を共有し，自分の考えを広げること。
(2)　(1)に示す事項については，例えば，次のような言語活動を通して指導するものとする。
ア　説明や解説などの文章を比較するなどして読み，分かったことや考えたことを，話し合ったり文章にまとめたりする活動。
イ　詩や物語，伝記などを読み，内容を説明したり，自分の生き方などについて考えたことを伝え合ったりする活動。
ウ　学校図書館などを利用し，複数の本や新聞などを活用して，調べたり考えたりしたことを報告する活動。

第3　指導計画の作成と内容の取扱い
1　指導計画の作成に当たっては，次の事項に配慮するものとする。
(1)　単元など内容や時間のまとまりを見通して，その中で育む資質・能力の育成に向けて，児童の主体的・対話的で深い学びの実現を図るようにすること。その際，言葉による見方・考え方を働かせ，言語活動を通して，言葉の特徴や使い方などを理解し自分の思いや考えを深める学習の充実を図ること。
(2)　第2の各学年の内容の指導については，必要に応じて当該学年より前の学年において初歩的な形で取り上げたり，その後の学年で程度を高めて取り上げたりするなどして，弾力的に指導すること。
(3)　第2の各学年の内容の〔知識及び技能〕に示す事項については，〔思考力，判断力，表現力等〕に示す事項の指導を通して指導することを基本とし，必要に応じて，特定の事項だけを取り上げて指導したり，それらをまとめて指導したりするなど，指導の効果を高めるよう工夫すること。なお，その際，第1章総則の第2の3の(2)のウの(イ)に掲げる指導を行う場合には，当該指導のねらいを明確にするとともに，単元など内容や時間のまとまりを見通して資質・能力が偏りなく育成されるよう計画的に指導すること。
(4)　第2の各学年の内容の〔思考力，判断力，表現力等〕の「A話すこと・聞くこと」に関する指導に

ついては，意図的，計画的に指導する機会が得られるように，第1学年及び第2学年では年間35単位時間程度，第3学年及び第4学年では年間30単位時間程度，第5学年及び第6学年では年間25単位時間程度を配当すること。その際，音声言語のための教材を活用するなどして指導の効果を高めるよう工夫すること。
(5)　第2の各学年の内容の〔思考力，判断力，表現力等〕の「B書くこと」に関する指導については，第1学年及び第2学年では年間100単位時間程度，第3学年及び第4学年では年間85単位時間程度，第5学年及び第6学年では年間55単位時間程度を配当すること。その際，実際に文章を書く活動をなるべく多くすること。
(6)　第2の第1学年及び第2学年の内容の〔知識及び技能〕の(3)のエ，第3学年及び第4学年，第5学年及び第6学年の内容の〔知識及び技能〕の(3)のオ及び各学年の内容の〔思考力，判断力，表現力等〕の「C読むこと」に関する指導については，読書意欲を高め，日常生活において読書活動を活発に行うようにするとともに，他教科等の学習における読書の指導や学校図書館における指導との関連を考えて行うこと。
(7)　低学年においては，第1章総則の第2の4の(1)を踏まえ，他教科等との関連を積極的に図り，指導の効果を高めるようにするとともに，幼稚園教育要領等に示す幼児期の終わりまでに育ってほしい姿との関連を考慮すること。特に，小学校入学当初においては，生活科を中心とした合科的・関連的な指導や，弾力的な時間割の設定を行うなどの工夫をすること。
(8)　言語能力の向上を図る観点から，外国語活動及び外国語科など他教科等との関連を積極的に図り，指導の効果を高めるようにすること。
(9)　障害のある児童などについては，学習活動を行う場合に生じる困難さに応じた指導内容や指導方法の工夫を計画的，組織的に行うこと。
(10)　第1章総則の第1の2の(2)に示す道徳教育の目標に基づき，道徳科などとの関連を考慮しながら，第3章特別の教科道徳の第2に示す内容について，国語科の特質に応じて適切な指導をすること。
2　第2の内容の取扱いについては，次の事項に配慮するものとする。
(1)　〔知識及び技能〕に示す事項については，次のと

おり取り扱うこと。

ア 日常の言語活動を振り返ることなどを通して，児童が，実際に話したり聞いたり書いたり読んだりする場面を意識できるよう指導を工夫すること。

イ 表現したり理解したりするために必要な文字や語句については，辞書や事典を利用して調べる活動を取り入れるなど，調べる習慣が身に付くようにすること。

ウ 第3学年におけるローマ字の指導に当たっては，第5章総合的な学習の時間の第3の2の(3)に示す，コンピュータで文字を入力するなどの学習の基盤として必要となる情報手段の基本的な操作を習得し，児童が情報や情報手段を主体的に選択し活用できるよう配慮することとの関連が図られるようにすること。

エ 漢字の指導については，第2の内容に定めるほか，次のとおり取り扱うこと。

  (ア) 学年ごとに配当されている漢字は，児童の学習負担に配慮しつつ，必要に応じて，当該学年以前の学年又は当該学年以降の学年において指導することもできること。

  (イ) 当該学年より後の学年に配当されている漢字及びそれ以外の漢字については，振り仮名を付けるなど，児童の学習負担に配慮しつつ提示することができること。

  (ウ) 他教科等の学習において必要となる漢字については，当該教科等と関連付けて指導するなど，その確実な定着が図られるよう指導を工夫すること。

  (エ) 漢字の指導においては，学年別漢字配当表に示す漢字の字体を標準とすること。

オ 各学年の(3)のア及びイに関する指導については，各学年で行い，古典に親しめるよう配慮すること。

カ 書写の指導については，第2の内容に定めるほか，次のとおり取り扱うこと。

  (ア) 文字を正しく整えて書くことができるようにするとともに，書写の能力を学習や生活に役立てる態度を育てるよう配慮すること。

  (イ) 硬筆を使用する書写の指導は各学年で行うこと。

  (ウ) 毛筆を使用する書写の指導は第3学年以上の各学年で行い，各学年年間30単位時間程度を

配当するとともに，毛筆を使用する書写の指導は硬筆による書写の能力の基礎を養うよう指導すること。

  (エ) 第1学年及び第2学年の(3)のウの(イ)の指導については，適切に運筆する能力の向上につながるよう，指導を工夫すること。

(2) 第2の内容の指導に当たっては，児童がコンピュータや情報通信ネットワークを積極的に活用する機会を設けるなどして，指導の効果を高めるよう工夫すること。

(3) 第2の内容の指導に当たっては，学校図書館などを目的をもって計画的に利用しその機能の活用を図るようにすること。その際，本などの種類や配置，探し方について指導するなど，児童が必要な本などを選ぶことができるよう配慮すること。なお，児童が読む図書については，人間形成のため偏りがないよう配慮して選定すること。

3 教材については，次の事項に留意するものとする。

(1) 教材は，第2の各学年の目標及び内容に示す資質・能力を偏りなく養うことや読書に親しむ態度の育成を通して読書習慣を形成することをねらいとし，児童の発達の段階に即して適切な話題や題材を精選して調和的に取り上げること。また，第2の各学年の内容の〔思考力，判断力，表現力等〕の「A話すこと・聞くこと」，「B書くこと」及び「C読むこと」のそれぞれの(2)に掲げる言語活動が十分行われるよう教材を選定すること。

(2) 教材は，次のような観点に配慮して取り上げること。

ア 国語に対する関心を高め，国語を尊重する態度を育てるのに役立つこと。

イ 伝え合う力，思考力や想像力及び言語感覚を養うのに役立つこと。

ウ 公正かつ適切に判断する能力や態度を育てるのに役立つこと。

エ 科学的，論理的に物事を捉え考察し，視野を広げるのに役立つこと。

オ 生活を明るくし，強く正しく生きる意志を育てるのに役立つこと。

カ 生命を尊重し，他人を思いやる心を育てるのに役立つこと。

キ 自然を愛し，美しいものに感動する心を育てるのに役立つこと。

ク 我が国の伝統と文化に対する理解と愛情を育てるのに役立つこと。

付録②

ケ　日本人としての自覚をもって国を愛し，国家，社会の発展を願う態度を育てるのに役立つこと。

コ　世界の風土や文化などを理解し，国際協調の精神を養うのに役立つこと。

(3)　第2の各学年の内容の〔思考力，判断力，表現力

等〕の「C読むこと」の教材については，各学年で説明的な文章や文学的な文章などの文章形態を調和的に取り扱うこと。また，説明的な文章については，適宜，図表や写真などを含むものを取り上げること。

学年別漢字配当表

別　表

第一学年	一右雨円王音下火花貝学気九休玉金空月犬見五口校左三山子四糸字耳七車手十出女小上森人水正生青夕石赤千川先早草足村大男竹中虫町天田土二日入年白八百文木本名目立力林六　　　　　　　　　　（80字）
第二学年	引羽雲園遠何科夏家歌画回会海絵外角楽活間丸岩顔汽記帰弓牛魚京強教近兄形計元言原戸古午後語工公広交光考行高黄合谷国黒今才細作算止市矢姉思紙寺自時室社弱首秋週春書少場色食心新親図数西声星晴切雪船線前組走多太体台地池知茶昼長鳥朝直通弟店点電刀冬当東答頭同道読内南肉馬売買麦半番父風分聞米歩母方北毎妹万明鳴毛門夜野友用曜来里理話　　　　　　　　　　（160字）
第三学年	悪安暗医委意育員院飲運泳駅央横屋温化荷界開階寒感漢館岸起期客究急級宮球去橋業曲局銀区苦具君係軽血決研県庫湖向幸港号根祭皿仕死使始指歯詩次事持式実写者主守取酒受州拾終習集住重宿所暑助昭消商章勝乗植申身神真深進世整昔全相送想息速族他打対待代第題炭短談着注柱丁帳調追定庭笛鉄転都度投豆島湯登等動童農波配倍箱畑発反坂板皮悲美鼻筆氷表秒病品負部服福物平返勉放味命面問役薬由油有遊予羊洋葉陽様落流旅両緑礼列練路和　　　　　　　　　　（200字）
第四学年	愛案以衣位茨印英栄媛塩岡億加果貨課芽賀改械害街各覚潟完官管関観願岐希季旗器機議求泣給挙漁共協鏡競極熊訓軍郡群径景芸欠結建健験固功好香候康佐差菜最埼材崎昨札刷察参産散残氏司試児治滋辞鹿失借種周祝順初松笑唱焼照城縄臣信井成省清静席積折節説浅戦選然争倉巣束側続卒孫帯隊達単置仲沖兆低底的典伝徒努灯働特徳栃奈梨熱念敗梅博阪飯飛必票標不夫付府阜富副兵別辺変便包法望牧末満未民無約勇要養浴利陸良料量輪類令冷例連老労録　　　　　　　　　　（202字）
第五学年	圧囲移因永営衛易益液演応往桜可仮価河過快解格確額刊幹慣眼紀基寄規喜技義逆久旧救居許境均禁句型経潔件険検限現減故個護効厚耕航鉱構興講告混査再災妻採際在財罪雑酸賛士支史志枝師資飼示似識質舎謝授修述術準序招証象賞条状常情織職制性政勢精製税責績接設絶祖素総造像増則測属率損貸態団断築貯張停提程適統堂銅導得毒独任燃能破犯判版比肥非費備評貧布婦武復複仏粉編弁保墓報豊防貿暴脈務夢迷綿輸余容略留領歴　　　　　　　　　　（193字）
第六学年	胃異遺域宇映延沿恩我灰拡革閣割株干巻看簡危机揮貴疑吸供胸郷勤筋系敬警劇激穴券絹権憲源厳己呼誤后孝皇紅降鋼刻穀骨困砂座済裁策冊蚕至私姿視詞誌磁射捨尺若樹収宗就衆従縦縮熟純処署諸除承将傷障蒸針仁垂推寸盛聖誠舌宣専泉洗染銭善奏窓創装層操蔵臓存尊退宅担探誕段暖値宙忠著庁頂腸潮賃痛敵展討党糖届難乳認納脳派拝背肺俳班晩否批秘俵腹奮並陛閉片補暮宝訪亡忘棒枚幕密盟模訳郵優預幼欲翌乱卵覧裏律臨朗論　　　　　　　　　　（191字）

195

索　引

あ行

相手意識　70, 71, 97, 159
アクティブ・ラーニング　18, 178, 187
新しい文字・表記　39
生きる力　4, 7, 9, 67, 187
意見文　50, 125
石山脩平　13, 15
一次的ことば二次的ことば　44
意味マップ　41, 53, 133
因果関連　51
インクルーシブ教育　175, 178
インターネット　166, 169, 179
インタビュー　8, 98, 103
引用　167, 168
絵本　21, 86
岡本夏木　44
音声法　158
音声言語活動　99
音読　8, 91, 110

か行

外国人子弟　178
外発的動機付け　22
書き誤り　39
書き換え　119
書くことの段階　117
学習基本語彙　40
学習指導案　82, 184, 185
学年別漢字配当表　38
学校教育法　25, 29
学校図書館　22, 85, 86, 168
学校文法　42
カリキュラム・マネジメント　22
カリグラフィー　79
漢字の正誤　38
カンファレンス　119
キーコンピテンシー　177
北原保雄　42
基本姿勢　71, 77
教育基本法　3, 18, 57
教科内容　14-16
教材化　25, 64
教材単元　24
教室の変化　178, 179
共有　97, 107, 112, 146, 147, 164
記録文　50, 125, 129
空所　140

具体と抽象　51, 52
倉澤栄吉　89
グラフィック・オーガナイザー　89
グループカンファレンス　119
桑原隆　16, 17
敬語　44, 45
芸術科書道　70
系統性　57, 84, 103, 140, 162
ケースカンファレンス　175
言語活動例　15, 62, 97, 102, 140
言語感覚　37
言語環境　14, 21, 98
言語行動　22, 45
言語事項　187
言語事実　183
言語生活　3, 7, 8, 14, 16, 17, 21, 55, 153, 155, 159, 160
言語体系　7, 8
言語能力　8, 55, 154
言語文化　7-9
語彙指導　40, 41
語彙力　39
構想　53, 105, 117, 119
口頭作文　115
交流　6, 64, 87, 105, 146
語形法　158
個性化　112, 113
古典　18, 57-60, 67, 74, 75
言葉遊び　37, 63, 67
言葉遣い　44, 45, 100
ことわざ　67
コミュニケーション　5, 8, 45, 90, 98-100, 180
コミュニティ　115
コンテクスト　17, 113
コンポジション理論　117

さ行

阪本一郎　40
作文・生活綴り方教育論争　113
三読法　131
字形指導　74, 75
字源　75, 76
思考ツール　53, 89
思考の様相　50
自己内対話　113

自己評価　99, 117
視写　37, 82
視聴覚資料　85
実の場　45
執筆　71
指導過程　112, 117, 119, 131
指導と評価の一体化　28
社会化　113, 114
社会の変化　177, 179
ジャンル　8, 60, 64, 85, 112-117, 120, 123
ジャンル・アプローチ　115
取材　117
順序　50, 117, 124, 128
ショウ・アンド・テル　102
小1プロブレム　153, 155
紹介　91, 115
小中連携　162
情報活用能力　164, 165, 167
情報の扱い方　9, 49, 52
情報モラル　169, 170
情報リテラシー　163, 164, 167-170
常用漢字表　38, 47
書体　74
書体　74, 75
書法　75, 76, 79
処理　117
調べ学習　23, 79, 168-170
人格形成　5, 6
人工知能　177
シンポジウム　100, 101
随意選題論争　113, 122
推敲　40, 117
水書用筆　70
生活単元　24
絶対評価　29
説明文　50-53, 129-131
説明的文章　114, 123, 125, 131, 167
説明文　50, 51, 55
センテンス・メソッド　158
総合的な学習の時間　169
相互評価　64, 99, 117
創作　6, 62, 64, 95, 154
速読　168

索　引

た行

他教科　9, 15, 50, 55, 79, 124
他者　5, 44, 45, 98, 107, 117, 122, 134, 157, 178
単元の類型　24
短作文　119
知識の本　88
著作権　169
通読精読味読→三読法
ディベート　98, 99
摘読　168
伝達する力　112, 113
伝統的な言語文化→言語文化
トゥルミン・モデル　136
頭括型（式）　51, 114
動機づけ　22, 104
導入段階　26, 28
時枝誠記　99, 114, 138
読者論　138
読書会　92, 105, 107
読書活動　6, 83, 85
読書へのアニマシオン　90
読解力　17, 18, 83
取り上げ指導　40
取り立て指導　40, 100

な行

内発的動機づけ　22
喃語　41
ナンバリング　105
西尾実　16, 99, 138
21世紀型能力　177
入門期　126
人間関係　5, 101
認識する力　112, 113
年間指導計画　22
年間指導計画　22
ノンフィクション　85, 87

は行

パートナー読書　91
発達　154
発達段階　126, 155, 157, 158

パネル・ディスカッション　98, 99, 101
ピアカンファレンス　119
比較・分類整理　51, 52, 133
尾括型（式）　51, 114
批正　117, 119
筆記具　71-73, 77
筆者想定法　89, 90
筆順指導　76, 77
筆蝕　72
ビブリオバトル　92
表意文字　37
表音文字　37
評価規準　30, 143, 185
表現語彙　40
ファンタジー　85
フィクション　85
複合単元　50, 53
ブックトーク　92
ブック・レポート　92
プログラミング的思考　170, 172
文学的文章　115, 124, 137, 140, 143
文化審議会　17, 38, 47
文の構成要素　41, 43
文の成分　42, 43
文房四宝　73
文脈　37, 45, 113, 116
並行読書　144-147
方言　45
報告文　50, 79, 125, 129, 131
報告型　125, 127
方法知　65
補助教材　25
ポスターセッション　101

ま行

マッピング→意味マップ
湊吉正　7
メタ的な視点　169
メディアリテラシー　90, 163
目的意識　70, 71, 97

目的別文章　50
目標に準拠した評価　29
物語　24, 85, 115, 124, 137, 141, 145, 154

や行

幼少の連携　3, 154
要点・要旨　124
予想　51
読み聞かせ　8, 86-88, 145, 159
読みの方略　138

ら・わ行

ラベリング　105
リアリズム　85
理解語彙　40
リテラシー　163, 164
リテラシーズ　163, 164
リテラチャー・サークル　91
両括型　51
類推　51, 133
例証　131
歴史的仮名遣い　37
練習単元　24
朗読　110
論証　124
論説型　51, 125, 129-131
論理的な思考力・表現力　130, 134
ワークショップ　92, 98, 119
ワード・メソッド　158
我が国の言語文化　59

欧文

AI　177, 187
ICT　163, 170-172
KWL　88
PDCAサイクル　23
PISA　17, 18, 83

《監修者紹介》

吉田武男（筑波大学名誉教授／関西外国語大学顧問・教授）

《執筆者紹介》（所属，分担，執筆順，＊は編著者）

＊塚田泰彦（編著者紹介参照：はじめに・第1章・第13章）

＊甲斐雄一郎（編著者紹介参照：第2章）

　小久保美子（元 新潟大学理事・副学長：第3章）

　森田真吾（千葉大学教育学部教授：第4章）

　島田康行（筑波大学人文社会系教授：コラム①）

　青山由紀（筑波大学附属小学校教諭：第5章）

　飯田和明（元 宇都宮大学共同教育学部准教授：コラム②・コラム⑦）

　八木雄一郎（信州大学教育学部准教授：第6章）

　石塚　修（筑波大学人文社会系教授：コラム③）

　鈴木貴史（帝京科学大学教育人間科学部教授：第7章）

　中嶋真弓（愛知淑徳大学文学部教授：コラム④）

　足立幸子（新潟大学教育学部准教授：第8章）

　勘米良祐太（武蔵野大学准教授：コラム⑤）

　迎　勝彦（上越教育大学大学院学校教育研究科教授：第9章）

　秋田哲郎（筑波大学附属中学校教諭：コラム⑥）

　小林一貴（岐阜大学教育学部教授：第10章）

　森田香緒里（文教大学文学部教授：第11章）

　渡部洋一郎（上越教育大学大学院学校教育研究科教授：コラム⑧・付録①）

　浮田真弓（岡山大学大学院教育学研究科教授：第12章）

　細川李花（筑波大学附属中学校教諭：コラム⑨）

　石田喜美（横浜国立大学教育学部准教授：第14章）

　田中耕司（島根大学教育学部准教授：コラム⑩）

＊長田友紀（編著者紹介参照：第15章）

　勝田　光（筑波大学人間系助教：コラム⑪・付録②）

《編著者紹介》

塚田泰彦（つかだ・やすひこ／1952年生まれ）

  筑波大学名誉教授
  『語彙指導の革新と実践的課題』（共著，明治図書，1998年）
  『語彙力と読書』（単著，東洋館出版社，2001年）
  『国語教室のマッピング』（編著，教育出版，2005年）
  『新教職教育講座第 5 巻　教科教育の理論と授業 I　人文編』（共編著，協同出版，2012年）
  『読む技術』（単著，創元社，2014年）

甲斐雄一郎（かい・ゆういちろう／1957年生まれ）

  文教大学教育学部教授・筑波大学名誉教授
  『国語科の成立』（単著，東洋館出版社，2008年）
  『豊かな言語活動が拓く国語単元学習の創造 I』（共著，東洋館出版社，2010年）
  「国語教育史の第三次的研究」（単著，『国語科教育』77集，2015年）
  「童話作家としての倉澤栄吉」（単著，『人文科教育研究』48号，2021年）
  「『古典化への参加』をめぐって」（単著，『筑波大学教育学系論集』47巻 1 号，2022年）

長田友紀（おさだ・ゆうき／1973年生まれ）

  筑波大学人間系教育学域准教授
  『学校図書館・教師・学習——受講者特性を考慮した司書教諭講習カリキュラム試論』（共著，長門出版社，2005年）
  『国語教育における話し合い指導の研究——視覚情報化ツールによるコミュニケーション能力の拡張』（単著，風間書房，2016年）
  「話し合いにおける視覚情報化ツールのテキストマイニングによる発達的分析——小・中・大学生にみる図示化メモの効果」（単著，『国語科教育』75集，2014年）
  「輸出型国語教育への転換にむけて——ミャンマー国での事例をもとに」（単著，『読書科学』第58巻第 3 号，2016年）

MINERVA はじめて学ぶ教科教育①
初等国語科教育

| 2018年3月10日　初版第1刷発行 | 〈検印省略〉 |
| 2025年3月20日　初版第4刷発行 | |

定価はカバーに
表示しています

編著者	塚　田　泰　彦
	甲　斐　雄一郎
	長　田　友　紀
発行者	杉　田　啓　三
印刷者	藤　森　英　夫

発行所　株式会社　ミネルヴァ書房

607-8494　京都市山科区日ノ岡堤谷町1
電話代表　（075）581-5191
振替口座　01020-0-8076

ⓒ塚田・甲斐・長田ほか, 2018　　　　　　　亜細亜印刷

ISBN978-4-623-08292-6
Printed in Japan

MINERVA はじめて学ぶ教科教育

監修　吉田武男

新学習指導要領［平成29年改訂］に準拠　　全10巻＋別巻 1

◆　B5 判／美装カバー／各巻190〜260頁／各巻予価2200円（税別）　◆

① 初等国語科教育
塚田泰彦・甲斐雄一郎・長田友紀 編著

② 初等算数科教育
清水美憲 編著

③ 初等社会科教育
井田仁康・唐木清志 編著

④ 初等理科教育
大髙　泉 編著

⑤ 初等外国語教育
卯城祐司 編著

⑥ 初等図画工作科教育
石﨑和宏・直江俊雄 編著

⑦ 初等音楽科教育
笹野恵理子 編著

⑧ 初等家庭科教育
河村美穂 編著

⑨ 初等体育科教育
岡出美則 編著

⑩ 初等生活科教育
片平克弘・唐木清志 編著

別 現代の学力観と評価
樋口直宏・根津朋実・吉田武男 編著

【姉妹編】

MINERVA はじめて学ぶ教職　全20巻＋別巻 1

監修 吉田武男　B5判／美装カバー／各巻予価2200円（税別）〜

① 教育学原論　　　　　　　　滝沢和彦 編著
② 教職論　　　　　　　　　　吉田武男 編著
③ 西洋教育史　　　　　　　　尾上雅信 編著
④ 日本教育史　　　　　　　　平田諭治 編著
⑤ 教育心理学　　　　　　　　濱口佳和 編著
⑥ 教育社会学　　　飯田浩之・岡本智周 編著
⑦ 社会教育・生涯学習　手打明敏・上田孝典 編著
⑧ 教育の法と制度　　　　　　藤井穂高 編著
⑨ 学校経営　　　　　　　　　浜田博文 編著
⑩ 教育課程　　　　　　　　　根津朋実 編著
⑪ 教育の方法と技術　　　　　樋口直宏 編著
⑫ 道徳教育　　　　　　　　　田中マリア 編著

⑬ 総合的な学習の時間
佐藤　真・安藤福光・緩利　誠 編著
⑭ 特別活動　　　　　吉田武男・京免徹雄 編著
⑮ 生徒指導　　　　　花屋哲郎・吉田武男 編著
⑯ 教育相談
高柳真人・前田基成・服部　環・吉田武男 編著
⑰ 教育実習　　　　　三田部勇・吉田武男 編著
⑱ 特別支援教育
小林秀之・米田宏樹・安藤隆男 編著
⑲ キャリア教育　　　　　　　藤田晃之 編著
⑳ 幼児教育　　　　　　　　　小玉亮子 編著
別 現代の教育改革　　　　　　徳永　保 編著

───── ミネルヴァ書房 ─────

https://www.minervashobo.co.jp/